AF363487

HISTOIRE
UNIVERSELLE
DES
THÉÂTRES
DE TOUTES LES NATIONS,

Depuis THESPIS jusqu'à nos jours;

Par une Société de Gens de Lettres.

Dédiée à MONSIEUR, Frère du Roi.

TOME VI. Ire PARTIE.

A PARIS,

Chez { LES AUTEURS, rue Montmartre, la porte cochère vis-à-vis la rue du Jour.

La Veuve DUCHESNE, Libraire, rue St-Jacques, au Temple du Goût.

CLOUSIER, Imprimeur-Libraire, rue St-Jacques.

M. DCC. LXXIX.

Avec Approbation, & Privilége du Roi.

HISTOIRE
UNIVERSELLE
DES
THÉÂTRES.

PREMIÈRE PARTIE

du fixième Volume.

SUITE DES COMÉDIES DE PLAUTE.

Nous déveloperions les Pièces de cet Auteur avec moins de foin, fi elles avaient moins de ref-femblance avec une très-grande partie de celles que l'on joue habituellement fur nos Théâtres, & les extraits que nous avons donnés jufqu'à-préfent, offrent deux avantages à nos lecteurs. Le premier,

A 2

de leur faire connaître les obligations que nous
avons aux Anciens, le second, de justifier à plusieurs égards l'enthousiasme des Savans qui se font
passionnés pour eux. Le seul reproche que nous nous
croyons en droit de faire à ces derniers, c'est d'être
extrêmes dans leurs jugemens & de sacrifier les
Modernes à leur admiration exclusive. Molière a
imité Plaute, Plaute a imité les Grecs, & si ceux-ci
font créateurs d'un très-grand nombre de sujets,
combien n'en avons-nous pas inventés qui égalent en
mérite ceux que nous devons à nos modèles? Eschyle,
Sophocle & Euripide ont réuni les suffrages de leurs
concitoyens, Rotrou, Corneille, Racine, Crébillon,
Voltaire ont obtenu les mêmes honneurs ; le talent
des uns doit-il faire oublier celui des autres ? On prétend que les Français ont beaucoup d'amour-propre,
& nous serions tentés de penser le contraire d'après
la manie qu'ils ont de ne trouver bien que ce qui
leur vient des Etrangers, de dédaigner leurs Ecrivains ou leurs Artistes, pour n'accorder de mérite
qu'à ceux qui font de tel ou tel pays, & d'éteindre
l'émulation de leurs compatriotes par les obstacles
qu'ils mettent à leur avancement. On regarde Paris
comme le centre du goût, & nous voyons avec
peine que souvent on s'y laisse entraîner sans réflexion, par des objets de peu de valeur. Chaque
nation produit de grands hommes, & chaque nation doit les accueillir avec le même empressement.

Il eſt ridicule à un père d'imaginer que ſon enfant a plus de qualités que ceux de tous les autres, mais ſi en effet il en poſsède davantage , il eſt permis à ce père de lui accorder la préférence qui lui eſt dûe. Que l'on parte de ce principe , & jamais on ne ſera ni aveugle, ni injuſte.

LA MOSTELLAIRE.

THEUROPIDE Marchand d'Athènes , va en Egypte pour les affaires de ſon commerce, & il y demeure trois années entières. Philolache ſon fils devient éperdûment amoureux d'une Muſicienne eſclave, & pour l'acheter , il emprunte quarante *mines* à un uſurier. Poſſeſſeur de ſa maitreſſe , il ſe lie avec un jeune débauché de ſon âge , il vend une partie des meubles de ſon père , & par les ſoins de l'eſclave Tranion , il ſe procure chaque jour de nouveaux plaiſirs. Theuropide arrive au moment où l'on s'y attend le moins , & va pour entrer chez lui. Mais ſon fils y donne un grand feſtin à ſes amis, & Tranion met tout en œuvre pour arêter le vieillard.

Cet expoſé préſente tout le fond du *retour imprévu* de Regnard , & notre analyſe va faire voir qu'il n'a eu d'autre peine que de reſſerrer dans un acte ce que Plaute a mis en cinq. Chez celui-ci , la scène se passe à Athènes ; elle est à Paris, chez l'Auteur Français, & les convenances nationales font la seule différence que l'on remarquera entre ses personnages & ceux de son modèle.

ACTE PREMIER.

Granion gardien des troupeaux de Theuropide, vient à la ville chercher l'argent qui lui est nécessaire pour la nourriture de ses bêtes, il est au moment de repartir, & il fait à Tranion les reproches les plus durs sur la conduite qu'il mène avec son jeune maître auquel il procure tous les moyens de ruiner le bon homme. Il forme des vœux pour son retour, & Tranion fatigué de ses leçons, lui donne quelques soufflets dont l'esclave se venge par les propos les plus outrageans. Le premier est chargé de veiller au dîner de Philolache, & il se retire ; l'autre le voit arriver, & il s'éloigne en le plaignant d'avoir abandonné la vertu pour se livrer au désordre le plus affreux.

Philolache réfléchit en effet sur le passé qu'il condamne, & pour en venir-là, il fait une très-longue dissertation dans laquelle il prétend que l'homme qui vient de naître, ressemble à une maison nouvellement bâtie.

Quand cette maison est achevée, si elle est propre, riante, construite solidement, chacun en dit du bien & veut la prendre pour modèle : mais fi elle eft habitée par un maître indolent, par une famille négligente qui n'ait pas le foin de l'entretenir, le bâtiment fe gâte, & de bon qu'il était, il devient abfolument mauvais. Eft-ce la faute de l'Architecte ? Non, c'eft celle du Propriétaire.

Il en eft de même de l'homme : les parens font les architectes de leur *progéniture*. Peines, foins, prières, argent, ils n'épargnent rien pour la former, & le plaifir la défigure de l'inftant qu'elle commence à s'y livrer. Telle eft fon hiftoire, & s'il n'a pas répondu à l'attente de fes concitoyens, il ne faut point en accufer Theuropide, mais les paffions auxquelles il s'eft abandonné.

Cette morale eft conféquente, & fi dans le moment Philolache eft pénétré de ce qu'il dit, l'arrivée de Philématie fa maitreffe, lui fait bientôt oublier fes remords. O belle Vénus ! dit-il à part : la voilà, cette tempête qui m'a ôté toute la modération, toute la fageffe dont j'étais couvert : l'amour & la convoitife envoient cet orage-là dans mon âme ; & je ne puis aucunement lui redonner de couverture, ni raccommoder fon toît. Les murailles de mon cœur font toutes trempées, & l'eau en coule de tous les côtés : enfin ma propre maifon eft à bas.

Philématie entretient Schape fa confidente, des égards que Philolache a pour elle & de l'amour

qu'elle a pour lui. Schape trouve très - mauvais
qu'elle s'attache à un feul homme, & lui donne les
inftructions les plus révoltantes fur la vie qu'elle
devrait mener. Philolache fe contient avec peine,
mais il veut écouter la converfation de fa concubine, & chaque mot qu'elle prononce, lui fait
oublier la colère que lui infpire la confidente. Celle-ci eft un compofé de tous les vices, mais elle y
joint la plus grande complaifance pour fa maitreffe, & cette complaifance appaife Philolache
qui, en approchant de Philématie, ne fait quels
termes employer pour lui exprimer le plaifir que
lui font les preuves qu'il vient d'avoir de fa fidélité.

Son ami Callidamate arrive pour fouper chez
lui : il eft yvre & foutenu par Delphie fa concubine à laquelle il tient des propos extravaguans,
Philolache leur propofe un lit, Callidamate l'accepte, mais il veut que fa maitreffe boive pendant
qu'il dormira, & Philolache ordonne que l'on apporte un grand *hanap* plein de bon vin. Tu feras
la ronde, dit-il à fon efclave, & tu commenceras
par Madame Delphie. (Chez les Grecs, cela s'appellait *bibere in orbem*, boire en cercle.) Les premières fcènes de Regnard font diftribuées à-peu-près
de la même manière, c'eft Lucile & Cidalife qui fe
rendent chez Clitandre, c'eft le Marquis qui vient
y augmenter le nombre des convives, & tous les

trois nous retracent la Philématie, la Delphie &
le Callidamate de Plaute.

ACTE II.

TRANION.

Jupiter, ce Jupiter suprême devant qui toutes
les autres Divinités ne sont que des *Marmousets*
immortels, enfin ce Jupiter que je croyais tant de
mes amis, a fait serment, du moins à ce que
j'imagine, d'employer tout son courage, toute
sa force, tout son crédit pour perdre mon jeune
maître & moi..... Le vieux est revenu, jugez du
reste.

Parmi vous autres généreux spectateurs, ne se
trouverait-il point par hasard un homme qui, pour
un peu d'argent, eût la générosité de se faire pendre
à ma place ? Il faudrait que ce fût aujourd'hui, je
lui donnerais un *talent* : je n'y mets qu'une condition, c'est qu'il aura les pieds attachés avec deux
gros cloux, les bras de même, & de l'instant que
cela sera fait, il n'a qu'à venir me sommer de ma
parole, son salaire sera tout prêt..... Mais au lieu
de m'amuser, je devrais courir au logis.

PHILOLACHE.

Bon, bon, réjouissons-nous : voici de quoi faire
bonne-chère. Je vois Tranion qui arrive du Pirée
avec tout ce qu'il faut pour nous exercer les dents.

Mais Tranion vient de voir Theuropide, &
cette nouvelle fait bientôt disparaître la joie de son
maître qui ne sait quel parti prendre. Son esclave
se ranime & lui promet de le tirer d'un pas aussi
critique. Cependant Callidamate ronfle sur son lit,
(il ne faut pas perdre de vue ce que nous avons dit
des Théâtres anciens sur lesquels tous ces objets
étaient visibles pour les spectateurs.) il s'agit de le
réveiller, & ce n'est qu'après beaucoup de peine,
que l'on parvient à le faire entrer dans l'appartement le plus éloigné de la maison, avec Delphie
& Philématie. Philolache les suit, & tremblant
sur son sort, il s'abandonne tout entier aux soins
de son esclave. Celui-ci ordonne que l'on ferme la
porte en dedans, il en fait autant en dehors, &
se retire dans un coin pour attendre le vieillard
qui se présente en remerciant Neptune de la bonté
qu'il a eue de le faire débarquer heureusement.

Tranion l'approche après quelques *à parte* qui
renferment les mêmes idées que Regnard a mises
dans la bouche de Géronte & de Merlin, il le
flatte, l'endort, le caresse, & comme le valet du
Poète Français, il tremble de le voir approcher
d'une maison dans laquelle l'ame d'un certain Diaponce revient toutes les nuits demander justice
d'un assassin qui l'a poignardé pour lui voler son
argent. Theuropide ajoute foi à ce rapport, s'en-
velope la tête, & s'éloigne promptement, dans la

crainte d'être fouillé par la vue d'un mort. A l'exception de ce dernier trait qui n'eft point dans nos mœurs & dont Regnard n'a point fait ufage, toute fa fcène XIᵉ. reffemble parfaitement à celle-ci.

ACTE III.

Tranion ne fachant comment fortir d'embaras, a fait croire au vieillard que le particulier dont il tenait fa maifon, était le meurtrier de Diaponce, le vieillard a été le trouver, & le particulier nie le fait. Il le nie ! s'écrie l'efclave, par Hercule ! mettez l'affaire en arbitrage, mais ayez foin de choifir pour Juge quelqu'un qui me croie fur ma parole : en ce cas-là, vous gagnerez votre procès auffi aifément que le renard mange la poire.

Malgré fon courage apparent, Tranion frémit fur les fuites de chaque menfonge qui lui échape, & fa frayeur augmente à l'afpect de l'ufurier qui vient lui demander avec beaucoup d'humeur le capital & l'intérêt des quarante *mines* qu'il a prêtées à Philolache. C'eft la fituation de M. André avec Merlin ; Tranion s'en tire comme celui-ci, & enchanté comme Géronte, d'apprendre que fon fils a fait l'acquifition d'une maifon, Theuropide promet comme lui, de payer la fomme empruntée. Mais il brûle de voir cette maifon, & l'efclave court au-devant du propriétaire avec qui il a une longue scène dans laquelle il dit que son vieux maître est revenu d'Egypte, qu'on lui a fait un récit très-agréable de son logement, & qu'il lui demande la permission de le visiter, afin d'en faire construire un sur le même plan. Le propriétaire y consent, & Tranion revient aussi-tôt vers Theuropide auquel il recommande de ne point parler de la vente de la maison, parce que Simon (c'est le nom de ce propriétaire) n'entend qu'avec le plus grand chagrin tout ce qui lui rappelle la nécessité dans laquelle il s'est trouvé de se défaire de cet objet. Theuropide consent à tout, & Simon qui ne soupçonne nullement la fourberie de Tranion, reçoit très-honnêtement le vieillard qui vient se présenter à sa porte.

Voyez-vous, lui dit l'esclave avant que d'entrer, voyez-vous cette peinture où une corneille se moque de deux vautours ? La corneille se tient-là sur ses pieds comme pour attendre le moment de mordre tour-à-tour les deux oiseaux de proie. Regardez de mon côté, je vous prie, afin que vous considériez cette corneille dans son vrai point de vue.

THEUROPIDE.

Ma foi, je ne découvre point ici de corneille.

TRANION.

Eh bien, tournez la tête de votre côté, vous appercevrez les deux vautours.

THEUROPIDE.

Je ne vois rien de tout cela.

TRANION.

C'eſt la vieilleſſe qui vous empêche de diſtinguer les objets.

Theuropide entre dans la maiſon que Simon le prie de viſiter comme la ſienne, il en eſt fort content & remet à Tranion l'argent qu'il faut pour acquiter la dette contractée avec l'uſurier.

Regnard a profité de cette idée, mais il l'a rendue beaucoup plus comique, en ſuppoſant que Madame Bertrand a perdu l'eſprit au point de ne pas vouloir convenir qu'elle a vendu ſa maiſon, & la prétendue folie de Géronte produit un ſecond incident qui rend la ſcène XVIIIe. on ne peut pas plus plaiſante.

ACTE IV.

Callidamate a ordonné à ſes eſclaves de venir le chercher après le ſoupé, ils frappent à la porte de Theuropide, & Theuropide qui paraît, les invite à s'éloigner d'une maiſon qui malheureuſement eſt abandonnée depuis ſix mois. Les eſclaves lui répondent qu'il radote , & lui font fucceffivement une peinture fi vraifemblable du dérangement de fon fils , qu'il n'a rien de plus preffé que de les renvoyer pour s'éclaircir d'un fait qui le touche de fi près.

Par Hercule ! s'écrie-t-il , je fuis un homme mort. Il n'y a paroles ni raifonnement qui tiennent , on m'a mis le poignard dans le fein. . . . . Mais voilà celui dont mon fils a acheté la maifon. Eh bien , voifin ! que dit le cœur ?

Il le queftionne fur les quarante *mines* qu'il a dû recevoir de Philolache , ou de fon efclave , enfin fur la vente de fa maifon , & les réponfes de Simon confirment les foupçons du vieillard qui s'éloigne dans la ferme réfolution d'aller chercher main-forte pour faifir le fourbe qui l'a fi cruellement trompé.

ACTE V.

TRANION.

Tout homme qui, dans les affaires dangereufes, fe laiffe aller à la crainte & à la timidité, n'eft digne d'aucune eftime. Que fignifie le mot *eftime?* Ma foi, je n'en fais rien.

Si-tôt que mon maître m'a commandé d'aller à la maifon de campagne pour lui amener M. fon fils, je me fuis coulé fecrètement jufques à notre jardin, j'en ai ouvert la porte qui donne fur la petite rue, je vous ai fait fortir par là toute la *bande joyeufe*, tant mâles que femelles, & actuellement que je vais avoir fur le corps tout le mal que j'ai caufé, je continue à exciter tant d'orages, tant de tempêtes, qu'il fera comme impoffible de faire renaître le calme..... Voici mon vieux maître, écoutons-le fans rien dire.

Theuropide arrive avec une troupe de *Fouéteurs* qu'il configne dans un coin & auxquels il ordonne d'attendre fon fignal pour fe faifir de l'impofteur, mais il veut cacher fa colère lorfqu'il arrivera, & imiter le pêcheur qui jette doucement fa ligne afin de mieux prendre le poiffon. Tranion l'aborde, & trop fin, trop inftruit pour être dupe de la tournure que prend Theuropide, il va fe réfugier au pied d'un autel qui fe trouve fur la fcène : le bon homme fait tout fon poffible pour le lui faire quitter, mais en vain, & pouffé à bout par les plaifanteries de l'efclave, il le menace d'allumer le feu le plus ardent tout autour de l'afyle qu'il a choifi : Tranion eft inébranlable, & fur ces entrefaites, arrive Callidamate qui obtient la grace de Philolache & du fourbe qui a contribué à fon dérangement.

Il eft aifé de voir que prefque tous les perfonnages du *Retour imprévu* font calqués fur ceux de Plaute, & que celui même de Callidamate a donné à Regnard l'idée de son Marquis. Il a, comme nous l'avons dit, le mérite d'avoir présenté le sujet en entier dans un seul acte dont la marche rapide offre une foule d'incidens très-comiques, & de l'avoir assaisonné de quelques plaisanteries qui lui appartiennent, mais le fond & les scènes principales sont de l'invention du Poète latin.

LE MARCHAND.

PROLOGUE.

CHARIN.

J'AI résolu de faire deux choses à-la-fois : j'exposerai le sujet, & en même-tems, je vous entretiendrai de mes amours, car afin que vous me connaissiez d'abord, je ne suis pas un homme à imiter ce que j'ai vu faire à d'autres amans dans les Comédies. Ils s'amusent à conter leurs peines, leurs disgraces, à qui ? à la Nuit, au Jour, au Soleil & à la Lune. Par Pollux ! ces Dieux, à ce que je crois, se soucient fort de nos plaintes ! ils s'inquiètent beaucoup de ce que craignent ou désirent les vils & méprisables humains ! Ils ont bien d'autres affaires dans la tête, que d'abaisser à ces sottises là, leur sublime & divine attention. Pour moi qui ne cours point après la chimère, je ne

veux

veux parler que pour être entendu, & c'eſt à vous, Meſſieurs, à qui je vais conter mon amoureux martyre.

Chez les Grecs, cette pièce-ci eſt intitulée *le Paſſager de Philémon :* (Paſſager ſignifie le Marchand qui voyage, principalement celui qui traverſe les mers.) & chez les Latins, on l'appelle *le Marchand* d'Accie Plaute. Mon père m'a envoyé à Rhode pour y trafiquer, & il y a déja deux ans que je ſuis ſorti de la maiſon paternelle. A peine en ai-je été éloigné, que l'amour m'a *ſauté au collet* & que je ſuis devenu fou d'une créature charmante nommée Paſicompſe que j'ai achetée pour être ma courtiſanne. Je ſuis arrivé hier avec elle, mais je l'ai laiſſée dans le vaiſſeau & ſous la garde de mon eſclave, afin que mon père ne ſache pas que je rentre dans Athènes avec une marchandiſe de cette eſpèce. Mais je le vois accourir vers moi, cet eſclave à qui j'avais défendu de mettre pied à terre. Que veut-il me dire ? je crains quelque malheur.

ACTE PREMIER.

Acanthion hors d'haleine, demande ſon maître à tout ce qui l'environne, il frappe à ſa porte, l'appelle à grands cris, l'apperçoit, l'aborde, & après l'avoir tenu très-long-tems dans l'incertitude fur le malheur qui lui arrive, il l'informe que fon père eft venu dans fon vaiffeau, qu'il y a vu Pafi-compfe, & qu'avec beaucoup d'empreffement il lui a demandé de quel pays elle était. —Qu'a-t-elle répondu ? —Je me fuis approché fur-le-champ & fans lui donner le tems de faire la réponfe, j'ai dit que c'était une jeune efclave que vous aviez achetée pour Madame votre mère.. .. A ce mot, le vieux pêcheur s'eft échauffé, l'a embraffée, careffée &c. —Ma maitreffe ? —Eh qui donc ? Eût-il mieux valu qu'il eût paffé fon feu fur moi ?

Charin n'a été envoyé fur mer par fon père Dé-miphon que parce qu'il a été très-dérangé dans fa première jeuneffe, il tremble que Paficompfe ne foit connue pour ce qu'elle eft, & il prend le parti de retourner au vaiffeau où, de concert avec Acan-thion, il imaginera les moyens de prévenir le nouvel orage qui le menace.

DÉMIPHON.

Il faut avouer que les Dieux ont des moyens admirables pour fe moquer des pauvres humains. Ces êtres immortels, mais naturellement malins, prennent plaifir à nous tourmenter par des fonges merveilleux, & c'eft ce qui m'eft arrivé la nuit dernière pendant laquelle j'ai fait un rêve qui m'a caufé l'agitation la plus violente.

Je m'imaginais avoir acheté une belle chèvre,

mais deux chofes me donnaient de l'inquiétude fur
mon marché. Premièrement je craignais qu'une
autre chèvre que j'avais auparavant au logis, ne
maltraitât la nouvelle venue, & fecondement
qu'elles ne puffent jamais s'accorder, fi je les met-
tais dans le même endroit. Pour obvier à ces in-
convéniens, favez-vous ce que j'ai fait ? J'ai confié
ma jeune & jolie bête à un finge que j'ai chargé
d'en avoir le plus grand foin.

Mais qu'arrive-t-il ? c'eft que peu après, ce finge
vient chez moi, me gronde, me querelle, m'in-
jurie, & fe plaint que ma chèvre a rongé toute la
dot de fa femme. Je ne puis le croire, il infifte &
me fignifie de le débaraffer d'une hôteffe fi vorace,
fans quoi, il va la mener chez mon époufe.

Par Hercule ! il me femblait que je faifais tout
mon poffible pour appaifer le finge irrité : mais ne
fachant à qui recommander ma pauvre chèvre, ne
fachant à quoi me déterminer, je fouffrais comme
un miférable. Pendant ce tems-là, je vois paraître
un bouc, il me parle & me dit qu'il a ôté la chèvre
des pattes du finge, après quoi, il commence à
me rire au nez & à me faire des gambades. Moi,
je pleure & me plains amèrement de ce qu'on m'a
volé ma charmante bête.

Je ne comprends rien à ce fonge, finon que la
chèvre eft cette jolie créature que j'ai trouvée dans
le vaiffeau de mon fils, & que je dois me défier

d'elle. Dès que je l'ai vue , j'en ai eu l'ame pénétrée, enflammée, & sans m'amuser à réfléchir, j'ai donné à cœur perdu dans ce nouvel amour. Par Pollux ! j'ai brûlé dans ma jeunesse , mais jamais je ne me suis trouvé si fou, si emporté que je l'étais aujourd'hui..... Vous autres, Messieurs, qui me contemplez à votre aise, & en riant, voyez, je vous prie, à quel point ce méchant amour me réduit, & ce que c'est que ma vieille figure.... Mais il faut me taire, voici Lisimaque qui sort de chez lui.

Ce Lisimaque ordonne à ses *Fouéteurs* d'aller à la campagne & d'y couper un bouc qui fait le plus grand ravage parmi ses troupeaux : Démiphon prête l'oreille, se rappelle son rêve, & tremble que sa femme ne lui réserve le sort que l'on apprête à la bête vicieuse de Lisimaque : il l'aborde, & oubliant toutes ses craintes, il lui fait l'aveu de sa nouvelle passion qu'il le prie en grace de ne pas condamner. Moi ! lui répond Lisimaque, les Dieux me préservent d'être votre pédagogue.

Limasique en a pitié, le regarde comme le plus grand fou de la ville , & se retire pour aller vaquer à ses affaires. L'autre voit arriver son fils, lui représente que son esclave est trop belle pour en faire présent à sa mère, que tous les jours, les jeunes gens voudraient donner des sérénades à sa porte, que l'on en jaserait, qu'il vaut mieux la vendre, & qu'il a trouvé quel-

qu'un qui la payera au moins quarante *mines*.
Embaraffé de la propofition, Charin répond qu'un
jeune homme de fa connaiffance en offre cin-
quante, le père augmente, le fils de même, &
furieux de l'obftination de Charin, le bon homme
fort dans la réfolution de la pouffer à un prix fi
haut, que perfonne ne pourra la lui enlever. Charin fe défole, fon ami Eutiche paraît, il lui confie
fon chagrin, & Eutiche vole au port où, s'il le faut,
il mettra mille pièces au-deffus du vieillard. Ces
différentes fcènes, & fur-tout celle de Lifimaque
avec Démiphon, celle de ce dernier avec Charin,
font pleines d'efprit, de fineffe & de comique.

ACTE III.

Démiphon a retrouvé Lifimaque, il l'a prié d'a-
cheter Paficompfe, & Lifimaque arrive avec cette
belle efclave qui le fupplie de la ménager, parce
qu'elle n'eft point accoutumée à des travaux péni-
bles. Lifimaque la raffure & lui apprend qu'elle
n'eft pas à lui, mais à un maître fi vivement épris
de fes charmes, qu'elle ne doit en attendre que
les traitemens les plus doux.

Paficompfe croit que Lifimaque lui parle de
Charin, & lui avoue que depuis deux ans qu'ils
vivent enfemble comme mari & comme femme,
ils obfervent avec le plus grand plaifir la parole

qu'ils fe font donnée mutuellement de ne pas fe faire la moindre infidélité.

Dieux immortels! s'écrie Lifimaque qui préfume toujours qu'il s'agit de Démiphon , quoi , il aurait mis auffi dans le marché qu'il ne couchera plus avec fa femme ?

PASICOMPSE.

Avec fa femme ? en a-t-il une , je vous prie? Non : je fuis bien sûre qu'il n'eft pas marié , & j'efpère même qu'il ne fe mariera jamais.

LISIMAQUE.

Par Hercule ! je ferais bien fâché qu'il ne le fût pas. Affurément c'eft un perfide.

PASICOMPSE.

J'aime paffionnément ce jeune homme-là.

LISIMAQUE.

Fort joli jeune homme, en vérité ! Il n'y a pas long-tems que les dents lui font tombées.

PASICOMPSE.

Comment les dents ?

LISIMAQUE.

Ce n'eft rien que ça. Viens avec moi, il m'a prié de te garder toute la journée dans ma maifon.

Il l'emmène, & Démiphon paraît : il est enchanté d'avoir acheté l'esclave sans que sa femme & son fils en sachent rien. Il veut finir ses jours dans le plaisir, & avant de rentrer chez lui où sûrement on l'attend avec impatience, il veut voir Lisimaque pour le charger de lui louer une maison dans laquelle il puisse entretenir secrètement sa charmante courtisanne. Lisimaque se présente, Démiphon veut aller faire quelques caresses à sa belle, mais le voisin le traite de vieux bouc, de cadavre ambulant, de squélette décharné, lui soutient que son premier devoir est de traiter Pasicompse, & l'entraîne au marché pour y acheter des provisions.

Charin arrive, & désolé, inquiet de ne pas revoir Eutiche, il flotte entre la crainte & l'espérance, mais bientôt il est assuré de son malheur ; & convaincu par son ami, que Pasicompse est vendue à un inconnu, il sort dans le dessein de s'expatrier pour jamais.

Que je suis malheureux ! s'écrie Eutiche. S'il quitte le pays, c'est à moi que l'on s'en prendra, & tout le monde criera contre ma faiblesse, contre mon peu d'amitié. Je vais louer tous les Crieurs publics, les mettre en campagne & les charger de me trouver Pasicompse à quelque prix que ce soit. Après cela, j'irai chez le Préteur & le prierai de me donner

des Infpecteurs que je placerai dans toutes les **rues :**
c'eft le feul moyen qui me refte.

ACTE IV.

Lifimaque a fait dire à Dorippe fa femme, qu'il n'irait point la trouver à la campagne, & fuivie de fa vieille efclave Sira, Dorippe vient à la ville épier fon mari dont elle foupçonne la conduite. Rendue à fa porte, elle ordonne à fon efclave d'entrer dans la maifon, l'efclave obéit, voit Paficompfe & en avertit fa maitreffe qui devient furieufe contre Lifimaque. Il paraît, & déconcerté par les queftions de fa femme, confondu par l'arrivée des cuifiniers qui, d'après fes ordres, viennent préparer le repas qu'il doit faire avec Démiphon, il s'embrouille, il balbutie & fupporte toutes les injures de Dorippe qui le quitte après avoir commandé à Sira d'aller lui chercher fon père. Lifimaque s'éloigne, Sira qui revient, n'a point trouvé le vieillard, & elle eft abordée par Eutiche fon nourriffon & fils de fes maîtres. Elle lui apprend qu'elles ont trouvé une courtifanne chez fon père, & dans l'inftant, arrive Périftrate femme de Démiphon.

Elle eft inftruite de la paffion de fon mari, & après une longue differtation fur les malheurs attachés à l'amour, fur les erreurs qu'il fait commettre aux vieillards dont l'acharnement en pareil cas eſt bien plus fort que chez les jeunes gens, elle ſe plaint amèrement de Démiphon qui va être cauſe que ſon fils va la quitter. Mais elle ne le ſouffrira pas, & réſolue d'acheter la maitreſſe de Charin, elle charge Liciſſe de faire tous ſes efforts pour la lui découvrir. Sur ces entrefaites, arrive Dorippe, & l'on devine que Périſtrate ne tarde pas à être inſtruite de ce qu'elle brûlait de ſavoir. Trop impatiente pour attendre, elle entre chez ſa voiſine qui va lui montrer l'eſclave qu'elle cherchait; & de ſon côté, cette voiſine commence à entrevoir que Liſimaque n'eſt pas auſſi coupable qu'elle l'imaginait.

S I R A.

Par Caſtor ! les loix ont rendu la condition des femmes bien cruelle & bien malheureuſe. On ne leur fait aucune juſtice à l'égard de leurs maris. Qu'ils aient des maitreſſes à leur inſçu, & qu'elles viennent à le ſavoir, on ne punit point les Seigneurs époux : ils en ſont quittes pour eſſuyer la mauvaiſe humeur de la partie intéreſſée. Si au contraire, la femme met ſeulement le pied hors de la maiſon, ſans que ſon mari ſache où elle a été, il eſt en droit de la répudier.

Plût aux Dieux que la loi fût égale & réciproque pour les deux conjoints ! puiſqu'une honnête femme ſe contente d'un ſeul mari, pourquoi Monfieur le mari ne fe contentera-t-il pas d'une feule femme? par Caftor! fi ces hommes qui ont des maitreffes, fubiffaient la même peine que les femmes qui font furprifes en infidélité conjugale, & dont la vertu a fait naufrage; ma foi la viduité régnerait beaucoup plus chez les époux que chez les époufes.

Plaute entend parler ici des maris dont les femmes ne font pas mortes, & qui en font féparés par le divorce ou autrement.

ACTE V.

Charin prend congé des parties fupérieures & inférieures de la porte paternelle, auxquelles il fouhaite continuation, augmentation de fanté & de profpérité! il va chercher d'autres Dieux Pénates, un autre *Lare*, une autre ville, une autre cité.

On fait que les Romains avaient un refpect religieux pour leurs portes, leurs jambages, leurs pas, en un mot pour tout ce qui en dépendait, & cela parce que les portes étaient confacrées aux Dieux *Lares*. Ainfi, quand les particuliers s'éloignaient pour un exil contraint ou volontaire, ils embraffaient leur porte, la baifaient & l'invoquaient.

Eutiche a retrouvé la maitreffe de Charin, il le cherche, le voit & l'aborde: mais Charin ne veut rien entendre, & ce n'eft qu'après les preuves les plus claires, qu'il conçoit l'espérance de retrouver une beauté qu'il était résolu d'aller chercher dans tous les coins de l'univers. Lisimaque arrive avec Démiphon, le premier est informé que sa femme est toujours irritée contre lui, son fils se charge d'obtenir sa grace, & il y réussit. A l'égard de Démiphon, il se repent du chagrin qu'il a causé à Charin, il promet de lui faire toutes les réparations qu'il exigera, & persuadé que Péristrate ignore tout ce qui s'est passé, il supplie Lisimaque de ne pas l'en instruire.

On trouvera dans cette Comédie des scènes filées avec beaucoup d'adresse, mais l'action en est souvent arêtée par de longues réflexions, dont la plupart n'ont aucun rapport au sujet. C'est un des grands défauts de Plaute, & presque toujours un personnage cesse d'y être en situation, parce qu'un autre vient l'interrompre pour conter ou pour moralifer ? Quelle froideur de pareils monologues ne devaient-ils pas répandre parmi les Spectateurs, & que devenait pendant ce tems-là l'Acteur qui ne parlait pas. Il poussait la discrétion jusqu'à ne pas écouter celui qui venait d'arriver, & cette convention qui n'est nullement Théâtrale, ne pouvait produire qu'un très-mauvais effet.

LE PSEUDOLE.

SIMON, Bourgeois d'Athènes, a un fils nommé Callidore, & paſſionnément amoureux d'une certaine Phénice qui eſt dans les mains de Ballion dont le métier eſt de vendre & de proſtituer des Eſclaves. Il a celle-ci en garde pour un ſoldat Macédonien qui la lui a achetée vingt *mines* dont il en a déja payé quinze, après quoi il eſt parti pour Sicyone : mais afin de n'être point trompé, il a laiſſé ſon portrait ſur une pièce de métal, & le vendeur eſt convenu avec lui qu'il ne remettrait la fille qu'à celui qui, en lui apportant les cinq *mines* dues, lui ferait voir le même portrait tracé ſur une pièce abſolument pareille. (Rapellez-vous les Comédies renfermées dans le Volume précédent, & vous verrez que Plaute a déja fait uſage de ce moyen).

Phénice eſt avertie de cet arrangement, & déſolée de perdre Callidore qu'elle n'aime pas moins qu'elle en eſt aimée, elle ſe hâte de l'informer du malheur qui les menace.

Par le ſecours de la cire, du lin, de la plume & de l'écritoire, lui marque-t-elle, Phénice envoie ſalut, tendreſſe & embraſſade à Callidore ſon amant, te demandant le même plaiſir, mon cher cœur, verſant une abondance de larmes dans le trouble de mon ame, dans l’inquiétude & l’agitation de mon eſprit. Tu ſauras, mon amour, que Ballion m’a vendu vingt *mines* au Soldat Polimachéroplacide, que ce guerrier a déja avancé les trois quarts de la ſomme, qu’il ne reſte que cinq *mines*, que c’eſt uniquement ce qui me retient encore ici, & que les *Bachanales* prochaines ſont le jour fixé pour mon départ.... On ſépare, on déchire, on arrache, on renverſe nos amours, nos complaiſances, nos conſtances, nos ris, nos jeux, nos converſations, nos tendres baiſers. Plus, mon cher cœur, plus pour toi ni pour moi, de ces heures enchantées, de ces plaiſirs inexprimables, à moins que nous n’inventions l’un ou l’autre, un expédient pour détourner notre malheur. J’ai eu ſoin de te mander tout ce que je ſais de cette affaire-là. Ce m’eſt une occaſion infaillible pour éprouver ſi tu es touché ſincèrement, vivement, profondément, ou ſi ton amour n’eſt qu’une feinte. Adieu.

Callidore ſe déſeſpère, & fait part de ſa ſituation à l’Eſclave Pſeudole qui lui promet de s’employer ſi efficacement, que malgré toute la fineſſe de Ballion, il trouvera moyen d’ôter Phénice de ſes mains.

Cependant, mais on ne ſait comment, Simon, père de Callidore, eſt inſtruit des amours de ſon fils, & du projet que l’Eſclave a formé de jouer

un mauvais tour à Ballion. Il vient trouver Pseudole qu'il accuse d'être le complice du dérèglement
de Callidore, & Pseudole qui se justifie sur quelques points, est forcé de passer condamnation sur
les autres. Mais à l'éloge que lui fait le bon homme
de la finesse de Ballion, son amour-propre se ré-
veille, & il gage avec Simon qu'il dupera celui
même qui fait tant de dupes. Simon accepte le
défi, & le vainqueur aura vingt *mines*.

Impatient de jouir de sa maitresse, Polimachéroplacide envoie au jour dit, & le messager chargé
de cette commission ne connait ni la maison ni la
figure de Ballion. Il cherche quelqu'un qui puisse
le tirer de peine, & justement il s'adresse à Pseudole qui se donne pour le valet de salle de Ballion.
L'exprès lui remet la marque, garde les cinq *mines*
qu'il veut compter à Ballion même quand il sera
rentré, & va, en l'attendant, se rafraîchir dans le
cabaret voisin.

Jaloux de gagner la gageure, Simon de son
côté, court trouver Ballion sur la place, & l'avertit
du dessein de Pseudole. Ballion le remercie, gage
en même tems que l'Esclave ne viendra pas à bout
de son projet, & revient chez lui pour y veiller
exactement à tout ce qui se passera. Mais Pseudole
qui ne s'endort pas, s'accorde avec un maître
fourbe nommé *Singe*, lui fait sa leçon, lui remet
la marque à laquelle il joint les cinq *mines*, &

l’envoie chez Ballion. Celui-ci donne dans le piége, & Singe revient avec Phénice.

Ballion chante victoire, & perfuadé qu’il n’a plus rien à craindre de Pfeudole, il compte avoir gagné la fomme ftipulée avec Simon, il la lui demande, & dans-l’inftant même reparaît le véritable envoyé de Polimachéroplacide qui au nom de fon maître fomme Ballion de lui livrer Phénice : Ballion & Simon le prennent pour un fourbe apofté par Pfeudole, le raillent & le plaifantent : mais celui-ci protefte qu’il eft chargé de l’argent, qu’il a remis la marque à l’Efclave de falle de Ballion, & qu’il ne partira pas fans avoir ce qu’il demande. Simon & Ballion font forcés de convenir que Pfeudole eft plus fin qu’eux, le premier lui compte les vingt *mines*, & Ballion en fait autant vis-à-vis du vieillard.

On reconnaît quelques traits de l’*Etourdi* dans cette Comédie qui eft une des plus longues & des plus médiocres de Plaute : cependant il en faifait le plus grand cas, & l’on en donne pour raifon qu’il n’en avait emprunté nulle part, ni le plan, ni l’intrigue. C’eft le faible de prefque tous les Auteurs de vanter leur plus mauvais Ouvrage, & de lui donner la préférence fur tous les autres. Leur fuffrage entraîne rarement celui du public, & nous ne connoiffons guère qu’une Tragédie fur laquelle ce même public fe foit évidemment trompé. C’eft l'Athalie de Racine, Pièce sublime, sifflée dans sa naiſſance, & que ſon Auteur n'a point eu l'agrément de voir réuſſir. La ſeule conſolation qu'il ait eue ſur cet objet, c'eſt la déciſion de Boileau qui lui a donné la poſtérité pour juge, & la poſtérité a été juſte. Par quelle fatalité ce chef-d'œuvre a-t-il été dédaigné dans le ſiècle le plus brillant de la Littérature Française ?

Le Lecteur doit ſentir ce qui nous a empêchés de nous étendre davantage ſur *le Pſeudole*, & nous nous contenterons d'ajouter qu'il eſt précédé d'un Prologue, dans lequel on s'eſt abſtenu, pour la première fois, d'inſtruire les ſpectateurs du plan & de l'intrigue du ſujet. Retirez-vous, y dit-on, ſortez de l'Amphithéâtre, boyaux vuides, eſtomachs affamés, ventres creux qui ne cherchez qu'à mordre & qu'à critiquer : mais vous, Meſſieurs, qui avez uſé de précaution contre l'abſtinence, vous qui, par cette raiſon, ne demanderez qu'à rire, demeurez, aſſeyez-vous, & faites-vous une loi, ou pour mieux dire un plaiſir d'écouter.

L E P Œ N U L E.

P R O L O G U E.

LE Général ou Chef de la troupe des Comédiens vous ordonne d'ouvrir les oreilles & de rester tranquillement à votre place... Levez-vous, Crieur Public, levez-vous & faites votre office.... Qu'aucune vieille fille ne vienne s'asseoir sur le devant du Théâtre, qu'on n'y entende ni l'Huissier ni les verges : que les marqueurs de places ne rodent point devant les yeux, qu'ils ne conduisent point ceux qui arrivent pour les faire placer pendant que l'Acteur joue son rôle... Que les esclaves ne s'emparent point des bancs : que les nourrices restent au logis avec leurs enfans : que les dames regardent sans rien dire, & sur-tout qu'elles rient sans éclat : qu'elles ne laissent point échaper le son aigu de leur voix perçante, qu'elles reportent au logis leur démangeaison naturelle de babiller.

Quant à ce qui concerne les curateurs, les inspecteurs des Comédies, qu'on ne défère point la palme, qu'on n'adjuge point injustement le prix à aucun Acteur...... Mais j'avais presque oublié une chose. Pendant qu'on fera la représentation, ne manquez pas, laquais, valets de pied, vous tous qui exercez vos jambes à courir après la voiture du maître ou de la maitreſſe, ne manquez pas de faire irruption dans les cabarets. Par Hercule! ce ſera une bonne affaire pour la Police, ſi chacun veut ou peut ſe ſouvenir de tout ce qui eſt commandé par l'autorité *Comédienne*.

Je reviens maintenant au ſujet de la pièce, & afin que vous ne ſoyez pas moins ignorans que moi, je vais vous fixer, vous limiter, vous borner ſon étendue, ſa fin, ſes environs, car à préſent je ſuis établi le *meſureur* de cette affaire · là. Si cela ne vous déplaît point, je vous dirai le nom de la pièce; quand cela ne vous plairait pas, je ne le dirais pas moins, parce que j'aurai toujours l'agrément de ceux qui ont le pouvoir en main.

Cette Comédie s'eſt appellée originairement *le Carchédonien*, & depuis, *Patruus Pultiphago-nides*, c'eſt-à-dire oncle paternel pultiphagonide. Ecoutez maintenant le reſte, l'argument y ſera expliqué, & le lieu de cet argument, c'eſt le *Proſcenium*, le devant du Théâtre.

Il y a à Carthage deux frères nés d'une famille noble & riche : l'un eſt vivant, l'autre a fini ſes jours, & je vous l'aſſure d'autant plus poſitivement, que je tiens la nouvelle de ſa mort de celui qui, ſuivant ſon métier, l'a frotté d'onguent, embaumé, parfumé, enſéveli.

Cet homme qui n'eſt plus qu'ombre & pouſſière, avait eſſuyé pendant ſa vie un triſte & fâcheux accident à Carthage où un jour on lui déroba son fils unique âgé de sept ans, & les voleurs furent si bien cacher leur proie, que l'on ne put découvrir l'enfant, quelque recherche que l'on en fît. Le père ne survécut que six ans à cette perte, & jugeant bien qu'il ne reviendrait pas de la maladie dont il était attaqué, il fit son frère héritier universel de tous ses biens, après quoi, il partit en poste pour l'Achéron & pour les Enfers, sans or, sans provisions, sans aucun secours de voyage, enfin sans ce qu'on nomme *le viatique*.

Le *viatique* était ce qu'un voyageur portait avec lui pour se nourrir & faire sa course agréablement : or les Anciens avaient, comme nous l'avons dit, à l'égard des morts, l'usage superstitieux de mettre sur les tombeaux de l'or & des provisions, persuadés que cela était nécessaire pour passer de cette vie à une meilleure, & que quand une ame arrivait bien munie sur le bord du Styx, elle en était beaucoup mieux reçue dans les Enfers. Ils mettaient aussi deux *oboles* dans la bouche du défunt, & ils en joignaient trois autres pour payer Caron. Les Grecs appellaient cela *patmeion*, & les Latins *naulum*, l'argent du passage.

Celui qui a dérobé le jeune homme, l'a transporté à Calidon, & là, heureusement pour l'enfant, & encore plus pour le ravisseur, il a trouvé l'occasion de vendre son butin vivant à un certain

Seigneur très-riche, déja fur l'âge, ennemi déclaré des femmes, conféquemment du lien conjugal, mais en même-tems, plein de défir d'avoir une poftérité, pourvu qu'elle ne foit pas de fa façon.

Ce vieillard qui ne favait rien du vol, acheta l'enfant qu'il prit de bonne-foi pour le fils de l'E-tranger & qu'il adopta pour le fien ; puis lorfqu'il fe vit contraint d'aller faire chez les morts une petite ftation de mille ans, peut-être plus longue, il lui fit préfent de fa riche fucceffion. Or ce jeune héritier demeure ici dans la maifon que vous voyez.

Je retourne encore à Carthage : fi vous voulez y mander quelque chofe, ou me charger de quelque commiffion qui demande des avances, commencez par payer, & vous ne ferez pas mieux fervis que ceux qui ne payeront pas.

Mais le vieillard de Carthage, qui vit encore & qui eft l'oncle paternel de ce jeune homme-ci, avait deux filles, l'une de cinq ans, & l'autre de quatre. Ces deux enfans difparurent auffi avec leur nourrice, & depuis ce tems-là, on les a regardées comme perdues. En effet, celui qui les a déro-bées, les a tranfportées à Anactore & vendues, ainfi que leur nourrice, au plus exécrable des hommes qui foit fur la terre, fi pourtant on peut don-ner le nom d'homme à un malheureux de cette efpèce. Au refte, fon nom feul doit vous faire

conjecturer combien il eſt méchant : il s’appelle
Licus, ou loup, & en effet, il n’eſt point de loup
plus inſatiable, plus raviſſant, plus cruel que lui.

Cet abominable intriguant habitait Anactore, il
a changé de ville & eſt venu s’établir ici à Calidon,
dans l’eſpérance ſans doute d’y faire valoir ſon infâme négoce. Il demeure dans ce logis-là, & le
jeune homme dont voici la maiſon, eſt éperdûment amoureux d’une de ſes couſines qu’il ne
connaît pas pour telle : il ignore même où elle
eſt née, & jamais il n’a eu de commerce avec elle,
tant Licus la veille de près pour en tirer plus d’argent. Cette fille s’appelle Adelphaſie, & ſa ſœur
Antéraſtile eſt marchandée par un Soldat qui brûle
d’en faire ſa concubine.

Leur père n’a ceſſé de les chercher par mer ou
par terre, & pour les trouver plus aiſément, il
uſe d’une méthode aſſez ſingulière. Eſt-il arrivé
dans une ville ? ſon premier ſoin eſt de courir chez
toutes les courtiſannes : il leur donne de l’or, il
paſſe la nuit avec elles : enſuite il leur demande
d’où elles ſont, ſi elles ont été faites priſonnières,
ou ſi on les a dérobées. Ce ruſé vieillard poſsède
toutes les langues, mais il veut bien faire ſemblant
de les ignorer. Enfin il eſt Carthaginois, c’eſt tout
dire.

Nous n’avons ſurpaſſé, dit Cicéron, ni les Eſ-
pagnols en nombre, ni les Gaulois en force, ni

les Carthaginois en finesse, ni les Grecs en artifice: *Nos nec numero Hispanos, nec robore Gallos, nec calliditate Pœnos, nec artibus Græcos superavimus.* Dans un autre endroit, le même Ecrivain les appelle fourbes & menteurs, *Pœni fraudulenti & mendaces.* Tite-Live ne les estimait pas davantage, quand il dit, *perfidia plusquam Punica,* perfidie plus que Carthaginoise, & Plaute les maltraite dans cette pièce, parce qu'elle fut faite & représentée pendant la seconde guerre punique. Ce même homme, continue-t-on dans le prologue, ce même homme qui navige depuis si long-tems, est entré hier au soir dans le port avec son vaisseau, il est en même-tems, comme vous voyez, père des deux filles & oncle paternel du jeune homme...... Mais j'ai presque oublié de vous rapporter la fin de notre histoire..... Ce voyageur viendra ici aujourd'hui, il reconnaîtra ses deux enfans & son neveu le fils de son frère, du moins c'est comme cela que je l'ai ouï dire.

A présent il est tems que j'aille m'habiller pour jouer un autre rôle, mais avant de vous quitter, Messieurs, je vous souhaite une bonne & longue santé. Restez constamment au spectacle & honorez-le de votre présence jusqu'à la fin. Je vais devenir un homme différent, & il y a des gens qui vous éclairciront ce qui reste à vous exposer.

Ce reste est peu de chose, du moins dans les

trois premiers actes, & le spectateur prévenu du dénoûment, n'a pas dû les trouver fort intéressans. Dans l'un, c'est Agorastocle (nom de l'amant d'A-delphasie) qui presse son esclave Milphion de lui indiquer les moyens d'arracher sa maitresse des mains de Licus, ou Licon, & qui se prête au stratagême suivant. C'est Milphion qui parle.

Vous avez chez vous trois cens *philippes* d'or, & Collibisque, votre métayer, est en ville. Licon ne le connaît point : me comprenez-vous ?

A g o r a s t o c l e.

Par Hercule ! je te comprends de reste, mais je ne prévois nullement où tu veux en venir.

M i l p h i o n.

Je vais donc vous déboucher, vous ouvrir l'intelligence là - dessus. Il faudra donner la somme en or au métayer, & lui commander de la porter à Licon : mais il se fera passer auprès de lui pour un étranger qui a choisi sa maison dans le dessein de s'y amuser. Licon transporté de joie, ne manquera pas de mordre à la grappe, & de l'instant qu'il aura touché les trois cens *philippes*, vous irez lui demander si votre esclave n'est pas venu chez lui. Il le niera, & sur cela il ne tiendra qu'à vous de l'accuser de vous avoir volé tout-à-la-fois votre Esclave & votre argent. Cité en Justice, il ne pourra se laver de votre imputation, & le Préteur

C 4

vous l'adjugera avec toute fa *nichée*. Ainſi nous aurons le plaiſir d'avoir creuſé une foſſe à ce maître
ſcélérat, & ce qui eſt le meilleur, de l'avoir pouſſé
dedans.

Agoraſtocle approuve ce conſeil, & prêt d'aller
rendre ſon hommage à Vénus dont on célèbre la
fête, il voit paraître les deux ſœurs qui ſont un
mêlange de coquetterie & de ſimplicité, de liber-
tinage & d'honnêteté ; caractères ſupportables ſans
doute dans le tems où Plaute écrivait, mais qui
aujourd'hui nous révolteraient : elles vont au Temple de la Déeſſe, & Agaraſtocle qui les aborde,
eſt aſſez mal reçu d'Adelphaſie que Milphion ne
trouve nullement de ſon goût. Toutes ces Scènes
ſont fort longues & abſolument ſans action.

Dans la première du ſecond Acte, arrive Licon qui ſort du Temple, & qui n'a jamais pu
mettre Vénus en belle humeur, ni lui attirer aucun de ſes bienfaits, quoiqu'il lui ait ſacrifié ſix
agneaux bien conditionnés. Auſſi, dit-il, j'ai défendu qu'on partageât les entrailles, & je n'ai pas
même voulu les voir, d'après la réponſe du Devin
qui a prononcé qu'elles n'étaient pas d'un préſage
heureux.

De cette manière-là, continue-t-il, j'ai bien
attrapé l'avare Vénus, & pour la punir d'avoir
prétendu trop avoir, elle n'a rien eu du tout. Voilà
comme je fais moi, & comme il faut faire. Quel

bon effet penſez-vous que cela produira dans la ſuite ? c’eſt que les autres Dieux & Déeſſes ſe feront adorer à moins de frais, c’eſt qu’ils ne feront plus ſi avides, ſi affamés de victimes & d’encens, quand on leur dira qu’un Licon a laiſſé Vénus les mains vuides.

Le Devin qui vraiment eſt un pauvre homme, & qui ne ſait nullement ſon métier, diſait que toutes les tripes de mes pauvres agneaux me menaçaient de perte & de malheur, que tout le ciel était conjuré contre moi ; & depuis ce tems-là on m’a donné une *mine* d’argent. Qu’on eſt fou de croire des Prophêtes de cette eſpèce, tant dans les choſes divines, que dans les choſes humaines !

Ces traits & mille autres de ce genre, répandus dans différentes Pièces de Théâtre, prouvent que les Romains étaient beaucoup moins ſuperſtitieux qu’on ne l’imagine : s’ils avaient regardé les ſacrifices comme un point eſſentiel de leur religion, s’ils avaient cru à l’examen des entrailles, aux Devins qui étaient chargés de le faire, quel eſt le Poëte qui aurait oſé les tourner en ridicule devant le peuple ?

Licon ne ſait ce qu’eſt devenu le ſoldat Anthémenide, celui qui vient de lui faire préſent d’une *mine* d’or, dans l’intention de ſe voir l’unique poſſeſſeur de la cadette d'Adelphaſie ; il arrive ; & Licon l'emmène chez lui.

Dans le troiſième Acte, on joue à ce Licon le tour dont Milphion a donné l'idée à ſon maître, & ce ſont des Avocats qui aident Agaraſtocle à faire tomber ſa dupe dans le piége que lui tend Collibiſque. Plaute fait jouer à ces Avocats le même perſonnage que jouent ſur nos Théâtres ces méchans Huiſſiers dont les épaules ſont à l'épreuve des coups de bâton , ces coquins décidés qui pour de l'argent , bravent le témoignage de leur conſ-cience. Victime de leur ſupercherie , Licon reçoit Collibiſque qui lui compte ſes trois cens *philippes* , & convaincu , peu de tems après , que le métayer eſt l'Eſclave d'Agaraſtocle , il ſort pour aller con-ſulter ſes amis ſur la manière la plus honnête qu'il pourra choiſir pour ſe pendre.

Dans la première Scène du quatrième Acte , Sincéraſte ſort du Temple , chargé des vaſes qui ont ſervi au ſacrifice offert par ſon maître Licon dont il fait le portrait ſous les couleurs les plus odieuſes. J'aimerais mieux , dit-il , paſſer ma vie aux carrières , ayant pour ceinture une chaîne de fer toute hériſſée de pointes , que de ſervir cet abominable homme..... Chez lui ſe trouvent le cavalier , le fantaſſin , l'affranchi , le voleur , le fu-gitif , le fouété , le lié , le condamné , en un mot

il reçoit quiconque peut lui donner de quoi appaifer fon infatiable avidité. Grands Dieux! Dieux
qui voyez tout, de combien d'horreurs vous êtes
les témoins!

Milphion eft aux aguets, tant pour fuivre la
rufe qu'il a imaginée, que pour avancer le moment de faire périr Licon, & dans cet efpoir il
aborde fon efclave dont il parvient à gagner la
confiance. Celui-ci lui fait voir que le fuccès de
fon projet eft certain, qu'Adelphafie & fa fœur
font nées libres, qu'il en a les preuves les plus
sûres, & que pour perdre Licon, il fuffira qu'elles
le citent, comme n'ayant pas eu le droit de les
acheter, puifqu'elles font nées de famille libre.
Ravi de cette confidence, Milphion promet à Sin-
cérafte qu'avant la fin du jour, il trouvera le moyen
de le faire affranchir, & les deux Efclaves fe fé-
parent, l'un pour rentrer chez Licon, l'autre pour
aller avertir fon maître de ce qu'il vient d'apprendre.

H A N N O N.

Divinités de l'un & l'autre fexe, je vous adore
& vous prie que mon arrivée dans cette ville foit
heureufe dans les chofes qui font tout le fujet de
mes voyages! Faites-moi la grace de pouvoir y
découvrir mes deux filles & mon neveu, le fils de
mon frère.

Autrefois j'ai eu ici pour hôte un honnête & bon

ami nommé Antidamas : on dit qu'il a fait ce qu'il devait faire , & qu'il a payé à la nature le dernier tribut qu'elle exige , fans en difpenfer aucun. Ils difent auffi qu'Agoraftocle eft établi à Calidon. Je porte avec moi le Dieu de l'hofpitalité , & la marque du droit que nous avions le défunt & moi de loger réciproquement l'un chez l'autre. On m'a indiqué la maifon de fon fils dans ce quartier-ci , & je vais la demander à ces gens qui viennent de mon côté.

Tel eft à-peu-près le monologue par lequel le père des deux filles commence le cinquième Acte , & il ne tarde pas à trouver Agoraftocle auquel il remet le Dieu dont il a parlé , c'eft-à-dire une marque fur laquelle on prétend qu'était gravée la figure de Saturne , & que l'on fe donnait mutuellement chez les Anciens , lorfque l'on était attaché l'un à l'autre. Muni de cette marque , on était fûr d'être bien reçu dans la maifon de fon ami , foit par lui , foit par fes defcendans. Inftruit que Hannon eft Carthaginois , Agaraftocle lui fait une foule de queftions , reconnaît en lui le frère de fon père , & fe précipite dans les bras de fon oncle. Milphion met le vieillard dans le fecret des amours de fon maître , & pour mieux réuffir à perdre Licon , il prie ce même vieillard de réclamer comme libres les deux fœurs qu'il a chez lui. Hannon y confent , & plus heureux qu'il ne fe flattait de l'être , il re-

trouve en effet fes deux filles dans Adelphafie &
Antéraftile. Il promet de marier l'aînée avec Agaraftocle, & l'on pardonne à Licon, à condition
qu'il rendra les trois cens *philippes*.

Cette Pièce eft fort longue, & préfente fi peu
d'intérêt que nous n'avons pas cru devoir nous
étendre davantage fur fes différentes Scènes qui font
loin d'avoir le piquant de quelques-unes de celles
dont nous avons donné l'extrait.

LA PERSANE.

Trimurchide, Soldat ou Officier Athénien;
s'eft engagé dans le fervice de Perfe, & tandis
qu'il eft au fiége d'Eleufépolis en Arabie, fon efclave Toxile devient éperduement amoureux de
Lemnifilène, courtifanne au pouvoir de Dordale
qui depuis fix mois exerce fon métier à Athènes.

Ce Toxile ne peut jouir de fa maitreffe qu'en
payant fix cens *nummes*, ou petites pièces bien
comptées, & il n'eft point de démarches qu'il n'ait
faites pour les emprunter. Sagariftion fe trouve
fur fon chemin, c'eft un autre efclave de fes amis:
Toxile l'inftruit de l'embaras dans lequel il eft,
& après l'avoir plaifanté fur fes amours, Sagariftion le quitte en lui promettant qu'il va mettre
tout en œuvre pour l'obliger; mais Toxile veut

duper Dordale , & le parasite Saturion lui en fournit les moyens. La suite va les indiquer.

Saturion.

Je garde , je conserve , je cultive très-soigneusement la méthode que j'ai adoptée d'être à l'affut de tout ce qui peut appaiser mon ardeur famélique , car afin que vous le sachiez , j'ai l'honneur de descendre d'une race *parasitique* & tous mes ancêtres avaient la prudence de porter leurs boyaux vuides à la plénitude des tables abondamment garnies.

Mon père , mon aieul , mon bisaieul , mon trisaieul , le père du père de mon trisaieul ont toujours vécu sur le commun , toujours mangé le pain des autres , & jamais personne n'a pu les vaincre en appetit , ou plutôt en voracité. Aussi les avait-on nommés les durs capitons , tant ils avaient le front admirable , soit pour ne rougir de rien , soit pour braver le vol des assiettes , des plats , des pots &c.

Voilà , Messieurs , mes titres de noblesse , & pour ne pas dégénérer , pour soutenir l'éclat de ma famille , je suis obligé d'être un excellent piqueur d'escabelle , un coureur infatigable de grands repas...... Mais il faut que je voie si les restes du soupé d'hier ont bien dormi &c.....

Toxile *arrivant.*

J'ai trouvé une ruse infaillible pour forcer Dordale à racheter Lemnifilène de fon argent, & à la faire fon affranchie. Bon! voici juftement le *parafite*, j'ai befoin de lui, & je vais faire femblant de ne pas le voir : c'est par-là que je l'attirerai dans mes filets.

Ayez bien foin de tout cela, continue-t-il, Meffieurs les officiers de *marmite*, & *cuifinez* le plus promptement qu'il vous fera poffible. Compofez le vin mielleux, tenez chaudement les coins & les autres confitures, jettez-y les bois de fenteur. J'attends inceffamment la perfonne qui me fait paffer des momens fi agréables par le charme de fa converfation.

Le *parafite* comprend qu'il eft queftion de lui & aborde Toxile auquel il répète qu'il n'eft pas Saturion, mais *Efurion*, c'est-à-dire qu'il meurt de faim, & il fe réfigne avec beaucoup de peine, à écouter avant d'avoir mangé, l'affaire que l'Efclave veut lui communiquer.

T o x i l e.

Je renonce à vous emprunter de l'argent : mais j'ai befoin de votre fille.

S a t u r i o n.

Certes, je ne l'ai jamais prêtée à qui que ce foit pour qu'il s'en fervît dans fon befoin.

T o x i l e.

Je ne la demande pas pour cela.

SATURION.

En quoi donc peut-elle te rendre service ?

TOXILE.

Je vais vous le dire. Votre fille est belle & bien faite. Elle excelle en bonne mine, elle efface en charmes & en attraits, presque toutes les autres femelles de son âge.

SATURION.

Tu ne la flattes point, &, quoique son père, la justice & la vérité veulent que je la reconnaisse au portrait que tu m'en fais.

TOXILE.

Notre bon & honnête voisin Dordale n'a jamais vu ni vous, ni votre demoiselle.

SATURION.

Hors celui & ceux qui ont la bonté, l'humanité d'appaiser le cri de mes entrailles, personne n'a l'honneur de me connaître.

TOXILE.

Vous avez raison, & d'après cela vous pouvez me trouver les six cens pièces dont j'ai besoin.

SATURION.

Ma foi, je ne demande pas mieux.

TOXILE.

TOXILE.

Donnez-moi votre agrément pour vendre votre fille.

SATURION.

Que tu vendes ma fille?

TOXILE.

Non, ce ne fera pas moi, & j'apofterai pour vendeur, un homme qui fe dira étranger....... D'ailleurs j'en jure par Hercule, c'eft que d'aujourd'hui il ne vous entrera rien du nôtre dans le corps, à moins que vous ne m'ayez donné une parole pofitive que vous m'accordez ma demande. Bien plus, fi vous n'amenez ici votre fille, vous ferez dégradé, caffé, chaffé de la milice *manducatoire*, & pour m'expliquer nettement, jamais vous ne mangerez ici..... Hé bien! vous voilà tout interdit! qu'eft-ce qu'il y a? que ne répondez-vous? pourquoi ne pas dire ce que vous ferez?

SATURION.

Je te prie de me vendre auffi tout entier, fi cela te fait plaifir, j'y confens, mais à une condition, c'eft que tu ne me vendes que lorfque j'aurai l'eftomach bien rempli.

TOXILE.

C'eft à vous de voir.

SATURION.

Que puis-je te dire? tu as pris la place par son endroit faible, & je ferai tout ce que tu m'ordonneras.

TOXILE.

Allez donc promptement chez vous, & donnez à votre fille les subtiles instructions qui lui sont nécessaires pour jouer son rôle. Apprenez-lui ce qu'elle doit répondre à chaque interrogation qu'on lui fera sur l'endroit où elle est née, & sur la manière dont on l'aura enlevée : qu'elle se fasse une patrie fort éloignée d'Athènes, & sur-tout qu'elle ne manque pas de répandre un torrent de larmes de commande en racontant sa disgrace imaginaire.

SATURION.

Tu t'es donné là une peine bien inutile, mon enfant, & tu aurais aussi bien fait de te taire. Sais-tu que la demoiselle est trois fois plus maligne & plus fine que tu ne la veux ?

Toxile enchanté presse le Parasite d'aller trouver sa fille, de la vêtir en étrangère, d'apporter une robe, une ceinture, une casaque, un chapeau à grands bords pour déguiser le *vendeur*, & de son côté il va envoyer un garçon à sa maitresse pour la prévenir de ce qui se passe.

Dans la première Scène du second Acte, Lemnisi-

lène charge sa servante Sophoclidisque d’aller porter une lettre à Toxile ; Toxile de son côté, donne
le même ordre à Peignie, & les deux commission-
naires ont ensemble une longue Scène dans laquelle
ils s’instruisent réciproquement du message dont
ils sont chargés : après s’être accablés d’injures mutuelles, langage ordinaire des Esclaves de Plaute,
ils se séparent, & font place à Sagaristion qui ne
sait de quels termes se servir pour remercier Jupiter du bonheur imprévu qu’il lui a procuré.

Qui se ferait jamais attendu, dit-il, à une occasion aussi belle & aussi favorable que celle-là ? il
faut qu’à force de rêver à notre embaras, le maître
des Dieux ait inventé lui-même cet expédient, &
je le regarde comme s’il était tombé du ciel.

Mon maître m’a ordonné d’aller en Erétrie pour
y acheter des bœufs tranquilles & bien domptés.
Il m’a donné l’argent nécessaire pour faire cette
grosse emplette ; & pour louer dignement mon pa-
tron, il faut convenir que c’est un grand fou. Il
connait le *pélerin*, il sait que ma fidélité n’est pas à
l’épreuve, & que l’envie de me satisfaire l’emporte
sur tous les châtimens ; comment donc a-t-il
osé me confier cette somme - là ? étourderie toute
pure.

J’emploierai ce métal monnoyé à un autre usage
qu’à l’achat des bêtes cornues, ce qui fera très-
grand plaisir à mon ami, & mon excuse est déja

trouvée : je dirai que dans toute la foire, il n'y avait pas un seul bœuf à vendre. On fera *tax*, *tax* sur mes épaules, mais c'est de quoi je me soucie le moins. (Ce monosyllabe ne signifie rien dans le fond, & l'on s'en servait pour exprimer le bruit des verges avec lesquelles on fouétait les esclaves. D'après cela, on nommait *Taxatores* dans la Comédie, ceux qui censuraient les mauvaises mœurs.) Je ne trouve rien de plus agréable, ajoute Sagariftion, que de ronger, que de mordre jusqu'au sang ces maîtres qui sont possédés du désir insatiable d'amasser, & qui sont d'une ladrerie si crasse, qu'ils cachent la salière avec le sel.... J'ai par-devers moi un grand avantage sur mon tyran, c'est qu'il ne peut me condamner à aucun supplice que je n'aie déja souffert & dans lequel l'expérience ne m'ait rendu savant.

Peignie s'est acquité de la commiffion de Toxile, & il est abordé par Sagariftion qui veut lui faire quelques questions, mais loin de le satisfaire, Peignie le traite en esclave, & c'est tout dire : aussi Sagariftion prétend-il que si le ciel récompense ce maraud comme il mérite de l'être, il n'y aura ni Dieu ni Déefse qui ne lui donne un coup de bec, qui ne lui décoche un trait de vengeance.

Toxile qui arrive, charge Sophoclidifque de bien exhorter Lemnifilène à ne pas se chagriner, & s'approche de Sagariftion qu'il est ravi de retrouver.

Mais quelle enflure as-tu au cou ? lui dit-il, c'eſt comme une tumeur qui doit aboutir.

S A G A R I S T I O N.

Tu as raiſon, c'eſt un abcès : garde-toi bien de le preſſer. Dès qu'on y touche un peu fort, cela me fait un mal horrible.

T O X I L E.

Depuis quand cet accident-là t'eſt-il arrivé ?

S A G A R I S T I O N.

D'aujourd'hui.

T O X I L E.

Voudrais-tu bien découvrir l'endroit malade, afin que je puiſſe le voir & l'examiner de près.

S A G A R I S T I O N.

Retire-toi : car tu courrais grand riſque d'être aſſailli à bons coups de cornes.

T O X I L E.

Quelle énigme dis-tu là ?

S A G A R I S T I O N.

Enigme ! en voici donc bien un autre. Je t'avertis que mon abcès contient deux gros bœufs, & ces deux gros bœufs ſont la ſomme que tu m'as de-mandée.

Toxile remercie ſon ami avec la plus grande chaleur, lui proteſte que cet argent lui ſera rendu inceffamment, & l'emmène dans la maifon qui doit le dérober aux yeux de fon maître.

Veuillent les Dieux ! s'écrie Saturion qui commence l'acte fuivant avec fa fille, veuillent les Dieux répandre leur fainte bénédiction fur notre entreprife ! Qu'elle tourne heureufement pour moi, pour toi, & fur-tout pour mon ventre. J'efpère acquérir aujourd'hui par ton moyen, une nourriture fixe, durable, & qui me foutiendra jufqu'à la mort dans ma gloutonnerie, dans mon infatiable avidité de manger. Je prie le ciel de me fournir en abondance de quoi me contenter, de ne jamais me faire manquer un feul repas, de multiplier mes vivres & de m'accorder la confolation de mourir avant qu'ils foient finis..... Vous favez, ma fille, vous comprenez, vous voyez l'affaire dont il s'agit, & ce font les Dieux même qui nous la procurent. Je ne vous ai rien caché de tout ce qui doit entrer dans l'exécution de notre plan, & c'eft pour cela que je vous ai parée de la forte. Vous ferez vendue aujourd'hui, & vendue pour *vierge*, comme je ne doute point que vous ne la foyez encore.

L A   F I L L E.

Souffrez, je vous prie, mon père, que je m'explique librement avec vous. Quelque paffion que vous aiez pour courir les bonnes tables, eft-il poffible que vous faffiez de votre fille une victime de la gourmandife & que vous la vendiez pour mieux remplir votre ventre ?.... La nature & la raifon devraient vous montrer l'horreur de votre projet.

Vaine philofophie, lui répond fon père, je ne m'arête qu'à ce qui eft le plus utile à mes larges & amples boyaux, & je fais autant de cas des haînes, des animofités, que j'en ferais d'une table vuide & dégarnie à laquelle on m'inviterait..... Ainfi vous avez été prife & volée dans votre pays : vos raviffeurs vous ont tranfplantée, & voilà pourquoi vous vous trouvez à Athènes : cette circonftance effentielle eft-elle préfente à votre efprit ?

Sa fille lui recommande d'être tranquille fur fon rôle qu'elle pofsède parfaitement, & lui fait de nouvelles repréfentations fur l'action qu'il l'oblige de commettre, mais Saturion ne veut rien entendre & l'emmène.

Dordale paraît, Toxile arrive, l'aborde, lui remet les fix cent *pièces*, & l'accable d'injures dont il eft payé dans la même monnoie.

Non content d'avoir prêté de l'argent à Toxile, Sagariftion veut encore le feconder dans le deffein qu'il a formé de tromper Dordale, & en conféquence, il fe déguife en Perfan pour fervir de conducteur à la fille de Saturion : mais il faut prévenir Dordale, & pour y réuffir, Toxile lui remet la lettre fuivante qu'il fuppofe lui avoir été écrite par fon maître.

» Trimarchide falue Toxile & toute la famille. Si ma lettre vous trouve tous en bonne fanté, j'en ai bien de la joie. Pour moi, je me porte bien, mes affaires vont à merveille & je fais de gros gains. Je ne puis retourner au pays, ni par conféquent, vous revoir de huit mois, tant j'ai trouvé ici d'oc- cupations profitables que je ne pourrais quitter fans me faire grand tort.

Les Perfes ont pris d'affaut Eleufipole ville an- cienne & riche. On fe prépare à faire ici une vente publique du premier butin que l'on a fait fur les vaincus, & c'eft cet encan-là qui me prive actuel- lement du plaifir de retourner dans ma patrie. Je prétends que l'homme que je t'envoie, n'ait point d'autre logement que ma maifon, & que tu ne lui refufes rien de tout ce qu'il deman- dera, car tu fauras que cet honnête citoyen m'a rendu chez lui tous les honneurs poffibles..... Il emmène avec lui une fille libre, beile, & qui a été volée à l'extrémité de l'Arabie. Je te commande d'apporter tous tes foins pour que cette jeune perfonne foit vendue dans Athè- nes, & que l'acheteur la prenne à fes rifques, fans qu'on lui donne, ni qu'on lui promette garantie. Adieu.

Cette dernière phrafe déconcerte Dordale, &

malgré l’efpérance qu’il doit avoir que l’on ne
viendra point réclamer cette fille du fond de l’A-
rabie, malgré les repréfentations de Toxile qui
appuie fa conjecture, il ne peut fe décider à
faire l’emplette qu’on lui propofe : cependant il
veut voir la marchandife, & dans le moment, paraît Sagariftion avec la fille du *parafite*. Sa figure,
fa taille, l’efprit qu’elle met dans fes réponfes,
tout en elle plaît à Dordale, & le marché fe con-
clut pour foixante *mines* qu’il va chercher. Sagariftion les reçoit, & s’éloigne, quelques momens
après, pour faire place à Saturion qui, avec l’air
de la plus grande colère, vient annoncer à Dordale
qu’il l’affigne à comparaître en Juftice pour avoir
ofé acheter fa fille : c’eft le trait de la pièce précédente. Dordale confondu demande à être écouté,
mais Saturion ne veut rien entendre & fe fait fuivre
par la fauffe Perfane.

Dans le cinquième acte, Toxile accompagné de
Lemnifilène & de Sagariftion, célèbre à table la
victoire qu’il a remportée. Dordale fe préfente,
& auffi peu fenfibles à fes plaintes, qu’à fes injures, les convives s’étudient mutuellement à le
couvrir d’opprobre & de ridicules. Mais il n’eft
plus queftion du procès que lui vient d’intenter le
parafite qui même ne reparaît pas, & c’eft le défaut
d’une grande partie des Comédies de Plaute qui
prefque jamais ne ramène au dénoûment les per-

fonnages auxquels il a fait jouer les rôles principaux.
Il y a dans celle-ci des fcènes parfaitement dialo-
guées, & tout ce que l'Auteur fait dire à la fille de Saturion, mérite d'être remarqué : le caractère de fon
père eft très-bien foutenu depuis le commencement
jufqu'à la fin, &, à quelques nuances près, celui des
Efclaves eft une copie de ceux que l'on a vus jufqu'à
préfent. Il en eft de même de Dordale qui eft un compofé de tous les vices dont fes pareils font remplis.

LE RUDENS.

ARCTURE (*étoile qui eft à la queue de la grande Ourfe.*)

JE fuis Bourgeois de la Ville célefte & j'y demeure avec celui qui gouverne toutes les nations,
qui conduit la mer & la terre. Ainfi je fuis, comme
vous voyez, un aftre lumineux & brillant, un figne
qui fe lève en fon tems, qui fe montre toujours à
fes heures fixes, tant en terre que dans le ciel.

Mon nom eft Arcture, & pendant la nuit, j'é-
claire les Dieux auxquels je fers de flambeau.
Pendant le jour, je demeure parmi les hommes,
& par parenthèfe, il eft bon que vous fachiez que
les autres Conftellations defcendent auffi du ciel fur
la terre.

Ce grand Jupiter qui eſt le Monarque *deſpoti-*
quement abſolu des Dieux & des hommes, aſſigne
à chacun de nous ſon Peuple & ſa Nation....... Il
nous détache de là-haut & nous fait venir ici bas,
pour y être quoi? ſes émiſſaires, ſes inſpecteurs,
ſes eſpions. En effet, nous veillons ſoigneuſement
ſur les actions, ſur les uſages, les coutumes & les
manières ; ſur la religion & principalement ſur la
bonne-foi des mortels : nous examinons comment
chacun uſe de ſon bien, & nous rendons à Sa Ma-
jeſté *tonnante* un compte exact de notre commiſſion.

Vous jugez bien que nous ne manquons pas de lui
porter par écrit les noms de ceux qui par des témoins faux & apoſtés fuſcitent des procès injuſtes,
comme auſſi ceux qui nient devant le Juge les dettes
qu'ils ont contractées & l'argent qu'ils ont reçu.
Jupiter met tous ces rapports ſur ſon terrible bu-
reau, & après une exacte réviſion des pièces, il
prononce en dernier reſſort. Mais il condamne à
un ſupplice plus rigoureux le ſcélérat qui a gagné
ſa cauſe, que le plaideur inique qui a perdu la
ſienne.

Comme Adminiſtrateur univerſel de la juſtice
diſtributive, le Maître de la foudre écrit ou fait
écrire le nom de tous les hommes ; aucun d'eux
n'échape à la plume Divine : mais n'allez pas vous
imaginer qu'il n'y ait qu'un ſeul regiſtre, non, il
y en a deux ; encore ſont ils d'une groſſeur prodi-

gieufe. Les bons & les méchans ont chacun leur livre. A propos des méchans ; ils croient pouvoir appaifer Jupiter par des offrandes & des victimes. Erreur groflière ! ces pieux fcélérats perdent abfolument la dépenfe & la peine que leur coûtent les facrifices & les cérémonies de la religion. Pourquoi cela ? c'eft que les prières des parjures, quelque riches & ferventes qu'elles puiffent être, ne chatouillent point le cœur de Jupiter. Toute fumée, tout encens qui vient d'une ame noire & criminelle, puent au nez au Conducteur de l'univers & lui caufe des naufées.

Si celui qui prie les Dieux, a la confcience tendre, timorée, & ne pèche que par faibleffe, il obtiendra grace plus aifément que l'homme qui a de mauvaifes inclinations, & qui eft naturellement porté à la méchanceté. Je veux donc bien vous avertir de cela, vous qui avez de la piété naturelle, de la probité, de la droiture. Perféverez conftamment dans ce genre de vie fainte & falutaire, afin que votre conduite pure & fans reproche vous produife une joie folide & durable. Mais il eft tems que je vous apprenne le fujet qui m'amène ici, c'eft l'argument de la pièce, écoutez-le.

Premièrement le bon plaifir de Diphile (Poète dont Plaute a emprunté le fujet de quelques-unes de fes Comedies) le bon plaifir de Diphile a été qu'on donnât le nom de Cirène à cette ville-ci.

Pénétré des chagrins qu'il a essuyés à Athènes, Démone est venu s'établir dans cette métairie très-voisine de la mer, & ce Démone est un bon vieillard à qui son excès de facilité & d'humanité a fait perdre de gros biens qu'il avait gagnés légitimement.

Outre le malheur de l'exil, le bon homme a encore celui d'avoir perdu une fille dans son enfance, & conséquemment dans le moment où elle était encore vierge d'une virginité incontestable. Le voleur de cette fille l'a vendue à un intriguant digne en tout de son abominable métier, & ce vilain intriguant a conduit sa jolie proie ici à Cirène. Un jeune Athénien l'a vue sortir de l'école de musique, en est devenu éperdument amoureux, & emporté par le feu de sa passion, il est allé chez l'intriguant qui par les sermens les plus horribles s'est engagé de lui livrer la belle, à condition qu'il lui payerait trente *mines.*

Cet intriguant qui, conformément à sa profession, n'envisage rien que son intérêt, manque à sa parole, & voici comment. Chez lui était logé un vieux Sicilien d'Agrigente, méchant homme qui a trahi sa ville, & parfaitement ressemblant à celui dont il habitait la maison. Ce vieux coquin s'est entêté des charmes de Palestre ainsi que de la tournure des courtisannes qui demeurent avec elle, & d'après cela, il a conseillé à son hôte de venir avec lui en Sicile où il prétend que le goût des hommes pour les femmes lui fera faire, en peu de tems, la fortune la plus considérable.

La réthorique du Sicilien est efficace, & il persuade son disciple qui n'a déja que trop de docilité pour commettre toutes sortes de crimes. On prend donc la résolution de s'embarquer avec tout le bagage, & pour exécuter le projet, on loue sourdement un vaisseau dans lequel on transporte tout ce qui est nécessaire pour le voyage. Cependant l'acheteur de Palestre est aux aguets, & pour s'en débarasser, l'intriguant lui fait croire que sa conscience le presse d'acquiter un vœu qu'il a prononcé en l'honneur de Vénus. Son mensonge réussit, & libre de toute inquiétude, il part avec ses courtisannes.

Quelques personnes instruisent l'amant de la manière dont les choses se sont passées, & convaincu de la mauvaise foi de l'intriguant, il se rend au port dans l'espoir de retenir sa maitresse, mais le navire était déja bien loin, & me voici à l'endroit qui me concerne.

Voyant que le scélérat enlevait la belle Palestre, je me décide sur-le-champ à châtier son ravisseur, & pour faire réussir une si belle manœuvre, de quel moyen pensez vous que je me sois servi ? j'ai soulevé les flots de la mer, j'ai fait naître la tempête la plus furieuse. La chose n'a pas été difficile

puifque je fuis Arĉture, comme je vous l'ai dit,
& qu'Arĉture, je vous en avertis, eſt le plus mu-
tin, le plus turbulent, le plus orageux de tous les
ſignes Céleſtes. Je le ſuis quand je me lève, &
plus encore quand je me couche.

Le vaiſſeau de nos gens s'eſt donc briſé contre
un écueil, & au moment où je parle, l'intriguant
& le Sicilien ſont aſſis ſur une roche où le vent les
a jettés. Quand à la demoiſelle en queſtion, elle
& une de ſes compagnes n'ont pas laiſſé, malgré
leur frayeur, de ſe jetter du vaiſſeau dans la chaloupe. Ne craignez rien pour elles, leur petite navigation ſera heureuſe, & maintenant avec une
eſpèce de tranquillité reſpectueuſe, les flots les
pouſſent juſtement vers la métairie où demeure le
bon vieillard dont je vous ai parlé. Cet honnête
homme a eu auſſi ſa part de l'orage, & le vent a
fait tomber toutes les tuiles qui couvraient le toît
de ſa maiſon. Celui qui en ſort préſentement,
Meſſieurs, c'eſt un de ſes eſclaves, & le jeune
homme que vous verrez dans un moment, c'eſt
l'amant de Paleſtre. Adieu, illuſtres & redoutables
Spectateurs. Je me retire pour ne pas retarder vos
plaiſirs, & d'ailleurs j'ai mes occupations d'Etoile.
Adieu donc, Romains! tâchez de vous maintenir
en ſanté, en joie, en valeur, afin que vos ennemis
perdent courage & ſe ſoumettent, d'eux-mêmes, à
votre douce & puiſſante domination.

Cette pièce fut jouée pendant la seconde guerre punique , & ce sont les Carthaginois que Plaute désigne sous le nom d'ennemis. A l'égard du Prologue , c'est un des meilleurs qu'il ait mis à la tête de ses pièces , & si d'un côté , l'on se prête difficilement à la supposition de cette Etoile qui parle ; de l'autre , il faut convenir qu'elle prend une tournure fort ingénieuse pour établir cette même supposition d'après laquelle elle débite la morale la plus saine. D'ailleurs on ne lui fait dire précisément que ce qu'il est nécessaire de savoir pour l'intelligence de la pièce , & c'est un mérite qui se trouve rarement dans les Prologues précédens.

ACTE PREMIER.

S C E P A R N I O N.

Dieux immortels ! veillez-vous encore à la conservation des humains ! quel bruit ! quel vent ! non ce n'était pas un orage ordinaire , c'était l'*Alcmène* d'Euripide. La..... vous savez bien ? ce tintamare surnaturel qu'il plut à Jupin d'exciter dans l'air pour distinguer & honorer la naissance de son fils Hercule.

Cet esclave parle ici de la Tragédie d'*Alcmène* , composée par Euripide qui prétend que lorsque son héroïne acoucha de ses deux jumeaux , il s'éleva un orage si furieux, que le palais du Général en fut

tout

tout découvert. L'Auteur en fait une description si frappante, que pour exprimer une tempête épouvantable, il était passé en proverbe de dire : *c'est l'Alcmène d'Euripide.*

Pleusidippe , c'est l'amant de Palestre , paraît avec Démone auquel il demande s'il n'a point vu sur le bord de la mer un certain *quidam ,* crêpu , blanc comme un signe , méchant , parjure , & accompagné de deux filles avec lesquelles il se disposait à faire un sacrifice à Vénus. Démone lui répond qu'il n'a rien apperçu de tout cela , & dans le moment même , il découvre quelques voyageurs dont le vaisseau flottant est absolument fracassé. Pleusidippe y vole , & Sceparnion suit des yeux une chaloupe dans laquelle deux femmes balotées par les flots , emploient tous leurs efforts pour approcher du rivage. Cette description est pleine d'énergie & de vérité. Démone emmène son Esclave pour travailler à la réparation de son toît , & Palestre échapée au danger qui la menaçait , vient se plaindre de tous les Dieux dont la prétendue justice ne récompense sa piété naturelle , que par les plus affreuses calamités.

Seule & dans un pays inconnu , que va-t-elle devenir ! que va-t-elle faire ? si du moins Neptune lui avait laissé sa compagne Ampélisque ! mais la mer l'aura engloutie , & il ne lui reste aucune consolation , aucun espoir.

Ampélifque de fon côté, vient faire les mêmes plaintes, Paleftre entend la voix de fon amie, & comme elle eft au bas d'un rocher, elle lui donne la main pour l'aider à le franchir. Cette Scène eft pittorefque & filée avec art.

Rendues l'une à l'autre, les deux compagnes font rencontrées par Ptolémocratie, Prêtreffe de Vénus, & elles lui racontent le malheur qui vient de leur arriver. La Prêtreffe leur offre l'hofpitalité, mais c'eft le feul fervice qu'elle puiffe leur rendre, & l'excès de fa pauvreté l'empêche d'en faire davantage. Paleftre & Ampélifque l'embraffent, la fuivent & lui abandonnent le foin, la défenfe de leur honneur qu'elles mettent fous fa protection.

ACTE II.

Un pêcheur gémit fur la dureté de fon fort & fur le peu de poiffon qu'il prend lorfque l'empire de Neptune eft en défordre. Trachalion l'aborde & lui demande s'il n'a point rencontré Pleufidippe dont il eft l'efclave, le pêcheur lui répond que non, & l'efclave prend le parti d'attendre la Prêtreffe qui peut-être fera mieux informée de ce qu'il brûle de favoir. A l'inftant même, il eft abordé par Ampélifque qui lui apprend que Paleftre eft avec elle, mais elle n'eft point inftruite du deftin de Pleufidippe qui, felon elle, eft la caufe de tous les malheurs qui font arrivés, par le peu de foin qu'il a eu de veiller fur fa maitreffe. Trachalion veut le juftifier, mais en vain, & il quitte Ampélifque pour aller voir Paleftre dont le plus grand chagrin eft de fonger que dans le naufrage, il fe fera perdu un petit coffre qui contenait des indices propres à la faire reconnaître par fes parens.

Cependant la Prêtreffe a chargé Ampélifque de venir chercher de l'eau chez Démone, elle frappe à fa porte, Scéparnion avance, la trouve à fon gré, le lui dit, joint les geftes aux paroles, & ne va remplir fa cruche, qu'à condition qu'elle lui accordera tout ce qu'il lui demandera.

Ciel! s'écrie Ampélifque au moment où l'efclave vient de s'éloigner. Que vois-je là-bas fur le rivage? Ah! malheureufes que nous fommes! c'eft notre tyran avec fon hôte, fon digne ami & fon beau confeiller le Sicilien. Hélas! nous étions fi perfuadées, ma compagne & moi, que les cadavres de ces deux fcélérats étaient en proie aux poiffons!

Elle prend la fuite & rentre chez la Prêtreffe. Scéparnion revient, ne retrouve plus fa belle étrangère, court au temple & eft remplacé par Labrax, (c'eft le nom de l'intriguant.) qui accompagné de Charmide, (le Sicilien.) maudit l'inftant où il s'eft décidé à faire ce malheureux voyage. C'eft toi, lui dit-il, c'eft toi qui m'as occafionné cette difgrace, & je voudrais qu'au lieu de faire connaiffance avec moi, tu fuffes péri par la main du bourreau.

Ma foi, lui répond Charmide, je ne m'étonne pas fi ton vaiffeau s'eft brifé contre les écueils. Dès qu'il y a une juftice divine, cela fe pouvait-il autrement? Si Jupiter avait favorifé ta navigation, fi Eole n'avait pas déchaîné tous les vents, fi Neptune ne s'était pas mis en colère, tous les amateurs de l'équité auraient frondé ces trois Divinités. Ton navire te portait avec tout ce que tu as gagné par ta fcélératefle, & je te demande s'il pouvait ne pas échouer, chargé d'une fi belle cargaifon.

Voilà deux perfonnages dont le caractère eft deffiné d'un feul trait, & c'eft un des grands mérites de Plaute qui de plus y joint celui de les foutenir jufques à la fin de fes Pièces, tels qu'il les annonce dans le commencement.

Charmide confeffe qu'il n'a qu'un tort, c'eft d'avoir navigé avec Labrax dont il devait favoir que la préfence agiterait la mer depuis le fond jufqu'à la furface. Labrax lui rend injures pour injures & en revient à fes deux belles Efclaves avec lefquelles du moins il aurait l'efpérance de fe relever, fi elles étaient échapées à la fureur des flots. D'ailleurs, ajoute-t-il, il y a encore un point qui m'inquiète & qui me ronge l'efprit : fi Pleufidippe de qui j'ai reçu des arrhes fur l'achat qu'il a fait de

Paleſtre, ſi Pleuſidippe, dis-je, me rencontre, il ne manquera pas de me ſuſciter une groſſe affaire.... Aih! aih! aih! je ne puis m'empêcher de pleurer.

Charmide.

Sèche tes yeux, grand ſot! que crains-tu? tant que tu vivras, tu auras une langue dans la bouche, à moins qu'on ne te la coupe pour tes blaſphêmes, ou pour tes parjures: or tant que tu pourras garder cet inſtrument du *oui* ou du *non*, tu auras toujours de quoi payer tes dettes.

Scéparnion, *arrivant*.

Je viens de voir dans le temple un ſpectacle auquel je ne m'attendais guères. Qu'eſt-ce que ce ſerait, je vous prie, que cette aventure-là? Deux jeunes filles très-effrayées & pleurant amèrement, embraſſent l'image de Vénus. Ces deux pauvres affligées craignent, je ne ſais quel ſcélérat. De plus, elles racontent que la nuit dernière, elles ont eſſuyé une tempête horrible &c.

Labran.

Hé, bons Dieux! dis-moi, je t'en conjure, où ſont ces filles dont tu parles?.... Combien ſont-elles?.... Deux?.... Ah! mon cher Charmide! ſûrement ce ſont mes courtiſannes, & je vais faire irruption dans cette égliſe, toute égliſe qu'elle eſt.

C H A R M I D E.

Que ne vas-tu plutôt fondre dans les enfers, ou dans quelque goufre d'où jamais tu ne pourrais revenir !

Labrax court au temple, & Charmide va l'y rejoindre, après avoir emprunté une efpèce de cape à l'efclave qui fe charge de lui faire fécher fes habits. (Cette cape était un tiffu de joncs & de rofeaux. On s'en fervait pour fe garantir de la pluie. Le Milan qui plane & qui crie, dit Varron, marque qu'une furieufe ondée eft prête à tomber, & que le berger doit prendre fa cape. *Ingens & volitans Milvus aquam e nubibus teftam indicat fore, ut paftor fibi fumat.*)

A C T E   I I I.

Démone a rêvé la nuit dernière qu'un finge voulait grimper à un nid d'hirondelle, qu'il eft venu lui emprunter une échelle pour efcalader le fort, qu'il la lui a refufée, que le finge en eft devenu furieux, mais qu'il s'eft fâché à fon tour, & l'a fait mettre à la chaîne. Il ne fait que penfer de ce fonge, & il cherche à en deviner le fens, lorfqu'il entend retentir jufqu'à lui des cris que l'on pouffe dans le Temple de Vénus.

O Ciréniens ! s'écrie Trachalion qui en fort. O mes bons & fidèles compatriotes ! j'implore votre affiſtance & votre ſecours. Habitans de la campagne , accourez tous , venez protéger deux innocentes qu'on veut opprimer. — Vengez la ſainte & vénérable équité , empêchez que le pouvoir des ſcélérats ne l'emporte ſur celui des bonnes ames.... Faites ſouffrir à un effronté toute la peine dûe à ſon impudence..... Volez à la délivrance de deux brebis qui , ſelon l'ancienne coutume , ont mis leur vie ſous la protection de Vénus & de ſa Prêtreſſe. Tordez le cou à l'iniquité avant qu'elle vous faſſe ſentir ſa terrible influence..... Et vous , continue-t-il en s'adreſſant à Démone , & vous , qui que vous ſoyez , vénérable vieillard , je vous conjure par vos genoux que j'embraſſe..... Si vous eſpérez cette année-ci , une bonne récolte d'encens & de benjoin , ſi vous vous promettez que cette riche marchandiſe arrivera ſaine , en bon état & en abondance à Capoue , je vous ſupplie de m'écouter favorablement & de m'accorder la grace que je vous demande.

DÉMONE.

Et moi, je te conjure par tes cuiſſes, par tes talons, par ton dos. Si tu t'attends cette année-ci, à une pleine vendange de verges , ou de branches d'orme , ſi tu te promets une copieuſe & abondante récolte de toute ſorte de maux & de peines ſerviles , je te conjure , dis-je , de m'apprendre ce qui t'oblige à crier ſi fort.

Trachalion le met au fait de ce qui se passe, &
indigné de l'audace de Labrax, Démone appelle ses
Fouéteurs auxquels il ordonne d'aller au temple, d'y
saisir le scélérat qui n'a pas craint d'en violer la
sainteté, & de le traîner jusqu'à lui, comme ils
traîneraient une truie égorgée.

Les *Fouéteurs* obéissent, & Ampélisque arrive
avec Palestre qui fait un discours très-long dont le
but est de prouver que la mort est le seul bien que
les hommes devraient souhaiter. Morale d'autant
plus déplacée dans cet endroit, qu'elle ralentit
l'action qui jusqu'ici s'est soutenue avec beaucoup
de chaleur. Mais telle est la manie de Plaute dans
presque toutes ses Pièces où la fureur de philoso-
pher l'a souvent éloigné de son sujet.

Trachalion rassure les deux compagnes dont il
promet d'embrasser la défense, & dans l'instant,
on entend la voix de Labrax à qui Démone signifie
l'ordre de sortir du temple : mais résolu de souffrir
tous les coups que les *Fouéteurs* doivent lui appliquer s'il résiste, Labrax répond qu'il se joue des
loix du pays, qu'il n'a rien à démêler avec elles,
& qu'il va enlever par force ses deux Esclaves à qui
le vieillard a recommandé d'embrasser pour la seconde fois l'autel de la Déesse. Il soutient que les
filles sont à lui, puisqu'il les a bien payées au marchand qui s'en est dit le propriétaire, & que pour le
prouver, il va les brûler toutes les deux en l'hon-

neur de la Divinité qu'elles ont choisie pour leur protectrice. Mais ses menaces, ses cris, ses injures n'effraient ni Trachalion, ni Démone qui le font garder à vue & qui commandent aux *Fouéteurs* de l'assommer de coups, s'il ose mettre la main sur les deux affligées.

Pleusidippe arrive, & l'on devine l'effet que sa présence doit produire sur le scélérat. Il est dénoncé au Tribunal, son ami Charmide espère qu'il sera pendu, & il court presser le Juge de le livrer à sa partie.

ACTE IV.

Démone se félicite d'avoir les deux étrangères chez lui, témoigne son inquiétude sur le sort de Gripe, l'un de ses esclaves qui est allé à la pêche, & rentre à la voix de sa femme dont il craint les soupçons ou les propos, quand elle verra les deux jolies esclaves qu'il a reçues.

Gripe arrive, & rend de très-humbles actions de graces à Neptune qui lui a fait faire une pêche heureuse & d'une espèce toute nouvelle. C'est la valise de Labrax qu'il a prise dans ses filets, & d'après laquelle, sans savoir ce qu'elle contient, il forme les projets les plus magnifiques. Trachalion a tout entendu & veut avoir sa part du butin, Gripe s'y refuse, Démone est pris pour arbitre, Trachalion lui représente qu'il croit reconnaître cette valife, qu'elle doit renfermer une petite caffette dans laquelle font des jouets d'enfant qui pourront un jour fervir à défigner les parens de Paleftre, & Démone s'empare de la pêche de Gripe. Paleftre & Ampélifque paraiffent, Démone queftionne la première fur cette même caffette que Labrax avait cachée parmi fes effets; fes réponfes fe trouvent juftes, Démone eft fon père, elle tombe dans fes bras & le quitte pour aller voir fa mère qui n'a ceffé de la regretter depuis le moment où elle lui a été enlevée. Le vieillard ordonne à Trachalion d'aller bien vîte chercher fon maître auquel il eft décidé d'accorder Paleftre en mariage & rentre chez fa femme après avoir fait une morale très-févère à Gripe qui lui confeillait de garder la valife.

Cependant Pleufidippe paraît avec fon efclave qui lui raconte ce qui vient de fe paffer, & impatienté de la lenteur avec laquelle il lui répond, il vole au-devant du bonheur qui l'attend. Ces différentes Scènes font longues, la reconnaiffance eft froide, & l'Acte, en général, nous a paru médiocre.

ACTE V.

Pleufidippe a traîné Labrax devant les Juges, il a été condamné, & il déplore fa deftinée fur un des côtés du théâtre, tandis que de l'autre, Gripe gémit fur la perte de la valife. Ce mot frappe les oreilles de Labrax ; il avance, il interroge l'efclave, & convaincu que cette valife n'eft autre que la fienne, il jure de donner un talent d'or à celui qui la lui remettra dans les mains. Démone arrive & la lui rend ; Gripe demande fa récompenfe, Labrax la refufe, mais il y eft forcé par le vieillard qui fépare la fomme en deux moitiés égales, dont l'une refte à ce même Labrax pour l'affranchiffement d'Ampélifque, & l'autre fera délivrée à Gripe qui s'en fervira pour acheter fa liberté.

On imagine que Démone qui dans toute la Pièce a été peint comme un homme honnête, n'aura rien de plus preffé que de renvoyer l'intriguant dont il n'a plus befoin ; mais il oublie ce qu'il eft, il oublie qu'il fort des mains de fes *Fouéteurs*, & le prie à fouper chez lui avec toute fa famille. A l'égard de Pleufidippe & de Paleftre, il n'en eft plus queftion. Leur mariage a été décidé à la fin du quatrième Acte, & il faut fuppofer que Démone a tenu parole. Les trois premiers font remplis d'intérêt & d'action, mais les deux fuivans font bien loin d'avoir le même mérite, & nous ne pouvons, à plufieurs égards, être du fentiment de Madame Dacier qui a traduit cette Comédie, comme une des meilleures de Plaute.

S T I C H E.

ANTIPHON, Bourgeois d'Athènes, est père de Panégire & de Pinacie. La première a épousé le jeune Epignome, la seconde, son frère Pamphilipe, & ces deux époux ont dissipé tout leur bien dans le commencement de leur mariage. Résolus de périr ou de rétablir leur fortune, ils s'embarquent pour les pays étrangers, & au bout de trois ans qu'ils ont laissé passer sans donner de leurs nouvelles, Antiphon presse ses filles de rompre le mariage qu'elles ont contracté; elles refusent, leurs époux reparaissent, & après les premiers transports de joie, Epignome donne un grand repas à sa famille. Stiche & Sagarin esclaves, l'un d'Epignome, l'autre de Pamphilipe, en font autant de leur côté, & traitent magnifiquement la servante Stephanie dont ils sont mutuellement amoureux.

Voilà en général le fond de cette Comédie, & il paraît que Plaute n'a eu d'autre raison pour lui donner le titre qu'elle porte que parce que Stiche est celui qui persuade à Stagarin & à Stéphanie de se régaler à l'exemple de leurs maîtres. Quoiqu'il en soit, le premier Acte ne contient rien d'intéressant qu'une conversation dans laquelle les deux jeunes femmes annoncent qu'elles sont décidées à

ne point quitter leurs maris , comme leur père
semble le desirer ; elles tiennent parole , & convaincu qu'il n'obtiendra rien de ses filles , Antiphon renonce à un projet qu'il n'avait formé que
pour leur avantage. Le reste de l'Acte est rempli
par le parasite Gélasime qui jeûne depuis le départ
de Pamphilipe , qui offre de se vendre pour un soupé ou pour un dîné , & vers qui Panégire députe
sa servante qu'elle charge de lui emprunter six
mesures de froment, mais il ne sait que recevoir ,
& tout ce qu'il pourra faire, ce sera d'aller voir
Panégire qui desire lui parler.

Cette même Panégire a envoyé au port son esclave Dinace , dans l'espérance qu'elle y appren-
drait quelque nouvelle favorable, & Dinace en revient en criant que l'on ouvre les portes , que l'on
balaye par-tout, que l'on dresse des lits de table ,
en un mot que l'on se dispose à recevoir Epignome
qui vient d'arriver avec une fortune considérable.
Panégire est au comble de sa joie , rentre chez elle
pour y donner les ordres nécessaires , soit pour le
sacrifice , soit pour le festin , & refuse d'introduire
Gélasime à qui Dinace a répété qu'Epignome
amène avec lui des parasites qu'on lui a dit être
pleins d'esprit & de gaité. Gélasime est confondu ,
& pour éviter le malheur qui le menace, celui de
crever de faim , il prend le parti d'aller consulter

ſes livres dans leſquels il apprendra par cœur les meilleures ſaillies du *paraſitiſme*.

Dans la première Scène du troiſième Acte, Epignome rend grace à Neptune de tous les biens dont il l'a comblé, s'applaudit de s'être raccommodé avec ſon beau-père qui n'a été au-devant lui que parce qu'il a été inſtruit de ſon changement de fortune, ſe diſpoſe à revoir ſa femme, permet à Stiche de paſſer le reſte du jour avec Stéphanie, lui fait préſent d'un baril de vieux vin, & eſt abordé par Gélaſime qui malgré toute l'adreſſe qu'il y met, ne peut parvenir à ſe faire prier de ſouper. Il n'eſt pas plus heureux vis-à-vis de Pamphilipe qui va paſſer la ſoirée chez ſon frère, & déſeſpéré de ſon mauvais ſuccès, il eſt réſolu de ſe mettre dans le goſier une décoction d'eſſence de corde, c'eſt-à-dire d'aller ſe pendre. Cette Scène termine le quatrième Acte dans lequel Antiphon ne peut diſſimuler à ſes gendres qu'ils ne doivent le retour de ſon amitié, qu'au rétabliſſement de leur fortune ; manière de penſer qui naît moins chez lui de l'intérêt qu'il prend à eux & à ſes filles, qu'à la paſſion qu'il a pour l'argent. Il n'en a pas moins pour les femmes, ſur-tout quand elles ne lui coûtent rien, & informé que l'un des maris a ramené des joueuſes de flûte, il prend une tournure aſſez ſingulière pour l'engager à lui en céder une.

Il était une fois, dit-il, un vieillard tel que je pourrais être, & ce vieillard avait deux filles qui, comme les miennes, avaient époufé les deux frères.

ÉPIGNOME.

Ouais ! où tout ce préambule aboutira-t-il ? j'attends avec impatience la fin du conte & de l'apologue.

ANTIPHON,

Le puîné des frères qui était un jeune homme, avait à lui des joueufes d'inftrumens, qu'il avait amenées de loin, à-peu-près comme vous venez de faire ; mais le vieillard étant devenu veuf, vivait dans la continence & dans le célibat comme je fais.

PAMPHILIPE.

Continuez feulement : il ne faut pas être grand forcier pour deviner que l'apologue fe fait fur-le-champ.

ANTIPHON.

Enfuite : le vieillard dit à celui des frères qui avait des joueufes de flûte, comme je vous le dis à préfent......

PAMPHILIPE.

Je vous écoute de toutes mes oreilles.

ANTIPHON.

Je vous ai donné ma fille pour être votre compagne de lit : je crois qu'il eft jufte que vous me rendiez ce bienfait-là , en me donnant auſſi une fille avec laquelle je puiſſe coucher.

PAMPHILIPE.

Qui dit cela ? eſt-ce le vieillard d'autrefois qui parlait comme vous parlez à préſent.

ANTIPHON.

Je vous en donnerai deux , répond le jeune homme à ſon beau-père , ſi vous n'en avez pas aſſez d'une , & ſi deux ne ſuffiſent pas , j'en ajouterai deux autres.

PAMPHILIPE.

Ce jeune homme dit-il cela comme ſi je le diſais , ou me le faites-vous dire par ſa bouche ?

ANTIPHON.

C'eſt lui qui parle comme ſi vous parliez , & alors le vieillard répond comme ſi c'était moi. Si vous le voulez , dit-il , vous pouvez me donner ſûrement juſqu'à quatre de ces muſiciennes : mais par Hercule ! j'y mets une condition : c'eſt que vous leur fourniſſiez de quoi vivre , enſorte que je ne ſois pas obligé de partager mon pain avec elles , & qu'elles ne rognent pas mon ordinaire.

PAMPHILIPE.

On juge aiſément que le vieillard qui raiſonnait ainſi , était un franc avare , puiſqu'il demandait la
nourriture

nourriture des Muficiennes à celui qui voulait bien
en donner quatre, tant il était généreux.

Antiphon.

On voit encore plus facilement que le gendre
était un malhonnête homme, puifque quand fon
beau-père lui propofa de nourrir les joueufes d'inftrumens, il refufa, & répondit avec une dureté
inhumaine, qu'il ne donnerait pas un grain de
froment. Par Hercule! le vieillard avait raifon de
demander une dot pour la joueufe de flûte. N'en
avait-il pas donné une à fa fille quand il l'accorda
au jeune homme qu'elle a époufé ?

Pamphilipe.

Par Hercule auffi ! le gendre était le plus fage,
& il agiffait avec beaucoup de bon fens, quand il
refufait de céder une concubine dotée à fon vieux
beau-père.

Antiphon.

A la vérité, le vieillard fit tout fon poffible pour
obtenir une *coucheufe* qui eût de quoi fournir à fa
dépenfe, mais parce que le bon homme ne put
pas venir à bout de fa prétention, il dit à fon gendre qu'il en pafferait par-tout où il voudrait. Soit
fait, répondit le gendre. La chofe eft-elle con-
clue ? ajouta le vieillard. Vous en ferez le maître,
répliqua le jeune homme, & je ferai tout ce qui
vous plaira.

Tome VI. Part. I.   F

Antiphon fort pour aller prendre un bain, & Pamphilipe fe promet bien de n'avoir aucun égard à fa demande.

Dans la première fcène du cinquième Acte, Stiche & Sagarin préparent le repas qu'ils veulent donner à Sthéphanie, & Sthéphanie qui les aime également, dit en propres termes qu'elle veut coucher avec tous les deux. On fe met à table où le vin fait naître les propos les plus gais, & les deux Efclaves qui ont amené des joueufes de flûte, finiffent par danfer au fon de cet inftrument.

On ignore où Plaute a puifé le fujet de cette Comédie dont le fond eft peu de chofe, mais qu'il a eu l'adreffe de partager en cinq Actes qui tous offrent quelque fcène agréable. Cet Ecrivain avait beaucoup d'efprit naturel, & prefque toujours fur cet article, il a été fupérieur à fes modèles.

LE TRINUMME.

PROLOGUE.

LE LUXE & LA DISETTE.

LE LUXE.

ALLONS, ma fille, venez avec moi.

LA DISETTE.

Je vous suis, ma mère, mais enfin jusqu'à quand marcherai-je après vous ?

LE LUXE.

Tenez, voici la maison, entrez. Pour vous, Messieurs les illustres Spectateurs, en peu de mots, je vous mettrai dans votre chemin, & je le ferai volontiers, si vous me promettez votre attention.

Premièrement, je m'appelle la Luxure, du moins c'est ainsi que Plaute m'a nommé dans le commencement, & ensuite il a jugé à propos de me donner la Disette pour fille. Mais savez-vous pourquoi je l'envoie dans cette maison ? C'est qu'elle est habitée par un jeune voluptueux qui a dissipé tout le bien de son père, & il vous est facile de conjecturer que je ne lui ai point épargné mon secours dans cette noble & glorieuse expédition;

voyant qu'il ne lui reste plus rien pour me nourrir
& pour fournir à mon avidité insatiable, je lui ai
fait présent de ma fille, & je vous réponds qu'elle ne
l'abandonnera pas, qu'elle sera sa fidèle compagne
le reste de ses jours.

Mais n'attendez pas que je vous expose le sujet
de cette Comédie ; des Vieillards qui paraîtront
sur la Scène, vous expliqueront le fait. La Pièce,
en premier lieu, fut appellée *Le Tréfor* par Philémon qui la composa en grec, ainsi que Ménandre.
Plaute l'a traduite en langage barbare, c'est-à-dire
en latin, & ce Traducteur l'a nommée *Le Trinumme*, mot qui signifie trois pièces de monnoie. Voilà, Messieurs, tout ce que j'avais à vous
dire : adieu, portez-vous bien, & gardez un profond silence.

Comme la Scène est dans une ville Grecque, le
Poète parle selon le style des Grecs qui donnaient le
nom de Barbares à toutes les nations. Dans la
suite, les Romains firent la même chose.

ACTE PREMIER.

Les deux vieillards annoncés dans le Prologue
sont Mégaronide & Callicle. Le père du Dissipateur
a chargé ce dernier de veiller sur le peu de bien
qui reste à son fils, Callicle a l'air de profiter de
son désordre pour s'enrichir lui-même, & dans un

Monologue qui commence l'Acte , Mégaronide se propose de lui en faire les reproches les plus vifs. Oui , dit-il , je suis obligé de censurer aujourd'hui mon ami sur une faute qu'il a commise , & ce serait bien malgré moi que je lui ferais cette correction à laquelle je répugne , si je n'y étais contraint par la fidélité que l'on se doit réciproquement : cette fidélité est la règle essentielle de l'amitié.

Callicle se présente , & après quelques plaisanteries sur le désir qu'il témoigne à son ami de troquer sa femme contre la sienne , Mégaronide lui annonce qu'il vient exprès pour l'entretenir d'une affaire très-sérieuse. Callicle consent à l'entendre , & nous n'avons pas cru devoir supprimer un mot de cette Scène qui nous a paru excellente d'un bout à l'autre. On y reconnaîtra cette tournure charmante , cette adresse inimitable avec laquelle Molière fait dialoguer ses Acteurs.

MÉGARONIDE.

Je viens uniquement pour vous gronder à mon aise , pour vous réprimander tout mon saoul.

CALLICLE.

Qui ? moi ?

MÉGARONIDE.

Y a - t - il ici quelqu'autre que nous deux ?

CALLICLE,

Non.

MÉGARONIDE.

Pourquoi donc me demander si c'eft à vous à qui j'en ai ? A moins que vous n'imaginiez que je fuis venu ici pour me vefpérifer moi-même. Si vos anciennes fourberies travaillent chez vous, ou fi vous avez envie de changer votre naturel par les mœurs, ou fi les mœurs corrompant votre naturel, vous abandonnez le parti de l'ancienne vertu, pour vous jetter dans les vices du tems, vous cauferez un terrible chagrin à tous vos amis, enforte qu'ils ne pourront ni vous voir, ni vous écouter fans en être malades.

CALLICLE.

Comment vous êtes-vous avifé de me dire cela ?

MÉGARONIDE.

J'en ai formé le deffein fur un des principes fondamentaux de la bonne & faine morale : c'eft que les honnêtes gens, tant hommes que femmes, doivent mettre toute application à éloigner d'eux, non - feulement le crime, mais même jufqu'au moindre fujet d'en être foupçonné.

CALLICLE.

On ne peut pas réuffir à tous les deux.

MÉGARONIDE.

Pourquoi ?

Callicle.

Comment pouvez-vous le demander ? la chose saute aux yeux. Il dépend de moi de ne pas commettre une mauvaise action, car dans l'alternative du bien ou du mal, je suis le maître de ma volonté, mais il n'en est pas de même du soupçon. Il vient, il naît, il est conçu dans l'esprit des autres, sans que j'y aie la moindre part. Par exemple, je conjecture que vous avez volé la couronne sur la tête de Jupiter qui est placé au faîte du *Capitole* : vous êtes pourtant fort innocent de ce sacrilége-là ; mais s'il me plaît de vous en soupçonner, & si tout ce que vous pouvez alléguer pour votre justification, ne me fait point changer de sentiment, vous sera-t-il possible de m'ôter ma conjecture, & d'effacer mon soupçon ? Mais je suis impatient d'apprendre quel est ce forfait dont on me charge, dont on me noircit.

Mégaronide.

Dites-moi, s'il vous plaît, avez-vous un ami, ou un domestique qui soit sage & judicieux ?

Callicle.

Ma foi, je ne le dirai point par finesse, ni par malice. Parmi ceux qui m'assurent de leur amitié, il y en a que je crois sincères, il y en a qui me sont suspects. D'autres agissent d'une manière si équivoque, qu'il ne m'eft pas poffible de les pénétrer ; je ne fais s'ils m'aiment ou s'ils me haïffent. Ce qu'il y a de vrai, c'eft que vous êtes le plus sûr de mes amis. Si donc étant informé qu'on m'accufe d'un crime dans le monde, vous ne m'en avertiffez pas, votre confcience doit vous reprocher ce ménagement, & fuivant toutes les lois de la véritable amitié, vous ne fauriez vous le pardonner.

MÉGARONIDE.

J'entre tout-à-fait dans votre penfée. C'eft pourquoi fi dans la vifite que je vous fais, j'ai eu un autre deffein, un autre but que celui de vous entretenir fur l'article de votre réputation, rien n'eft plus raifonnable que ce que vous exigez de mon amitié.

CALLICLE.

Cela étant, vous pouvez décharger votre cœur : je vous écouterai tranquillement.

MÉGARONIDE.

Vous faurez d'abord, & avant toutes chofes, que le vulgaire vous maudit dans fes converfations: vos concitoyens vous appellent un amateur du gain fordide & honteux ; d'autres vont jufqu'à vous nommer un vautour, & difent que toute proie vous étant bonne, vous dévorez indifféremment le compatriote & l'étranger. Quand j'entends tout cela de vous, je souffre comme un misérable, j'en suis pénétré de douleur.

CALLICLE.

Le remède à cela est en mon pouvoir, & il n'y est pas, mon cher. Qu'on médise, qu'on me déchire, qu'on me maudisse, c'est ce que je ne puis empêcher : mais faire voir mon innocence, prouver qu'on me diffame à tort, Oh ! cela dépend de moi.

MÉGARONIDE.

Charmide a-t-il été votre ami ?

CALLICLE.

Il l'a été, & il l'est encore : je vais exposer la chose sincèrement, clairement, & de manière à ne vous pas laisser le moindre scrupule, ni le moindre doute.

Depuis que Lesbonic, fils de Charmide, a dissipé tout le bien de la maison, le père plongé dans l'indigence, chargé d'une fille nubile, & privé de sa femme, a pris la résolution d'aller en Séleucie. Or, avant de partir, il m'a recommandé sa fille & les débris de sa fortune, enfin il m'a confié toutes ses affaires. Il m'a conjuré même d'avoir soin & compassion de ce malheureux fils qui l'a ruiné par ses débauches. Si nous avions été ennemis, ou plutôt, s'il avait eu un meilleur ami, m'eût-il traité comme un autre lui-même ? m'eût-il chargé de veiller fur ce qui lui refte ? Je vous en fais juge, & m'en remets entièrement à votre décifion.

MÉGARONIDE.

Puifque Charmide s'eft repofé fur vous du foin de la conduite de fon fils, puifqu'il s'en eft rapporté à votre bon cœur & à vos foins, pourquoi ne travaillez-vous pas à une fi bonne œuvre ? Vous voyez que ce miférable garçon perfévère dans le défordre & le dérèglement ; que n'avez - vous tâché de le retirer de fes excès, de le mettre dans un meilleur train ? Il eût été beaucoup plus jufte que vous euffiez débuté par cette affaire importante. Si vous étiez parvenu à le corriger, vous vous feriez épargné la honte de paffer dans le public pour le complice de fa fcélérateffe.

CALLICLE.

De quoi fuis-je donc coupable ?

MÉGARONIDE.

De l'action d'un méchant homme.

CALLICLE.

Ce n'eft nullement-là mon caractère.

MÉGARONIDE.

N'eft-il pas vrai que vous avez acheté cette maifon-cy de Lesbonic ? . . . . Pourquoi demeurez-vous tout interdit ? . . . . Où logez-vous à préfent ?

CALLICLE.

Si j'ai acheté la maifon, je l'ai payée. J'ai compté quarante *mines* au jeune homme.

MÉGARONIDE.

Vous lui avez compté cette fomme-là ?

CALLICLE.

Oui, & je ne m'en repens point.

MÉGARONIDE.

Quoi ! avoir livré tant d'argent à un jeune étourdi qui n'a ni foi, ni honneur, ni conduite ? N'eft-ce pas lui avoir mis le poignard à la main pour s'é-gorger ? N'eft-ce pas lui avoir fourni dans fes amours & dans fes fureurs de débauche , le moyen de mettre le comble à fa vie débordée ?

CALLICLE.

Ne fallait-il pas lui payer ce que je lui devais ?

MÉGARONIDE.

Non, fans doute, il ne le fallait pas ; ou plutôt pour ne pas vous mettre dans l'occafion, il ne fallait ni vendre, ni acheter, ni enfin lui donner rien qui pût fervir à le rendre encore pire qu'il n'a été juf-qu'à préfent : n'avez-vous pas éloigné de fon devoir celui qu'on avait tant recommandé à votre fageffe & à votre prudence ? N'avez-vous pas chaffé de la maifon celui - là même qui vous avait chargé de son fils unique ? En vérité, la confiance était bien placée, & elle a produit de beaux effets.

CALLICLE.

Vous me contraignez par vos injures, Seigneur Mégaronide, vous m'obligez d'une manière toute nouvelle, à vous révéler maintenant ce que l'on a confié à ma bonne foi, à ma probité, sous le sceau du secret; & ce que je m'étais engagé de garder pour moi seul, il faut nécessairement que je le partage avec vous.

MÉGARONIDE.

Ce que vous me direz ne me passera point, & vous retrouverez votre secret où vous l'aurez mis.

CALLICLE.

Regardez donc s'il n'y aurait point ici quelqu'un qui pût nous entendre, & de tems en tems, jettez bien les yeux par-tout, car je ne veux point absolument d'autres oreilles que les vôtres.

MÉGARONIDE.

J'écouterai quand vous parlerez.

CALLICLE.

Et moi, je parlerai quand vous vous tairez. Charmide prêt à partir, me dit qu'il y avait un trésor dans sa maison, & me montra la chambre dans laquelle il était..... Faites bonne garde, & voyez toujours si nous sommes seuls.

M É G A R O N I D E.

Parlez hardiment, je vous réponds qu'il n'y a personne.

C A L L I C L E.

Le tréfor montait à trois mille *Philippes*, & mon ami étant feul avec moi, me conjura, en pleurant, de n'en donner aucune connaiffance à fon fils, ni à qui que ce foit par qui ce fils pût être initié dans cet agréable myftère. Si donc Charmide revient, je lui rendrai fidèlement fon dépôt. Si au contraire il lui arrive de rentrer dans fon être naturel en payant à la nature le tribut que lui doivent tous les mortels, j'aurai de quoi doter la fille qu'il a mife en ma garde, & comme fous ma tutelle. Il me fera facile de lui procurer un mariage avantageux & digne de fa naiffance.

M É G A R O N I D E.

Dieux immortels ! quel changement vous produifez chez moi par quelques paroles ! Me voilà tout d'un coup oppofé à ce que j'étais quand je fuis venu. Mais obligez-moi de continuer.

C A L L I C L E.

Que voulez-vous que je vous dife ? Ce garnement a prefque renverfé de fond en comble la prudence de fon père & ma fidélité incorruptible.

M É G A R O N I D E.

Comment cela ?

CALLICLE.

Pendant que j'étais à la campagne où je ne de-
meurai pas plus de six jours, il profita de mon absence pour faire mettre un écriteau de vente à la
maison, & cela sans avoir ni écrit, ni parlé, ni
consulté. En un mot, il a fait la chose à mon
insçu.

MÉGARONIDE.

Ah ! le vilain loup ! possédé d'une faim enragée,
agité d'une fureur dévorante, que fait-il ? Il attend
que le chien fidèle soit endormi, afin d'enlever
tout le troupeau.

CALLICLE.

Il en serait certainement venu à bout, si le chien
qui a bon nez, n'avait flairé ou senti le ravisseur.
Maintenant je veux, à mon tour, vous faire une
question. Quel parti devais-je prendre, à votre
avis, dans une conjoncture si délicate ? devais-je
lui découvrir le trésor, malgré la supplication, malgré la très-humble prière de Charmide ? devais-je
plutôt laisser faire le dissipateur & permettre que
la maison tombât dans les mains d'un autre propriétaire? Dans cette incertitude très-embarassante,
j'ai choisi, comme le meilleur, d'acheter la maison, & je l'ai payée sur-le-champ, dans la seule
vue de sauver le trésor & de pouvoir le rendre tout
entier à mon ami. Je n'ai pas fait ce marché-là ni
pour moi, ni pour mon usage. Je l'ai fait pour

le bien de la famille intéressée , & mon dessein
est de remettre le logis à son ancien maître.
Cependant j'ai déboursé mon argent pour faire ce
coup d'ami. Voilà ce que j'ai fait : que l'action soit
bonne , qu'elle soit mauvaise , elle est de moi,
Seigneur Mégaronide , & je me garderai bien de
la désavouer. Voilà donc cet horrible forfait !
voilà cette avarice criante , & c'est pour cela qu'on
me défigure par les plus noires couleurs , que l'on
fait de moi le portrait le plus affreux !

MÉGARONIDE.

Doucement , arêtez. Vous triomphez de votre
censeur. J'ai la bouche fermée , & je n'ai rien
à répondre.

CALLICLE.

A-présent , secourez-moi de votre conseil & de
vos soins , daignez partager avec votre ami la rude
& difficile commission dont il est chargé.

MÉGARONIDE.

Je vous promets toute l'assistance dont je suis
capable.

CALLICLE.

Où serez-vous tantôt ?

MÉGARONIDE.

Au logis , je ne sortirai point.

CALLICLE.

Avez-vous quelqu'autre remontrance à me faire ?

MÉGARONIDE.

Soyez conftamment, inébranlablement fidèle à ce que vous avez promis.

CALLICLE.

C'eft à quoi je ne manquerai pas.

MÉGARONIDE.

Mais dites-moi.

CALLICLE.

Que vous plaît-il ?

MÉGARONIDE.

Où demeure à-préfent le jeune homme ?

CALLICLE.

En vendant la maifon, il s'eft réfervé un appartement fur le derrière.

MÉGARONIDE.

C'eft ce que j'avais envie de favoir. Allez vous-en quand il vous plaira. Encore un mot.

CALLICLE.

Quoi ?

MÉGARONIDE.

Je ne doute point que la fille ne foit maintenant chez vous.

CALLICLE.

Elle y eft, & j'en agis avec elle comme avec la mienne, je ne lui fais ni plus ni moins.

MÉGARONIDE.

MÉGARONIDE.

Adieu..... En vérité, rien n'eſt plus inſenſé, plus ſtupide, plus menteur, plus parjure, que tous ces Bourgeois à qui on donne le titre de *plaiſans* & de *boufons*. Par cet endroit-là, je dois, en quelque manière, me mettre ici de leur nombre & de leur eſpèce, puiſque je me ſuis laiſſé ſéduire par leurs faux rapports. Ils prétendent faire croire qu'ils ſont inſtruits de tout, & dans le fond, ils ne ſavent rien. Ils connaiſſent ce que chacun a, ou aura dans l'eſprit; ils ſont informés de ce que le Roi a dit en ſecret à la Reine, ils ſavent la converſation de Jupiter avec ſon épouſe, enfin ils ſont inſtruits de ce qui n'arrivera jamais, de ce qui ne s'eſt point fait & ne doit point ſe faire. Dire du bien, dire du mal, c'eſt de quoi ces gens-là ne ſe ſoucient nullement, pourvu qu'ils parlent ſuivant leurs préjugés, ou leurs paſſions.

Tout le monde diſait que Callicle était indigne de vivre & qu'il avait uſurpé le patrimoine du jeune homme. Sur cela, j'étais accouru pour quereller mon ami, pour lui reprocher l'infamie de ſa conduite, & je n'avais pour tout fondement que la malignité de ces ſemeurs de méchans bruits.

Si on remontait juſqu'à la ſource de ce déſordre, ſi allant de rapporteur en rapporteur, de médiſant en médiſant, on demandait à chacun :

De qui tenez-vous cette nouvelle-là ? A moins que le fait ne fût bien avéré, il faudrait punir rigoureusement l'inventeur de la calomnie. Si on voulait établir une loi si bonne & si équitable, cette juste réformation tournerait à l'avantage du Public, & tant de gens ne sauraient pas ce qu'ils ignorent, ou du moins leur folie demeurerait plus cachée.

ACTE II.

Lisitèle, ami du Dissipateur, ne sait quel est le parti que son cœur lui conseille de prendre, & vient rêver seul sur le choix qu'il fera, soit de l'amour, soit du travail. Commençons par examiner le premier, dit-il, & en le pesant à la juste balance, je verrai à quoi ses mouvemens, ses ressorts, ses moyens, ses effets & ses fins peuvent être utiles.

Jamais l'amour ne cherche à prendre un cœur dans ses filets, à moins que ce même cœur ne le veuille & n'en soit bien content. Il afflige les hommes, les poursuit, les flatte & fait profiter de la moindre occasion. C'est un *beau diseur*, un *cajoleur*, un ravisseur, un menteur, un convoiteur, un avare, un corrupteur des gens qui sont dans les ténèbres de la solitude, un *tendeur* de piéges, un gueux, un curieux des secrets d'autrui..... Un homme est-il une fois blessé par l'objet de sa tendresse ? son bien se dérange, se dissipe & se fond par la force des baisers qui sont comme autant de flèches dont pas une ne manque son coup. (*Armata oscula,* baisers armés, & par la raison contraire, *inermia oscula,* baisers faibles & sans armes.)

Lisitèle fait un tableau de tous les moyens dont se sert une femme adroite pour ruiner son amant, & décidément il congédie l'amour pour se livrer à une sage économie, quoique souvent ce soit un travail pénible & ingrat.

Son père Philton vient le trouver & le confirme dans sa résolution, mais Lisitèle est attaché à Lesbonic, il désire l'obliger de sa bourse, & pour ménager sa délicatesse, pour n'avoir l'air de lui donner qu'en reconnaissance de quelque présent qu'il en aura reçu, il forme le projet d'épouser sa sœur. Cette alliance n'est pas tout-à-fait du goût de Philton, mais Philton aime son fils & il consent à faire lui-même la proposition de mariage. Lisitèle s'éloigne, & l'on voit paraître Lesbonic à qui l'esclave Stasime prouve qu'avec ce qu'il lui a volé de son côté, & ce qu'il a dépensé du sien, il ne reste pas une *obole* des quarante *mines* qu'il a reçues de la vente de sa maison.

Philton l'aborde, & lui demande sa sœur en mariage, mais Lesbonic est fier, & quelque chose que lui dise le vieillard, il veut que Lisitèle accepte pour dot, une petite métairie qui lui reste à la porte de la ville. C'est le seul bien qu'il a su conserver, & Stasime qui meurt de peur que Philton n'y consente, le tire à l'écart pour lui dire qu'il est arrivé un malheur à tous ceux qui ont possédé cette métairie, que le raisin n'y mûrit jamais, que les cochons y meurent subitement, que les brebis n'y ont pas plus de toison que l'on en voit sur sa main &c.... Philton n'en devient que plus ferme dans son dessein, mais Lesbonic ne l'est pas moins, & le vieillard voyant qu'il n'en peut rien obtenir, le renvoie à son fils avec lequel il traitera comme ami.

ACTE III.

Lesbonic a chargé Stasime d'instruire Callicle du parti qui se propose pour sa sœur, & Stasime s'acquite de sa commission. Callicle apprend cette nouvelle avec autant de plaisir que de surprise ; mais par Hercule, dit-il à part, ce sera une chose criante si la demoiselle ne donne que sa personne en mariage. C'est moi qui suis chargé de cette affaire-là ; le père en partant m'a nommé l'exécuteur de ses intentions à cet égard, & je vais prier mon censeur Mégaronide de me donner son avis.

Il sort, & Stasime qui n'est point dans la confidence, imagine que le projet de Callicle est d'envahir encore la petite métairie.

Lesbonic s'avance, Lifitèle le fuit, & malgré toute fon éloquence, il ne peut parvenir à déranger le plan de fon ami qui eft convaincu qu'en mariant fa fœur fans lui donner une dot, les méchans ne manqueront pas de l'accufer de l'avoir livrée, non comme époufe, mais comme concubine. Stafime vient les écouter, & ne craint pas de les interrompre pour dire à fon maître qu'il n'a pas le fens commun, mais fon maître lui impofe filence & rentre avec Lifitèle qu'il prétend convaincre de la folidité de fes réflexions. Cette Scène eft très-bien faite, & infpire le plus grand intérêt pour le Diffipateur dans lequel on remarque les qualités les plus eftimables.

Que faire! s'écrie Stafime, que devenir! je prévois que dans peu je vais être un brave *goujat* de guerre. (On appellait de ce nom ceux qui étaient chargés d'apporter ou de fournir aux foldats du bois & de l'eau) Je crois que mon maître fera un vaillant foldat, & que s'il eft queftion de fuite, il ne trouvera point d'égal en vîteffe....... Pour moi, quand j'aurai pris l'arc, le carquois & les flèches, enfin lorfque je ferai armé de pied en cap, comme un nouveau Mars, favez-vous ce que je ferai? je dormirai tranquillement dans la tente.

Il fort pour aller à la grande Place rede,

mander un talent qu'il a prêté il y a quelques jours
& il est remplacé par Mégaronide qui répète à
Callicle que l'on ne peut se dispenser de donner
une dot à la sœur de Lesbonic. Mais si ce Lesbonic
est instruit qu'il y a trois milles *philippes* dans la
maison, il va manger jusqu'à l'endroit où elles
sont cachées, & après bien des réflexions sur la
manière dont on pourra s'y prendre pour éviter ce
nouveau malheur, les deux vieillards adoptent
l'expédient suivant : c'est Mégaronide qui parle.

Il faut sur-le-champ trouver un fourbe adroit
que nous ferons passer pour un étranger.

C A L L I C L E.

Ensuite.

M É G A R O N I D E.

Ce fourbe feindra qu'il arrive de Séleucie, que
Charmide l'envoie vers son fils Lesbonic, avec
ordre de lui dire qu'il fait très-bien ses affaires,
& qu'il espère être bientôt de retour. Mais il faut
aussi que notre imposteur soit chargé de deux
lettres que nous écrirons, & dont l'une sera pour
Lesbonic, l'autre pour vous.

C A L L I C L E.

Continuez.

M É G A R O N I D E.

Il ajoutera qu'il apporte une somme pour marier la demoiselle quand il se présentera un parti,

mais qu'il a juré de ne livrer cette somme qu'à vous.... Par ce moyen là, quand vous ôterez une partie du tréfor, vous empêcherez le fils d'avoir le moindre foupçon.

CALLICLE.

Le projet eft heureufement imaginé..... Mais il me vient un fcrupule : lorfque notre homme produira ces lettres fermées , fuppofé qu'elles le foient , croyez-vous que Lesbonic ne connaifle point le cachet de fon père ?

MÉGARONIDE.

Vous n'y penfez pas , notre ami. Charmide aura perdu fon ancien cachet, ou fi les lettres n'en ont point , c'eft que le douanier , le péager les auront ouvertes pour en voir le contenu... Allez donc au tréfor , mais ayez foin d'écarter tous les yeux ; fur-tout faites-en myftère à votre femme. Mais je vais aller chercher l'impofteur dont nous avons befoin, je l'inftruirai, lui remettrai tout ce qui lui eft néceffaire, & l'enverrai au Seigneur Lesbonic.

ACTE IV.

D'après le plan auquel les deux vieillards viennent de s'arêter , les fpectateurs ne doivent guères s'attendre à voir paraître Charmide, & c'eft lui cependant qui remplit la première Scène dans laquelle il remercie Neptune de la bonté qu'il a eue de le ramener dans sa patrie. Mais comme il n'a pas tenu aux vents qu'il ne fît naufrage dans toutes les formes, il prie le Souverain des mers de ne plus se mêler de ses affaires, & se promet bien de jouir tranquillement chez lui des grands biens que la fortune vient de lui procurer.

Cependant il voit à sa porte un homme qu'il ne connaît pas, c'est l'Imposteur, & comme sa figure lui est suspecte, il veut l'épier avant d'entrer dans sa maison.

L'Imposteur.

Je donnerai à ce jour le nom de *Trinumme*, & cela, par la raison que je viens de m'engager pour trois pièces de monnoie, à faire aujourd'hui un personnage fort singulier. J'arrive donc actuellement de Séleucie, de Macédoine, d'Asie, d'Arabie, pays que je n'ai jamais vus, & j'apporte des lettres d'un certain *quidam* qui est pour moi un être purement imaginaire, un phantôme d'humanité. Je ne l'ai jamais vu ni connu, je ne sais même s'il est né, ou s'il est encore à naître.

Plus il parle, plus Charmide est convaincu que ce ne peut être qu'un voleur qui examine les lieux dans le dessein de revenir les escalader, & il saisit, pour lui parler, le moment où il le voit frapper à sa porte. Il lui demande quel est son nom, son pays, ſon métier, & l'Impoſteur entame une converſation dans laquelle il rend un compte exact de tout ce qu'il eſt chargé de faire. Il connaît parfaitement Charmide, il l'a ſuivi dans une partie de ſes voyages, il a toute ſa confiance, en un mot, il vient de ſa part, & Charmide qui s'entend parler de lui-même, à lui-même, par un homme qu'il n'a jamais vu, Charmide, dis-je, finit par ſe découvrir : l'Impoſteur le prend à ſon tour, pour un fourbe, mais bientôt il ſort de ſon erreur & ſe retire en proteſtant que ſi on lui refuſe les trois pièces de monnoie qui lui ſont promiſes, il fera punir Charmide par la Juſtice, pour être revenu plutôt qu'il ne le devait.

L'Impoſteur ne l'a point inſtruit du contenu des lettres dont il eſt chargé , & Charmide réfléchit ſur cet objet, lorſqu'il voit arriver Staſime qui vient débiter une longue morale dans laquelle il critique & condamne la mauvaiſe conduite des jeunes gens du ſiècle : le vieillard l'écoute avec patience, ou pour mieux dire, avec plaiſir, l'aborde, ſe fait reconnaître, veut entrer chez lui, & apprend que Lesbonic a vendu ſa maiſon. Juſtes Dieux ! s'écrie-t-il, cette nouvelle-là me tue, m'aſſaſſine, me confond..... Qui eſt l'acheteur ?

S T A S I M E.

Callicle, ce fameux ami à qui vous aviez confié le ſoin de votre bien.

Charmide eſt pénétré de la perfidie de Callicle , & Callicle qui paraît, ſe juſtifie, en peu de mots, du crime apparent dont on l'accuſe.

La reſtitution du dépôt & de la maiſon, l'hiſtoire de l'Impoſteur, le mariage de Liſitèle avec la fille de Charmide, celui de Lesbonic avec celle de Callicle, font la matière du cinquième Acte, & ce que nous avons dit des précédens , ſuffit pour prouver que cette Comédie eſt une des meilleures de Plaute. Elle n'eſt ternie ni par la baſſeſſe d'un intriguant, ni par l'indécence d'une courtiſanne , ni par la groſſièreté d'un eſclave , & ſi l'on en excepte quelques légers détails, toutes les ſcènes font écrites avec cette pureté qui convient à nos Théâtres. Il ne faut pas oublier que l'Auteur a eu Ménandre pour modèle, & l'on a dû remarquer que ſes Ouvrages les plus eſtimables font ceux dont les Grecs lui ont fourni le ſujet & la conduite.

LE VIOLENT.

PROLOGUE.

Hauts & puiſſans Seigneurs! en reconnaiſſance des plaiſirs qu'il vous a procurés, Plaute vous demande une grace : c'eſt de lui accorder un peu de place dans votre vaſte & agréable ville pour y

tranſporter Athènes ſans le ſecours des Architectes. Que répondez-vous à cela, Meſſeigneurs?
dites-vous oui? dites-vous non?.... Bon! l'illuſtre
aſſemblée y conſent. Mais ſi je vous demandais
quelque choſe de vos bourſes! ma foi, ils branlent
la tête..... Fi, cela ne vaut rien; c'eſt me refuſer
tout net. Par Hercule! Meſſieurs, vous obſervez
religieuſement l'ancienne coutume : c'eſt d'avoir la
langue trop mobile, & de la remuer trop promptement pour prononcer la mauvaiſe négative, lorſqu'on vous attaque du côté du coffre-fort.

Mais venons au fait & parlons de ce qui nous
raſſemble. Figurez-vous donc pendant cette Co-
médie-ci qui ne ſera pas longue, figurez-vous,
di-je, que le *proſcène*, ou le devant du Théâtre,
eſt la célèbre ville d'Athènes. Ici demeure une certaine femme nommée *Phronéſie*, femelle qui poſsède en perfection la pratique des mœurs du tems.
Elle ne redemande jamais à ſon amant ce qu'il lui
a déja donné, mais elle a grand ſoin de ne lui
rien laiſſer. Elle fait ſi bien par ſes extorſions & ſes
prières, qu'elle le met à ſec. Ainſi ſe comportent
toutes les ouvrières de ſa profeſſion, & une infinité
d'autres de ſon malin & avide ſexe. Sur tout elles
n'y manquent jamais, dès qu'elles ſont perſuadées
que la flèche de Cupidon a porté, dès qu'elles
voient qu'on les aime.

Cette bonne pièce, cette fine mouche de Phro-

néfie fait femblant d'être acouchée d'un beau garçon du fait d'un guerrier, & cela pour lui prendre
jufques à la *raclure*.

Cette même Phronéfie a deux autres amans
dont l'un eft Dinarque Bourgeois d'Athènes, &
l'autre, un gros payfan nommé *Strabax*. Cependant
elle a écrit au guerrier abfent depuis dix mois,
qu'elle porte dans fon fein un tendre fruit de fes
amours, qu'elle approche de l'heureux terme de fa
délivrance, & le guerrier enchanté, lui a répondu
d'avoir le plus grand foin de ce charmant enfanz
qu'il reconnaît pour le fien.

Munie de cette lettre, Phronéfie fe hâte d'avoir
en effet un garçon nouveau-né, & s'adreffe à une
femme qui lui en découvre un. Peu après, arrive
le guerrier, & on lui préfente fon fils qui comme
lui, ne manquera pas d'être un jour le plus grand
des Capitaines, le plus redoutable des Généraux.
A l'égard de la mère prétendue, il ne fait comment reconnaître le bien dont elle l'a comblé ;
& deux Efclaves de Syrie, mais qu'il prétend
avoir été Reines, une gibecière de la petite Grèce,
de la pourpre de Tyr, des habits du Pont & vingt
mines d'or, font les préfens qu'il lui fait pour la dé-
dommager des douleurs de l'enfantement.

Dans le même moment, elle reçoit vingt autres
mines de Strabax, cinq de Dinarque, & celui-ci
qui a confommé toute fa fortune avec elle, n'eft pas

mieux traité que le guerrier qui, selon Phronésie, ne paie pas assez magnifiquement.

Un jour Dinarque avait bu, il lui est arrivé de violer la fille de Callicle, & cette fille a mis au monde un enfant qui se trouve être justement celui que la courtisanne a supposé au guerrier ; le fait est avéré par les Esclaves qui sont appliqués à la question, Dinarque reconnaît son crime & le répare en épousant celle qu'il avait deshonorée.

Voilà le fond, l'intrigue & le dénoûment de cette Pièce dont la médiocrité nous dispense de faire un plus long détail. Cependant nous sommes obligés de convenir que les caractères en sont bien dessinés, sur-tout celui de Phronésie : mais l'Ouvrage, en général, ne présente qu'un intérêt de curiosité, & cet intérêt est si faible, que les causes qui le produisent, ne méritent pas d'être analysées.

Ce n'est donc point d'après cette dernière production qu'il faut apprécier le mérite de Plaute, & les extraits que nous en avons donnés, sont plus que suffisans pour inspirer l'envie de le lire : cependant nous croyons pouvoir assurer que nous en avons présenté toutes les beautés, & que l'on trouvera dans l'Auteur même, peu de détails dont nous n'ayons fait usage, quand ils nous ont paru comiques, ou intéressans : notre premier but était de convaincre nos lecteurs des obligations que lui a notre Théâtre, & l'on a dû obſerver que dans toutes nos analyſes, nous avons eu ſoin de rapprocher le modèle de ſes imitateurs. L'un des plus grands vices de Plaute, ſelon nous, c'était d'être fort libre dans ſes expreſſions, & même dans le choix de ſes ſujets ; mais ne peut-on pas faire le même reproche à Molière ! Il écrivait dans un ſiècle où l'on était beaucoup plus réſervé ſur la choſe que ſur le mot, & l'on doit ſuppoſer que du vivant de Plaute, il en était de même chez les Romains. Ne perdons jamais de vue le ſiècle dans lequel les Auteurs ont écrit, & nous les jugerons plus ſainement.

STATIUS CÆCILIUS.

Ce Poète Eſclave de naiſſance & Gaulois d'origine, fleurit vers la 1,0e. *Olympiade*, c'eſt-à-dire à-peu-près du tems de Plaute & de Porcius Caton qui cite une de ſes Pièces intitulée Sy. *hebos* (les Coadoleſcens.) Il mourut la même année qu'Ennius & fut enterré auprès du *Janicule*. Aulugelle fait cas de ſes Ouvrages, & dans ſon Poëme, Volcatius lui donne la première place parmi les Poètes Comiques.

Multos incerto certare hanc rem vidimus
Palmam Poëta comico qui deferant,
Cum me judice errorem diſſolvam tibi,
Contra ſi quis ſentiat, nihil ſentiat,
Cæcilio palmam ſtatuo de comico.

J. D. Dugourc del.   Ingouf Junior Sculp.

TERENCE.

Aulugelle penfait différemment, mais ce qu'il y a de certain, c'eft que Térence devait eftimer Cæcilius, puifqu'il le choifit pour lui lire fon *Andrienne* avant de la vendre aux *Ediles*. Ce fait eft rapporté par S. Jerôme qui ajoute que Cæcilius ne pouvait fe laffer d'admirer l'élégance qui régnait dans le ftyle de cette Pièce.

TÉRENCE.

Les recherches que nous avons faites fur la vie de cet Auteur, ne nous ont rien appris de plus que ce que M. l'Abbé le Monnier en a dit à la tête de fa Traduction, & nous avons cru ne pouvoir mieux faire que de le citer en entier, non-feulement dans cet endroit, mais dans plufieurs autres où fa verfion nous a paru plus exacte que toutes celles que nous avons confultées.

» Térence naquit à Carthage huit ans après la première guerre *punique*, l'an de Rome 560. Son nom de famille eft inconnu, & l'on ignore auffi par quel évènement il tomba dans l'efclavage, mais il ne put être fait prifonnier par les Romains, puifqu'ils étaient en paix avec les Carthaginois, lorfqu'il vint au monde, & qu'ils y furent tout le tems qu'il vécut. Peut-être fut-il pris par les Numides, ou par les Gétuliens, dans les guerres particulières que ces peuples eurent avec la Capitale d'Afrique, & enfuite vendu à des marchands

Romains. Quoi qu'il en foit, il eſt certain que dès ſon enfance, il fut efclave de Térentius Lucanus, Sénateur Romain.

Ce maître lui voyant d'heureuſes diſpoſitions, ſoigna ſon éducation, l'affranchit, lui donna ſon nom, ſuivant l'uſage, & le mérite de l'efclave a ſauvé de l'oubli la mémoire du Sénateur.

Térence fut de bonne-heure entraîné par ſon génie vers la Poéſie dramatique. A l'âge de vingt-ſept ans, il avait fait l'*Andrienne*, & il la préſenta aux Magiſtrats chargés du foin des Spectacles, qui avant que de l'acheter, exigèrent que l'Auteur en fît la lecture à l'Edile Acilius. Térence modeſte-ment vêtu, ſe tranſporte chez ſon Juge qu'il trouve à table : l'extérieur du Poète ne prévient pas en ſa faveur ; on lui donne un tabouret près du lit ; on lui ordonne de lire ; mais à peine Térence a-t-il récité quelques vers, qu'Acilius le prie de ſouper, le fait placer à côté de lui, & enſuite lui demande la lecture de ſon Ouvrage dont il eſt enchanté.

Son fuccès au Théâtre commença la réputation de Térence. *L'Eunuque* y mit le comble. Il fut joué deux fois dans le même jour, & payé huit mille *pièces*, ſomme très-conſidérable alors. A la troiſième repréſentation, il fut fait mention de cette ſomme dans le titre, & l'on plaça le nom de l'Auteur avant celui de la Pièce qui fut annoncée

Terenti

Terenti Eunuchus, honneur qui ne s'accordait qu'aux Ecrivains célèbres.

La gloire de Térence éveilla l'envie. Les Poètes ses contemporains, publièrent que des personnes illustres lui aidaient dans la composition de ses Drames, & l'intimité qui régnait entre lui, Lélius, Scipion & Furius, donna lieu à ce soupçon. Le Poète même paraît le confirmer, & dans deux de ses Prologues, au lieu de réfuter l'accusation, il semble en faire tacitement l'aveu.

Cette opinion s'accrédita tellement par la suite, que Quintus Memmius, dans une oraison qu'il fit pour sa propre défense, dit que Scipion l'Africain emprunta le nom de Térence pour donner au Théâtre les ouvrages de son loisir. Cornélius Népos assure que Lélius étant un premier jour de Mars à sa maison de Puzzoles, fut sollicité par sa femme de souper de bonne-heure, qu'il la pria de ne point l'interrompre, qu'enfin étant allé fort tard se mettre à table, il dit qu'il n'avait jamais travaillé avec plus de succès, & récita ce vers qui se trouve dans l'*Heauton-Timorumenos*, Acte IV, Scène III.

Satis, pol, proterve me Syri promissa huc induxerunt.

On n'examinera point si Térence n'a fait que prêter son nom aux ouvrages de Lélius, de Scipion & de Furius; si ces grands hommes ont travaillé de concert avec lui , ou s'ils l'ont éclairé seulement de ces conseils qu'un homme de génie aime à demander aux personnes d'un goût sûr ; si Térence, en paraissant avouer qu'il leur a des obligations , n'a pas cherché à leur faire sa cour, plutôt qu'à rendre hommage à la vérité. Toutes ces recherches deviendraient d'une longue discussion & feraient peu importantes, aujourd'hui que Térence n'a plus d'envieux.

Lorsque cet Auteur eut donné sur le Théâtre de Rome les six Comédies qui nous restent de lui ; il partit pour la Grèce , voyage qu'il entreprit dans le dessein d'y composer de nouveaux ouvrages que l'on ne pourrait attribuer qu'à lui seul , & de s'instruire des mœurs Grecques qu'il aimait à peindre dans ses Pièces.

En revenant à Rome , il mourut à Stymphale ville d'Arcadie, de douleur , dit-on , d'avoir perdu ses nouvelles Comédies dans un naufrage. Confentius en fait monter le nombre à 108 , & l'exagération est trop manifeste , pour avoir besoin d'être réfutée.

Térence expira l'an de Rome 594 ; ainsi il n'a vécu que 34 ans. On prétend qu'il était mince, qu'il avait la taille médiocre & le teint brun. Il laissa une fille unique qui fut mariée à un Chevalier Romain. Elle eut pour dot une maison & un jardin de deux arpens sur la voie *Appienne* , près du lieu appellé *Villa Martis*. C'était toute la richeffe de Térence.

L'envie l'avait perfécuté de fon vivant, il fut comblé de louanges après fa mort, & Afranius Poète dramatique qui était fon contemporain, le préfère à tous les Auteurs comiques. *Terentio non fimilem dices quempiam*, dit-il dans une Pièce intitulée *Compitalia* «.

Nous ne répéterons point les éloges que nous en avons faits dans différens endroits de cette hiftoire, & les diverfes éditions de Leyde, les notes de Donat & *de variorum Auĉtorum*, une édition gothique, celles d'Antéfignan & de Boëcler, celle de Veftérovius, à la Haye en 1726, 3 vol. *in-4°*; celle de Coutelier, les notes de Guyet, Minellius, le Térence de Fabrini, à Venife, 1575, font autant de preuves du mérite de l'Ecrivain dont nous allons préfenter les analyfes.

A l'égard de Madame Dacier, nous rendons juftice à fon érudition, mais il n'eft guères poffible de connaître Térence d'après la manière dont elle l'a traduit, & fi quelquefois elle a faifi le texte de fon original, fouvent auffi elle s'en eft éloignée. D'ailleurs on a remarqué, comme le dit très-bien M. l'Abbé le Monnier, qu'elle n'a qu'un feul ton pour tous les âges, tous les états, tous les caractères, toutes les paffions ; que jamais elle ne prend celui des perfonnages, & que prefque toujours,

au contraire , elle leur donne sa froide tranquillité.

L'ANDRIENNE.

Cette Pièce fut jouée l'an de Rome 588 ,
pendant la fête de Cybèle , sous les *Ediles* Curules
M. Fulvius & M. Galbrio , par la Troupe de
L. Ambivius Turpio & de L. Attilius de Préneste.
Flaccus affranchi de Claudius, composa la Musique
où il employa les flûtes égales, droites ou gauches.
M. Marcellus & C. Sulpitius étaient alors Con-
suls. Cette même Pièce donnée depuis sur le
Théâtre Français, sous le nom de *Baron* , & attri-
buée au Père de la Rue , était digne, sans con-
tredit , de tout le succès qu'elle a eu , & le coup-
d'œil que nous allons jetter sur ces cinq Actes ,
fera voir que l'imitateur s'est peu éloigné de son
modèle.

PROLOGUE.

Lorsque notre Poète commença à travailler pour
le Théâtre , il crut que la seule chose qu'il avait à
faire , c'était de composer des Pièces qui pussent
vous plaire , mais il voit qu'il en est tout autrement , puisqu'on le force de perdre son tems à
faire des Prologues , non pour exposer le sujet de
ses Comédies , mais pour répondre aux accusations

d'un vieux Poète son ennemi. Ecoutez, je vous prie, ce qu'on reproche à notre Auteur.

Ménandre a composé l'*Andrienne* & la *Périnthienne* : qui connaît une de ces Pièces, les connait toutes deux, tant elles se ressemblent par le sujet, quoique différentes par le style & la conduite. Térence a pris dans la *Périnthienne* tout ce qui lui convenait, & l'a employé dans son *Andrienne*, comme un bien dont il pouvait disposer. Ses ennemis lui en font un reproche & soutiennent que l'on ne doit pas confondre ainsi les sujets. A force de vouloir montrer de l'intelligence, ils font voir qu'ils n'en ont aucune. En effet, lorsqu'ils font ce reproche à Térence, ils blâment Névius, Plaute & Ennius dont il a suivi l'exemple & dont il aime mieux imiter la hardiesse, que l'exactitude servile de ses détracteurs. Qu'ils demeurent donc tranquiles, je les en avertis, & qu'ils mettent fin à leurs calomnies, s'ils ne veulent pas qu'on leur fasse voir leurs sottises.

Soyez favorables à cette Pièce, écoutez-la avec bonté, afin de pouvoir juger si vous devez fonder quelque espoir sur Térence, si vous devez faire jouer les Pièces nouvelles qu'il présentera, ou les rejetter sans les entendre.

ACTE PREMIER.

Simon qui le commence, ordonne à ſes Eſclaves de porter au logis les proviſions qu'il vient d'acheter , & comme dans l'*Andrienne Françaiſe* , il entretient Soſie de ſes ſoupçons ſur la conduite de ſon fils.

S I M O N.

Emportez tout cela dans la maiſon , allez.
Soſie , un mot.

S O S I E.

Je ſais tout ce que vous voulez.
C'eſt d'avoir ſoin de tout. Il n'eſt pas néceſſaire
De me recommander...

S I M O N.

Non , c'eſt une autre affaire.

S O S I E.

Dites-moi donc en quoi mon adreſſe & mon ſoin....

S I M O N.

Je n'ai de ton adreſſe aucunement beſoin.
Il ſuffit, pour ſervir utilement ton maître ,
De ces deux qualités qu'avec toi j'ai vu naître ;
C'eſt la fidélité , le ſecret.

S O S I E.

Je n'attends...

S I M O N.

Je t'ai toujours connu ſage dans tous les tems.
Je t'achetai, Soſie, en l'âge le plus tendre ,
Et j'eus de toi des ſoins qu'on ne ſaurait comprendre ,

J'élevai ta jeuneſſe, & tu connus en moi
Combien la ſervitude était douce pour toi.
Tu t'attiras d'abord toute ma confiance,
Et tu m'en témoignas tant de reconnaiſſance,
Qu'enfin je t'affranchis, & par ta liberté
Récompenſai ton zèle & ta fidélité.

S O S I E.

D'un ſi rare bienfait mon cœur n'a pu ſe taire :

S I M O N.

Je le ferais encor ſi j'avais à le faire.

S O S I E.

Je me tiens fort heureux, ſi j'ai fait, ſi je fais
Quelque choſe qui ſoit au gré de vos ſouhaits.
Mais pourquoi, s'il vous plaît, rappeller cette hiſtoire ?
Croyez-vous que jamais j'en perde la mémoire ?
Ce récit d'un bienfait que j'ai tant publié,
Semble me reprocher que je l'aie oublié.
Pourquoi tant de détours ?

D'après ce préambule qui eſt le même dans les deux Auteurs, Simon reprend la parole & rend compte à Soſie de la ſageſſe avec laquelle ſon fils s'eſt comporté juſques à l'arrivée d'une certaine Chriſis qui de l'Ile d'Andros, eſt venue s'établir à Athènes. Pamphile l'a vue avec la plus grande aſſiduité, Simon en a conçu de l'inquiétude, mais la conduite honnête de Pamphile a diſſipé ſes craintes, & ſans le ſavoir, ce fils vertueux a été choiſi pour gendre par Chrémès qui eſt venu propoſer à Simon de le marier avec ſa fille à laquelle il doit donner une très-groſſe dot. Simon a promis, le mariage a été fixé pour aujourd'hui , & la mort de Chrifis , les incidens qu'elle a produits , en ont retardé la conclufion. La defcription des funérailles de cette même Chrifis , le défefpoir de fa fœur Glycérie qui veut fe précipiter dans le bûcher , l'arrivée de Pamphile qui vole à elle & qui partage le chagrin dont elle eft accablée , l'attention avec laquelle Simon a remarqué ces différentes circonftances , la certitude , ou du moins le doute violent dans lequel il eft que Pamphile brûle pour Glycérie , le refroidiffement de Chrémès qui fe trouve inftruit de ces évènemens , tout cela fait la matière de la première fcène des deux *Andriennes :* dans l'une comme dans l'autre , Simon imagine que le moyen le plus sûr de découvrir les véritables fentimens de fon fils , c'eft de fuppofer que Chrémès eft toujours dans la même réfolution , & la frayeur que Dave lui a témoignée , lorfqu'il lui a parlé de ce mariage , lui fait preffentir d'avance que Pamphile ne confentira point à cette union. Dave paraît , Simon charge Sofie d'épier toutes fes démarches , le renvoie & refte avec Dave auquel il dit comme dans l'*Andrienne Françaife ,*

Si mon fils n'eft ce foir foumis à la raifon ,
Je te ferai demain mourir fous le bâton ,
Et veux , fi je l'oublie , ou fi je te fais grace ,
Que fans miféricorde on m'affomme en ta place.
Eh bien de ce difcours es-tu plus fatisfait ?

DAVE.

Celui-ci, pour le coup, me paraît clair & net.
Ce difcours-ci n'eft point de ces contes frivoles,
Et renferme un grand fens en très-peu de paroles.

SIMON.

Tu ris, mais prends bien garde à cette affaire-ci,
Tu ne te plaindras pas qu'on ne t'ait averti.
Adieu.

Mais vraiment, continue Dave, autant que j'ai pu comprendre l'intention du bon homme fur ce mariage, ce n'eft pas ici le moment d'être négligent, ou pareffeux. Si l'on n'y remédie par quelque rufe, c'en eft fait de mon maître, ou de moi, & je ne fais fi je dois fecourir Pamphile, ou bien obéir au vieillard. Si j'abandonne le fils, je crains pour fes jours; fi je le fers, je fuis perdu.... Elle eft groffe, cette Andrienne que Pamphile a pour maitreffe, ou pour femme..... Ils ont réfolu d'élever l'enfant dont elle acouchera, & ils concertent entr'eux je ne fais quelle hiftoire. Ils difent que Glycérie eft citoyenne d'Athènes, fille d'un vieux marchand qui autrefois fit naufrage fur les côtes de l'Ile d'Andros, & qui, en mourant, la remit dans les mains du père de Chrifis. Fables que tout cela.... Mais voilà Mifis qui fort de chez elle, & moi, je cours prévenir Pamphile de ce qui fe paffe, afin que fon père ne l'écrafe pas à l'improvifte par la nouvelle de ce mariage.

Mifis va chercher une garde pour fa maitreffe qui reffent les premières douleurs de l'enfantement , & s'arête à l'afpect de Pamphile dont le trouble, l'étonne & l'intéreffe.

Pamphile a rencontré fon père qui lui a dit qu'aujourd'hui même , il le marie avec la fille de Chrémès ; il eft refté confondu au point qu'il n'a pu répondre ni oui , ni non , & tourmenté d'un côté, par le refpect qu'il doit à fon père, de l'autre, par l'amour qu'il a pour Glycérie , il gémit fur la fituation dans laquelle il fe trouve , lorfqu'il apperçoit Mifis qui lui peint toute l'inquiétude de fa maitreffe fur le mariage dont il eft queftion. Mais Pamphile l'adore , Pamphile a juré à Chrifis que jamais il ne trahirait les fermens qu'il a faits à Glycérie , & rien au monde ne fera capable de l'en féparer.

Cette fcène termine le premier Acte , & fi l'on en excepte la groffeffe de Glycérie , il eft aifé de juger que jufqu'ici, l'imitateur n'a fait autre chofe que de copier fon modèle.

ACTE II.

Charinus eft amoureux de la fille de Chrémès ; Byrrhie vient d'apprendre de Dave, qu'on la marie avec Pamphile , Charinus en eft au défefpoir , & il demande des avis à ce même Byrrhie qui lui confeille

'd'oublier Philumène , puifqu'un autre va l'époufer.
Pamphile arrive , Charinus l'interroge , il répond
que ce mariage lui caufe le plus grand chagrin ,
& trop heureux de trouver quelques fecours dans
une conjonéture auffi fâcheufe , il fupplie Charinus de mettre tout en ufage pour obtenir la main
de fa maitreffe.

Dave paraît , & enchanté de trouver fon maître
qu'il a cherché de tous les côtés , il lui apprend que
Chrémès ne lui donne plus fa fille , qu'il a examiné
avec le plus grand foin tout ce qui fe paffait au dehors , qu'il n'a vu ni les apprêts d'un mariage , ni
les préparatifs d'un feftin.....

> Je fais plus..... J'entre dans la cuifine ,
> Je n'y vois qu'un poulet d'affez mauvaife mine ,
> Un feul petit poiffon qui dans l'eau barbotait ,
> Un cuifinier tranfi qui dans fes doigts foufflait.

CARIN.

> Dave , tu me parais comme un Dieu tutélaire ,
> Je retrouve en toi feul un protecteur , un père.

DAVE.

> Hé ! vous n'en êtes pas encor où vous penfez.

CARIN.

> Il n'époufera pas Philumène.

DAVE.

> Eft-ce affez ?
> Dites-moi , s'il vous plaît , eft-ce ainfi qu'on raifonne ?
> Parce qu'il ne l'a pas , faut-il qu'on vous la donne ?

Ne tardez pas, allez, employez vos amis,
Montrez-vous careffant, obligeant & foumis &c.....

Tous les vers qui précèdent ceux que nous venons de citer, font abfolument traduits de l'*Andrienne Latine*, ainfi que la première fcène de Charinûs avec Byrrhie : il en eft de même de la fuivante dans laquelle Dave veut abfolument que Pamphile réponde à fon père, qu'il eft prêt à lui obéir.

Je vois plus clair que vous dans toute cette affaire.
Vous ne hafardez rien à vous humilier.
Votre père dira : Je veux vous marier,
J'ai choifi ce jour-ci pour célébrer la fête,
Et vous lui répondrez, en inclinant la tête,
Mon père, je ferai tout ce qu'il vous plaira.
Fiez-vous en à moi, ce coup l'affommera,
Et ce bon homme enfin, en intrigues fertile,
Ceffera de pourfuivre un deffein inutile.
Chrémès, dans fon refus plus ferme que jamais,
Va vous fervir, Monfieur, & felon vos fouhaits.
Ainfi vous pafferez, au gré de votre envie,
Sans trouble, d'heureux jours auprès de Glycérie.
Chrémès, de votre amour, par mes foins informé,
Dans fon jufte refus fe verra confirmé.
Mais reffouvenez-vous que le nœud de l'affaire
Eft de paraître en tout foumis à votre père :
Et ne vous allez point encore imaginer
Qu'il ne trouvera plus de fille à vous donner.
Dans cet engagement que vous faites paraître
Il vous la choifira vieille & laide peut-être,

Plutôt que vous laisser dans le dérèglement
Où vous lui paraissez vivre jusqu'à-présent.
Mais si vous vous montrez soumis à sa puissance,
Le bon homme pour lors, rempli de confiance,
Nous laissera le tems de choisir, d'inventer
Quel remède à nos maux nous devons apporter &c.....

Pamphile cède aux désirs de Dave, s'y conforme vis-à-vis de son père auquel il promet d'obéir dans tous les points, & cette réponse déconcerte Byrrhie qui de la part de Charinus, est venu épier ce qui se passe entre Simon & son fils.

Après le tour de ces mauvais railleurs,
Mon maître peut chercher une autre femme ailleurs.

Simon ordonne à son fils de rentrer, & il reste avec Dave auquel il demande doucement si ce mariage ne cause point un peu de peine à son fils, à cause de sa liaison avec cette Etrangère. Ma foi non, reprend Dave, ou si cela le fâche, ce sera un petit chagrin de deux ou trois jours, après quoi, il n'y songera plus, car il a fait sur tout cela des réflexions très-sages.... Tant qu'il lui a été permis & que l'âge le comportait, il s'est livré à l'amour, secrètement cependant, & avec précaution pour ne pas se deshonorer, comme il convient à un homme qui a des sentimens : aujourd'hui, il faut se marier, il ne rêve plus que mariage.

SIMON.

Je lui ai pourtant trouvé un petit fond de tristesse.

DAVE.

Ce n'est point du tout à cause de cela; mais il y a quelque chose qui le fâche contre vous.

SIMON.

Qu'est-ce que c'est ?

DAVE.

Une puérilité..... Il prétend que l'on a regardé de trop près à la dépense..... A peine, dit-il, mon père a-t-il fait pour dix drachmes de provisions. Qui de mes amis inviterai-je à souper ?.... S'il faut parler franchement, je suis de son avis.

SIMON.

Tais-toi.

DAVE, *à part.*

Je l'ai intrigué.

SIMON.

J'aurai soin que tout se passe comme il faut. (*A part.*) Quel est le dessein de ce coquin ? S'il se fait ici quelque chose de mal, il est à la tête.

La même scène traduite presque littéralement, finit le second Acte de l'*Andrienne Française* dans laquelle Dave & Simon conservent toujours le même caractère, l'un, de méfiance vis-à-vis de son esclave, l'autre, de dissimulation vis-à-vis de son maître.

ACTE III.

Simon & Dave sont en scène, Misis parle de Pamphile à la sage-femme Lesbie, lui vante l'amour dont il brûle pour sa maitresse, & rentre avec elle, après l'avoir assurée qu'il est très-décidé à faire élever l'enfant que Glycérie va mettre au monde.

Simon a tout entendu, & l'on devine l'embaras de Dave.

SIMON.

Voici le prélude des fourberies de ce coquin. Ils simulent un acouchement pour effaroucher Chrémès.

GLYCÉRIE (*derrière le Théâtre.*)

Junon ! Lucine ! secourez-moi, délivrez-moi, je vous en conjure.

SIMON.

Si vîte ! ho ! ho ! cela est assez plaisant. Lorsqu'elle apprend que je suis devant sa porte, elle se hâte d'acoucher. Dave, tu n'as pas bien marqué le tems de ta Pièce.

D a v e.

Moi !

S i m o n.

Eſt-ce que les Acteurs auraient oublié leur rôle ?

D a v e.

Je ne ſais ce que vous nous contez.

S i m o n (*à part.*)

Si ce mariage eût été véritable & que ce drôle-là m'eût ainſi attaqué ſans que je fuſſe en garde, comme il m'aurait joué ! Maintenant je vogue dans le Port. Il eſt au milieu des écueils.

La ſage-femme ſort de chez Glycérie à qui elle trouve tous les ſymptomes du plus heureux acouchement, ordonne, de la porte, ce qu'il faut lui donner juſqu'à ſon retour, & ſort en priant les Dieux de conſerver l'enfant de Pamphile qui témoigne le plus grand attachement pour la mère.

Simon regarde cet enfant comme ſuppoſé, Dave ravi de lui voir prendre le change, le confirme dans cette idée, détruit les ſoupçons du bon homme qui l'accuſe d'avoir eu part à ce ſtratagême, & le laiſſe convaincu que toute l'intrigue eſt conduite par Glycérie qui d'abord, ajoute-t-il, a prétendu qu'elle était groſſe de Pamphile, & cela s'eſt trouvé faux. Aujourd'hui qu'elle voit faire des préparatifs de noces, vîte elle envoie ſa ſer-
vante

vante chez la sage-femme, avec ordre d'apporter un enfant, & quelque chose qui arrive, on veut vous le faire voir.

Cette scène est du meilleur comique, & convaincu par Dave que non-seulement Pamphile est brouillé avec Glycérie, mais même qu'il désire se marier, Simon prie Chrémès de ne plus différer de lui accorder sa fille.

> Par tous les Dieux ! j'ose vous conjurer,
> Par l'amitié qu'en nous rien ne peut altérer,
> Qui de nos jeunes ans a commencé de naître,
> Que l'âge & la raison ont formée & vu croître ;
> Par cette fille unique en qui vous vous plaisez,
> Par mon fils, du salut duquel vous disposez &c.....
>
> . . . .
>
> A conclure aujourd'hui, Chrémès, tout nous convie.

CHRÉMÈS.

Comment ?

SIMON.

Il ne voit plus....

CHRÉMÈS.

Et qui donc ?

SIMON.

Glycérie.

. . . .

C'est Dave à qui mon fils ne cache jamais rien,
Qui me l'a dit tantôt par forme d'entretien.
C'est de lui que je sais, comme chose certaine,
Le désir qu'a mon fils d'épouser Philumène.

Tome VI. Part. I. I

Je m'en vais l'appeller : cachez-vous dans un coin ,
De tout ce qu'il dira vous ferez le témoin.

Toute cette fcène dont nous n'avons cité que les principaux traits, eft traduite mot pour mot de Térence, ainfi que la fuivante dans laquelle Simon avoue à Dave qu'il ne comptait nullement fur le mariage en queftion, mais que d'après la certitude qu'il lui a donnée de la rupture de Pamphile avec Glycérie, il a décidé Chrémès à l'unir avec fa fille. Dave eft confondu, mais il diffimule fon embaras, & tandis que Chrémès eft allé prévenir Philumène, de la réfolution qu'il vient de prendre, Simon exhorte l'efclave à maintenir fon fils dans les fentimens où il eft.

Je fuis perdu, s'écrie Dave, de l'inftant qu'il fe trouve feul. Nul efpoir de pardon. J'ai tout gâté..... Trompé mon maître..... embarqué fon fils dans ce mariage. C'eft moi qui l'ai fait contre l'attente du bon homme, contre le gré de Pamphile..... Le voilà ! je le vois ! je fuis mort. Dieux ! fi je trouvais un précipice, je m'y jetterais.

Pamphile eft furieux, Dave confeffe fon tort & demande le tems de reprendre un peu fes efprits, mais Pamphile ne veut rien entendre, & il n'épargne fon efclave, que parce qu'il n'a que le tems de pourvoir à fa fûreté, & non celui de fe venger.

ACTE IV.

Charinus se plaint vivement de la conduite de Pamphile, celui-ci se justifie, & tourmenté par la plus vive inquiétude, il ordonne à Dave d'imaginer à l'instant même, un moyen de le retirer du précipice dans lequel il l'a jetté. Dave veut y réfléchir, Pamphile est trop agité pour le lui permettre, & pressé par Misis d'entrer chez Glycérie qui l'attend, il excite de nouveau l'émulation de son esclave qui n'a pas le loisir de lui faire part de l'expédient qu'il vient de trouver, qui a besoin d'être seul pour le tenter, & qui, en conséquence, renvoie Pamphile & Charinus.

Ces trois scènes sont charmantes d'un bout à l'autre, & l'on ne trouvera pas moins de mérite dans les suivantes où Dave se joue avec la plus grande adresse, & de Misis & de Chrémès. En effet, il va chercher l'enfant nouveau-né dans la maison de Glycérie, il charge cette Misis de l'exposer devant la porte de Simon, & surpris par l'arrivée de Chrémès, il feint, à l'instant même, de ne pas connaître Misis qu'il accable d'injures..... Quelle audace ! s'écrie-t-il, ah parbleu ! ta maitresse ne connaît pas celui contre lequel elle dresse ses batteries. Dépêche-toi d'ôter cet enfant de devant notre porte. (*Bas*) garde-toi de bouger de la place où tu es. (*Haut*) les coquines ! (*à Chré-mès.*) Ah Monsieur ! vous arrivez à propos, avez-vous entendu ? — Ahi. — Comme une fourberie en amène une autre ! J'entends déja chuchoter que cette Glycérie est citoyenne d'Athènes..... Il faut traîner celle-ci au supplice. Tiens, c'est ce Monsieur-là, ce n'est pas Dave que tu joues, ne t'y trompe pas.

On devine quel est le parti que doit prendre Chrémès qui sort enchanté de la découverte qu'il vient de faire, & à l'égard de Misis, il est plus aisé de se représenter, que de peindre son étonnement dont elle ne sort qu'à l'instant où Dave lui fait voir que pour servir sa maitresse, il a dû en agir de cette manière-là vis-à-vis le père de Philumène.

Sur ces entrefaites, arrive Criton, cousin de Chrisis ; on lui a dit beaucoup de mal de sa parente, & Misis qu'il reconnaît, confirme par un seul mot, les propos que l'on a tenus. Elle nous a perdues, dit-elle, malheureuses que nous sommes !

C R I T O N.

Et Glycérie a-t-elle retrouvé ses parens ?

M I S I S.

Je le voudrais bien.

Cʀɪᴛᴏɴ.

Comment ? pas encore ? Je ne fuis pas venu ici fous de trop bons aufpices , & fi je l'avais fu , je n'y aurais jamais mis le pied. Elle a toujours été appellée , elle a toujours été crue la fœur de Chrifis. Elle eft en poffeffion de ce qui devait me revenir après fa mort, mais je ne viens pas pour l'en dépouiller.

Mɪsɪs.

Ah ! l'honnête homme ! en vérité , Criton , vous êtes toujours bon comme autrefois.

Cʀɪᴛᴏɴ.

Puifque je fuis ici , conduis-moi chez elle.

Mɪsɪs.

Avec plaifir.

Dᴀᴠᴇ.

Je les fuis. Je ne veux pas que le bon homme me voie dans ce moment-ci.

A quelques-unes des fcènes que nous venons de citer , l'imitateur Français a fubftitué celles qui fe paffent entre Dave, Mifis , Pamphile & Glycérie que l'Auteur Latin n'a pas fait paraître , mais fon Traducteur n'en a pas moins fu profiter de fes idées, & fous des couleurs différentes, on retrouve dans notre *Andrienne* toute la fcène de Dave avec Mifis au moment où il l'a chargée d'expofer l'enfant.

ACTE V.

Dans la première scène, c'eſt Simon qui fait de nouveaux efforts ſur le cœur de Chrémès auquel il veut perſuader que l'acouchement de Glycérie n'eſt qu'un ſtratagême dont Dave l'avait inſtruit, mais Chrémès en a trop vu, trop entendu pour ſe laiſſer perſuader, & loin de céder aux ſollicitations de ſon ami, il lui fait, au contraire, les reproches les plus vifs ſur le danger auquel il l'a expoſé de faire le malheur de ſa fille.

> A vos empreſſemens obligé de céder,
> Je prenais pour ma fille, oh le beau mariage !
> Un homme que l'on ſait qu'un autre amour engage,
> Et j'expoſais ma fille à toutes les douleurs,
> Aux troubles, au divorce, à mille autres malheurs ;
> Et voulant retirer votre fils de l'abîme,
> Ma fille en devenait l'innocente victime &c.....

Grace à moi & à cet Etranger, dit Dave en ſorrant de chez Glycérie, on peut maintenant ſe tranquiliſer..... Jamais je n'ai vu d'homme arriver plus à propos, plus à tems..... Notre vaiſſeau eſt dans le Port..... Voilà mon maître, que dire ?

Simon lui demande ce qu'il vient de faire chez l'Andrienne..... Moi ? — Oui, toi. — Je viens d'y entrer tout-à-l'heure. —Comme ſi je demandais combien il y a de tems. — Avec votre fils. — Pamphile eſt là-dedans ! Que je ſuis malheureux ! Comment, bourreau ! ne m'as-tu pas dit qu'ils font brouillés ! —Ils le font auffi. —Pourquoi donc y eft-il ? — Pour la quereller, reprend Chrémès avec ironie.

D A V E.

Ce n'eft pas cela, Chrémès, je vais vous apprendre une chofe indigne. Il vient d'arriver je ne fais quel vieillard qui fe préfente d'un air ferme & affuré. A le voir, il femble un homme d'importance. Une auftère févérité eft peinte fur fon vifage, la bonne-foi paraît dans fes difcours.

S I M O N.

Que nous annonces-tu ?

D A V E.

Rien, en vérité, que ce que je lui ai entendu dire.

S I M O N.

Et que dit-il enfin ?

D A V E.

Qu'il fait que Glycérie eft citoyenne d'Athènes.

S I M O N.

Hola, Dromon, Dromon &c.....

Dromon arrive, & quelque chofe que Dave lui dife, Simon le fait emporter, avec ordre de l'enchaîner fi bien, qu'il ne puiffe bouger de fa place.

CHRÉMÈS.

Modérez vos tranfports, un peu moins de couroux.

SIMON.

En ufe-t-on ainfi ? je m'en rapporte à vous.
Pour favoir, pour fentir mon affreufe difgrace,
Hélas ! il faudrait être un moment à ma place.
Tant de peines, de foins, d'égards & d'amitié !
De mon malheureux fort n'avez-vous point pitié ?
Hola, Pamphile ; hola, Pamphile ; hola, Pamphile.
Tant d'éducation lui devient inutile.

PAMPHILE.

Qui m'appelle ?.... Je fuis perdu ! c'eft mon père !

Chrémès n'épargne rien pour engager Simon à écouter fon fils, mais Simon ne veut rien entendre.

Hé quoi, me faudra-t-il dans ces occafions
Chercher, choifir des mots & des expreffions ?
En eft-il d'affez forts ? Enfin ton Andrienne,
Qu'en dit-on à-préfent ? eft-elle citoyenne ?

PAMPHILE.

On le dit.

SIMON.

Jufte ciel ! quelle audace ! on le dit.

. . . .

PAMPHILE.

Que je fuis malheureux !

Simon.

Hé, ce n'eſt que d'aujourd'hui ſeulement que vous vous en appercevez? Ah! c'était autrefois, lorque vous vous mîtes dans la tête de vous ſatisfaire à quelque prix que ce fût, c'était ce jour - là que vous auriez pu dire avec vérité, *que je ſuis malheureux!* Mais que fais-je? pourquoi me tourmenter?... dois-je me punir de ſes fautes? Non, qu'il la garde, qu'il aille, qu'il vive avec elle.

Pamphile.

Oui, mon père, j'avoue que je l'aime, & ſi cet amour eſt un crime, j'avoue encore que je ſuis coupable. Impoſez-moi telle peine qu'il vous plaira, ordonnez. Voulez - vous que je prenne une autre femme, que j'abandonne celle-ci? je le ſupporterai comme je pourrai. Je ne vous demande qu'une ſeule grace, c'eſt de ne pas vous perſuader que j'ai apoſté ce vieillard. Permettez que je détruiſe ce ſoupçon, que je l'amène devant vous.

Le père y conſent, Criton paraît, Simon continue de le prendre pour un impoſteur, mais Criton ſe fait connaître, raconte l'hiſtoire du père de Glycérie qui ſe trouve fille de Chrémès & qui devient la femme de Pamphile. Celui-ci obtient la liberté de Dave auquel il accorde ſon affranchiſſement, & promet à Charinus d'employer tout ſon crédit auprès de Chrémès, pour lui faire obtenir la main de Philumène.

Nos lecteurs doivent sentir la raison qui nous a décidés à étendre l'analyse de cette Pièce, & plus il est étonnant que Térence l'ait composée si jeune, plus il est fâcheux que Rome l'ait perdu à la fleur de son âge, sur-tout dans un moment où il venait de faire de nouveaux efforts pour mériter les suffrages de ses concitoyens. C'est à Plaute, sans doute, que l'on doit ce sel comique dont Molière a si bien su faire usage, mais le Théâtre avait besoin d'un Poète qui le rendît plus décent; cet avantage était réservé à Térence, & sa plume a fait chez les Romains, ce que celle de Ménandre avait fait chez les Grecs. Ces deux exemples prouvent que la licence n'a point seule le droit de captiver l'attention du peuple, & qu'il n'est pas moins le partisan de l'Ecrivain qui l'attache par la pureté de ses idées, que de celui qui l'amuse par ses plaisanteries. L'*Andrienne Française* serait à tous égards un de nos meilleurs ouvrages, si le Traducteur avait eu la délicatesse & l'élégance du style de son modèle.

L'EUNUQUE.

PROLOGUE.

S'il est quelques personnes qui tâchent de plaire à la plupart des gens de bien & de n'offenser qui que ce soit, notre Poète fait profession d'être de ce nombre. Mais si le Traducteur de quantité de bonnes Pièces Grecques dont il a fait de mauvaises Comédies latines, s'est persuadé qu'on a parlé trop durement contre lui, qu'il fasse réflexion que loin de l'avoir provoqué, on n'a fait autre chose que repousser les premiers coups qu'il a portés. Cet Auteur est le même qui nous donna dernièrement la Comédie de Ménandre, intitulée *le Phantôme;* qui dans une autre appellée *le Trésor,* fit plaider celui sur qui on révendiquait ce trésor, & lui fit prouver qu'il était à lui, avant que le demandeur eût expliqué comment il lui appartenait, comment il avait éte mis dans le tombeau de son père. D'après les reproches qu'on lui adresse ici, qu'il n'aille pas s'abuser & se dire : M'en voilà quitte; Térence n'a plus rien à me reprocher. Qu'il ne s'y trompe pas, je l'en avertis, qu'il cesse de nous attaquer. Nous avons beaucoup d'autres défauts à reprendre en lui & dont on lui fait grace pour le présent, mais que l'on publiera dans la fuite, s'il continue de nous offenfer.

Lorfque les *Ediles* eurent acheté l'Eunuque de Ménandre, il vint à bout d'affifter à la répétition : les Magiftrats fe raffemblent, & l'on n'a pas plutôt commencé, qu'il s'écrie que c'eft un voleur, & non un Poète qui donne cette Comédie, que Nævius & Plaute ont fait anciennement le *Colax*, & que Térence y a pillé les perfonnages du Parafite & du Capitaine.

Si c'eft une faute, notre Poète l'a commife par inadvertance & fans avoir le deffein d'être plagiaire. Dans l'inftant, vous pourrez juger par vous-mêmes, fi ce que j'avance eft véritable. Le *Colax* eft de Ménandre : il a employé un Parafite de ce nom & un Soldat fanfaron : Térence convient qu'il a pris ces deux perfonnages dans la Pièce Grecque & qu'il les a fait paffer dans la fienne ; mais qu'il ait fu que ces Pièces euffent déja été traduites en latin, c'eft ce qu'il nie fortement. S'il n'eft pas permis de fe fervir des perfonnages que d'autres ont introduits, fera-t-il plus permis de mettre fur la fcène des efclaves qui courent, des matrones honnêtes, des courtifannes méchantes, un parafite gourmand, un foldat fanfaron, un enfant fuppofé, un vieillard trompé par un valet ? Sera-t-il plus permis de repréfenter l'amour, la haîne, les foupçons ? Enfin on ne dit rien aujourd'hui qui h'ait été dit autrefois. C'eft pourquoi il eft jufte que vous entriez dans ces raifons & que vous pardonniez aux Poètes modernes, s'ils font quelquefois ce que les anciens ont fait très-fouvent. Soyez-nous favorables, écoutez-nous avec attention, afin que vous puiffiez juger ce que vaut notre *Eunuque.*

Il fut joué pendant la fête de Cybèle, fous les *Ediles Curules* L. Poftumius Albinus, & L. Cornélius Mérula, par la Troupe de L. Ambivius Turpio & de L. Attilius de Préneste. Flaccus, affranchi de Claudius, fit la mufique dans laquelle il employa les deux flûtes droites. Cette même Pièce fut reprife & donnée deux fois fous le Confulat de M. Valérius, & de C. Fannius.

La courtifanne Thaïs a deux amans dont l'un eft un foldat fanfaron qu'elle ne reçoit que parce qu'il lui fait des préfens, & dont l'autre eft Phédria qu'elle aime réellement. Cependant ce dernier s'eft préfenté à fa porte, il n'a pu entrer, il en eft furieux & veut quitter fa maitreffe. Ecoutons ce qu'elle lui dit pour fe juftifier, & nous aurons une idée du fond de cette Comédie.

Ne vous affligez pas, mon cher Phédria : fi je ne vous ai pas reçu hier, ce n'eft pas que j'aime perfonne plus que vous, mais la circonftance l'exigeait, il le fallait..... Ma mère était de Samos & demeurait à Rhodes..... Là, un Marchand lui fit préfent d'une petite fille qui avait été prife dans l'Attique, dans ce pays-ci. Je crois qu'elle était citoyenne..... Elle difait bien le nom de fon père & de fa mère, mais pour fa patrie & les autres indices, elle n'en avait aucune connaiffance; elle était trop jeune pour cela. Le Marchand ajoutait avoir ouï dire aux Pirates qui la lui avaient vendue, qu'on l'avait enlevée des environs de Sunnium. Ma mère, fur ce rapport, en prit le plus grand foin, la fit inftruire, l'éleva comme fi elle eût été fa fille. Prefque tout le monde la croyait ma fœur. Dans le même tems, je vins ici avec un Etranger qui m'aimait, (le Capitaine, ou Soldat fanfaron.) & que fes affaires appellèrent en Carie : pendant fon abfence, je fis connaiffance avec vous. Vous favez, depuis ce tems-là, combien je vous chéris, combien je vous confie toutes mes penfées..... Ecoutez-moi, je vous prie. Ma mère eft morte à Rhodes depuis peu de tems. Son frère qui aime l'argent, a vu cette jeune fille qui à fes graces naturelles unit le talent de la Mufique, & dans l'efpoir d'en tirer un bon prix, ce frère n'a pas rougi de la mettre en vente. Le Capitaine s'eft trouvé là par hafard, & l'a achetée pour m'en faire préfent. Il arrive ici, mais de l'inftant qu'il s'apperçoit de mon intimité avec vous, il cherche des prétextes pour ne point me la donner. Il me dit qu'elle ferait à moi, s'il croyait avoir la préférence fur vous, s'il ne craignait pas d'être renvoyé, lorsque je l'aurai reçue..... Cependant pour plusieurs raisons, je désire la retirer de ses mains. La première, c'est qu'elle a passé pour ma sœur; la seconde, c'est que je veux la rendre à sa famille. Facilitez-m'en les moyens, souffrez que pendant quelques jours, je ne reçoive que le Capitaine.

Phédria y consent avec la plus grande répugnance, & se résigne à partir pour la campagne, après avoir donné ordre à Parménon de conduire chez Thaïs un Esclave d'Ethiopie & un Eunuque qu'elle a eu envie d'avoir à son service.

Le Capitaine arrive, & bien reçu par sa maitresse, il commande sur-le-champ qu'on lui amène Pamphila. (C'est le nom de la jeune fille dont nous avons parlé.) Chérée frère de Phédria, la voit passer, en devient amoureux, & emporté par la fougue de sa passion, il engage l'Eunuque à lui prêter ses habits. Sous ce déguisement, il se présente à Thaïs qui lui confie le soin de Pamphila. Il en abuse & la deshonore. Pamphila en fait les plaintes les plus vives, Thaïs découvre qu'elle est sœur de Chrémès citoyen d'Athènes; le père de Chérée se présente, arrange l'affaire & marie son fils avec Pamphila. Phédria revient, & Thaïs qui lui est fidèle, se donne à lui pour jamais. Le Capitaine demande pour toute grace,

qu'on lui accorde un petit coin dans la maison, &
Phédria y consent, parce que ce Capitaine peut
être utile pour fournir à la dépense. Ce dernier
trait ne fait point honneur à l'amant favorisé, &
nous sommes d'autant plus étonnés que Térence
lui ait donné cette façon de penser, que dans tout
le cours de la Pièce, il n'a montré d'autre défaut,
si c'en est un, que d'avoir l'amour le plus violent
pour Thaïs.

L'excès de cet amour est peint dans la première
scène qui nous a paru si belle, que nous avons cru
devoir la citer en entier : elle donnera une idée
de la manière dont cette Comédie est écrite, &
fera regretter à nos lecteurs, que les bornes de
nos extraits ne nous permettent pas d'entrer dans
le détail de celles qui la suivent.

PHÉDRIA.

Que faire donc ?... N'y point aller ? quoi ? lorfque de son propre mouvement elle m'envoie chercher !.... Ne dois-je pas plutôt prendre sur moi
& ne plus souffrir les affronts de ces créatures ?
Elle m'a chassé, elle me rappelle, & j'y retournerais ? Non, quand elle m'en supplierait.

PARMÉNON.

Rien de mieux, rien de plus courageux que
cette résolution, si vous pouvez l'exécuter. Mais
si vous le tentez & que vous n'ayez pas le courage

de

de perſévérer, ſi ne pouvant ſupporter ſon abſence, ſans qu'on vous rappelle, ſans avoir fait votre paix, vous allez de vous-même la trouver ; ſi vous lui laiſſez voir que vous l'aimez, que vous ne pouvez vivre ſans elle, c'en eſt fait, plus de reſſource, vous êtes perdu, elle vous jouera, lorſqu'elle vous verra ſubjugué.

PHÉDRIE.

Cela étant, Parménon, & pendant qu'il en eſt tems, ſonge bien ſérieuſement.

PARMÉNON.

Monſieur, une paſſion qui n'admet ni prudence, ni meſure, ne peut être gouvernée par la prudence. L'amour eſt ſujet à toutes ces viciſſitudes, injures, ſoupçons, brouilleries, raccommodemens. On fait la guerre, & puis la paix. Si vous prétendiez fixer par la raiſon, des choſes auſſi variables, vous n'y gagneriez pas plus que ſi vous tâchiez d'extravaguer avec ſageſſe : & tout ce que la colère vous ſuggère préſentement ! *Moi retourner chez une..... qui reçoit..... qui me refuſe..... qui n'a pas voulu..... laiſſe-moi faire..... j'aimerais mieux mourir. Elle verra quel homme je ſuis.* Je vous le jure, Monſieur, une ſeule petite larme trompeuſe qu'elle arrachera avec bien de la peine, à force de ſe frotter les yeux, éteindra toute cette

colère. Elle fera encore la première à vous fou-
mettre à la punition.

PHÉDRIE.

Ah ! quelle indignité ! préfentement je m'apperçois qu'elle eft une fcélérate, & moi un malheureux. Je meurs de honte & je brûle d'amour. Je
fens, je connais, je vois que je péris & je ne fais
quel parti prendre.

PARMÉNON.

Quel parti prendre ? Il n'en eft point d'autre
que de vous racheter de fon efclavage au meilleur marché que vous pourrez. Sinon, donnez
tout ce qu'on voudra, & ne vous tourmentez
point.

PHÉDRIE.

Tu me le confeilles ?

PARMÉNON.

Si vous êtes fage, n'ajoutez point de nouvelles
peines à celles que caufe l'amour, & fouffrez patiemment les chagrins qui en font inféparables....
Mais la voilà qui fort, celle qui nous ruine, qui
enlève ce que nous devons retirer de notre héritage.

Prêtons un inftant l'oreille au bon Lafontaine,
& nous verrons comment il a rendu cette fcène

dans son *Eunuque* qu'il a imité de Térence ; comment il s'est exprimé sur le compte de son modèle.

PARMÉNON.

Hé bien ! on vous a dit qu'elle était empêchée.
Est-ce là le sujet dont votre ame est touchée ?
Peu de chose en amour alarme nos esprits.
Mais il n'est pas besoin d'excuser ce mépris ,
Vous n'écoutez que trop un discours qui vous flate.

PHÉDRIE.

Quoi ! je pourrais encor brûler pour cette ingrate
Qui pour prix de mes vœux, pour fruit de mes travaux ,
Me ferme son logis & l'ouvre à mes rivaux ?
Non , non, j'ai trop de cœur pour souffrir cette injure.
Que Thaïs , à son tour , me presse & me conjure,
Se serve des appas d'un œil toujours vainqueur ,
M'ouvre, non-seulement son logis , mais son cœur ,
J'aimerais mieux mourir , qu'y rentrer de ma vie.
D'assez d'autres beautés Athènes est remplie :
De ce pas à Thaïs va le faire savoir ,
Et lui dis de ma part.....

PARMÉNON.
A Dieu , jusqu'au revoir.

PHÉDRIE.

Non, non, dis lui plutôt adieu pour cent années.

PARMÉNON.

Peut-être pour cent ans prenez-vous cent journées ,
Peut-être pour cent jours prenez-vous cent momens ,
Car c'est souvent ainsi que comptent les amans.

PHÉDRIE.

Je saurai déformais compter d'une autre forte.

PARMÉNON.

Pour l'éteindre fi-tôt, votre flâme eft trop forte.

PHÉDRIE.

Un fi jufte dépit peut l'éteindre en un jour.

PARMÉNON.

Plus ce dépit eft grand, plus il marque d'amour.
Croyez moi, j'ai de l'âge & quelque expérience :
Vous l'irez tantôt voir, rempli d'impatience ;
L'amour l'emportera fur cet affront reçu,
Et ce puiffant dépit que vous avez conçu,
S'effacera d'abord par la moindre des larmes
Que d'un œil quafi fec, mais d'un œil plein de charmes ;
En preffant fa paupière, elle fera fortir ;
Savante en l'art des pleurs, comme en l'art de mentir.
Et n'accufez que vous, fi Thaï en abufe,
Qui, dès le premier mot de pardon & d'excufe,
Lui direz bonnement l'état de votre cœur ;
Que bientôt du dépit l'amour s'eft fait vainqueur,
Que vous en feriez mort, s'il avait fallu feindre :
Quoi ! deux jours fans vous voir ! ah ! c'eft trop fe
    contraindre :
Je n'en puis plus, Thaïs, vous êtes mon defir,
Mon feul objet, mon tout : loin de vous, quel plaifir !
Cela dit, c'en eft fait, votre perte eft certaine :
Cette femme a dit-tôt, fine, adroite & hautaine,
Saura mettre a profit votre peu de vertu,
Et triompher de vous, vous voyant abbatu.

Vous n'en pourrez tirer que des promesses vaines ,
Point de soulagement, ni de fin dans vos peines ,
Rien que discours trompeurs , rien que feux inconstans ,
C'est pourquoi songez-y tandis qu'il en est tems :
Car étant rembarqué , prétendre qu'elle agisse
Plus selon la raison, que selon son caprice ,
C'est fort mal reconnaître & son sexe & l'amour ;
Ce ne sont que procès & querelles d'un jour ,
Que trèves d'un moment, ou quelque paix fourrée ,
Injure aussi-tôt faite , aussi-tôt réparée ,
Soupçons sans fondement , enfin rien d'assuré ,
Il vaut mieux n'aimer plus , tout bien consideré.

PHÉDRIE.

L'amour a ses plaisirs aussi-bien que ses peines.

PARMÉNON.

Appellez-vous ainsi des faveurs incertaines ,
Et si près de l'affront qui vous vient d'arriver ,
Faites-vous cas d'un bien qu'on ne peut conserver ?

. . . .

PHÉDRIE.

Tais-toi, j'entends du bruit, quelqu'un sort de chez elle.

PARMÉNON.

Que vous faites bon guet !

PHÉDRIE.

Si c'était ma cruelle.....

PARMÉNON.

Déja votre ... bons Dieux !..

PHÉDRIE.

Ah!..

PARMÉNON.

Retenez vos pleurs.

PHÉDRIE.

Je fais qu'elle eft perfide, & je l'aime, & je meurs,
Et je me fens mourir, & n'y vois nul remède,
Et craindrais d'en trouver, tant l'amour me poſsède.

PARMÉNON.

L'aveu me femble franc, libre, net, ingénu :

PHÉDRIE.

Tu vois en peu de mots, mes fentimens à nu.

PARMÉNON.

Si je les voyais feul, encor feriez-vous fage ?
Mais cette femme en voit autant, ou davantage,
Et connaît votre mal, non pas pour vous guérir.

PHÉDRIE.

Je ne vois rien d'aifé comme d'en difcourir,
Mais fi tu reſſentais une femblable peine,
Peut être verrais-tu ta prudence être vaine.

PARMÉNON.

Au moins, s'il faut fo ffrir, endurez doucement,
L'amour eft de foi-même aſſez plein de tourment,
Sans que l'impatience augmente encor le vôtre :
Au chagrin de ce mal n'en ajoutez point d'autre,
Aimez toujours Thaïs, & vous aimez auſſi.

PHÉDRIE.

Le conseil est fort bon, mais...

PARMÉNON.

Quoi, mais ?..

PHÉDRIE.

La voici.

PARMÉNON.

Sa présence met donc vos projets en fumée ?

PHÉDRIE.

Pour ne te point mentir, mon âme en est charmée &c.

Ce n'est ici, dit Lafontaine dans un Avertisse-
ment qu'il a mis à la tête de sa Pièce, ce n'est ici
qu'une médiocre copie d'un excellent original. Peu
de personnes ignorent de combien d'agrémens est
rempli l'*Eunuque latin*. Le sujet en est simple,
comme le prescrivent nos Maîtres ; il n'est point
embarassé d'incidens confus, il n'est point chargé
d'ornemens inutiles & détachés, tous les ressorts
y remuent la machine, & tous les moyens y ache-
minent à la fin. Quant au nœud, c'est un des plus
beaux & des plus connus de l'Antiquité. Cependant il se fait avec une facilité merveilleuse, &
n'a pas une seule de ces contraintes que nous
voyons ailleurs. La bienséance que Plaute ignorait,
s'y rencontre par-tout. Le Parasite n'y est point
goulu par de la vraisemblance, le Soldat n'y est

point fanfaron jusqu'à la folie ; les expreſſions y
ſont pures, les penſées délicates, & pour comble
de louanges, la nature y inſtruit tous-les perſonnages & ne manque jamais de leur ſuggérer ce qu'ils
ont à faire & à dire. . . . . Chacun ſait que l'ancienne
Rome faiſait ſouvent ſes délices de cet ouvrage,
qu'il recevait les applaudiſſemens des honnêtes gens
& du peuple, & qu'il paſſait alors pour une des
plus belles productions de cette Vénus Africaine
dont tous les gens d'eſprit ſont amoureux. Auſſi
Térence s'eſt-il ſervi des modèles les plus parfaits
que la Grèce ait jamais formés : il avoue être redevable à Ménandre de ſon ſujet, ainſi que des caractères du Paraſite & du Fanfaron. Je ne le dis
point pour rendre cette Comédie plus recommandable ; au contraire, je n'oſerais nommer deux ſi
grands perſonnages, ſans crainte de paſſer pour
profane & pour téméraire d'avoir oſé travailler
après eux, & manier indiſcrètement ce qui a paſſé
par leurs mains.

Un pareil éloge de la part de Lafontaine ne doit
laiſſer aucun doute ſur le mérite de l'*Eunuque*, &
ſi l'on veut ſe donner la peine de lire l'original, on
y trouvera toutes les beautés annoncées par ſon imitateur : nous connaiſſons peu d'ouvrage qui avec
une conduite auſſi ſimple, ſoit auſſi riche en incidens & en ſituations.

Horace & Perſe ont imité le fond de la pre-

mière scène que nous venons de citer, & ces deux
morceaux ne seront nullement déplacés dans cette
histoire dont il est à propos de rapprocher les différens traits que les Auteurs dramatiques ont fournis
aux Ecrivains de toute espèce. *Porrigis*, dit le premier, *Sat. 3, Liv. II*,

> *Porrigis irato puero cum poma recusat.*
> *Sume, catelle, negat. Si non des, optat. Amator*
> *Exclusus qui distat, agit ubi secum, eat, an non,*
> *Quo rediturus erat non accersitus, & hæret*
> *Invisis foribus ? Nec nunc cum me vocet ultrò,*
> *Accedam ? an potius mediter finire dolores ?*
> *Exclusit, revocat, redeam ? non, si obsecret. Ecce*
> *Servus non paulo sapientior. O here ! quæ res*
> *Nec modum habet, neque consilium, ratione, modoque*
> *Tractari non vult. In amore hæc sunt mala ; bellum,*
> *Pax rursum. Hæc si quis tempestatis prope ritu*
> *Mobilia, & cæca fluitantia forte laboret*
> *Reddere certa sibi ; nihilo plus explicet, ac si*
> *Insanire paret certa ratione, modoque.*

» Un enfant est en colère, présentez-lui des
» fruits, il n'en veut pas. Prenez-les, mon petit
» chat ? il refuse. Ne les offrez point, il les dé-
» sire. Un amant renvoyé est-il bien différent ?
» lorsqu'il délibère s'il ira ou non dans la maison
» où il irait si on ne le rappellait pas, lorsqu'il
» reste collé à la porte qu'il déteste. Quoi ! pré-
» sentement qu'elle m'invite, j'irais ? Ne dois-je
» pas songer plutôt à finir mes tourmens ? Elle m'a

» chaſſé, elle me rappelle, & j'y retournerais!
» Non, quand elle m'en ſupplierait. Ecoutons un
» valet bien plus ſage. O mon maître! une paſſion
» qui n'admet ni raiſon, ni prudence, ne peut
» être gouvernée par la prudence & la raiſon. L'a-
» mour eſt ſujet à toutes ces viciſſitudes; on fait
» la guerre & puis la paix. Si quelqu'un prétendait
» fixer en ſa faveur cette eſpèce de mer inconſtante
» dont un haſard aveugle ſoulève les flots, il n'y
» gagnerait pas plus que s'il voulait extravaguer
» avec raiſon & meſure «.

Dave, cito hoc credas jubeo, finire dolores
Præteritos meditor : (crudum Chæreſtratus unguem
Abrodens ait hæc) an ſiccis dedecus obſtem
Cognatis ? an rem patriam, rumore ſiniſtro,
Limen ad obſcœnum frangam, dum Chryſidis udas
Ebrius ante fores, extinčta cum face canto ?
Euge puer, ſapias : Diis depellentibus agnam
Percute. ſed cenſes plorabit, Dave, relictu.
Nugaris : ſoleá, puer, objurgabere rubrâ.
Ne trepidare velis, atque arctos rodere caſſes.
Nunc ferus & violens : & ſi vocet, haud mora, dicas,
Quidnam igitur faciam ? nec nunc, cum accerſor,& ultrò
Supplicet, accedam ? Si totus & integer illinc
Exieras, nec nunc.

» Dave, à l'inſtant, & je veux que tu m'en
» croies, je vais terminer mes anciens tourmens,
» (c'eſt Chéreſtrate qui parle en ſe rongeant les
» ongles juſqu'au ſang.) Voudrais-je ruiner &

» deshonorer mes fages parens ? Irais-je dans une
» maifon infâme engloutir mon patrimoine & ma
» réputation ? La porte de Chryfis, arrofée de mes
» larmes, me verrait éteindre mon flambeau, pour
» y chanter pendant la nuit une yvreffe amoureufe !
» —Courage, mon maître, devenez fage, im-
» molez une brebis aux Dieux qui vous guériffent.
» —Crois-tu, Dave, qu'elle pleurera lorfque je
» l'aurai abandonnée ? —Paroles perdues : mon
» pauvre maître, vous recevrez encore des coups de
» la pantoufle rouge. Ne vous débatez point, ne
» cherchez point à rompre les liens qui vous fer-
» rent. Vous voilà bien en colère, bien emporté,
» mais fi elle vous appellait, auffi-tôt vous diriez,
» que ferai-je donc ? quoi ! préfentement qu'elle me
» demande, qu'elle vient me fupplier, je n'y re-
» tournerais pas ? Si vous étiez forti entièrement
» de fon efclavage, vous ne diriez pas : quoi !
» préfentement «.....

Combien de fois, & fous différens termes, ce
morceau n'a t-il pas été employé dans nos Comédies ! combien n'y trouve-t-on pas de fcènes dont
le fond eft puifé dans les Ecrivains anciens qui tous
avaient la connaiffance la plus profonde du cœur
humain !

L'HEAUTONTIMORUMÉNOS.

PROLOGUE.

Messieurs, notre Poëte donne ici le rôle d'un jeune homme à un vieillard, & cette conduite vous paraîtrait étrange, si je ne vous disais quelle est sa raison. C'est ce que je ferai d'abord, & ensuite je vous expliquerai le sujet qui m'amène devant vous..... Cette Pièce est imitée en entier d'une seule Pièce grecque; notre Auteur en a doublé l'intrigue qui est simple dans l'original, & s'il m'a chargé du personnage que je vais jouer, c'est qu'il veut, non que je fasse un prologue, mais que je défende sa cause. Il vous prend pour Juges, & moi pour Avocat, mais vous ne trouverez d'autre éloquence dans mon plaidoyer, que celle que le Poëte y a mise.

A l'égard des bruits que répandent quelques gens mal intentionnés, que notre Auteur a mêlé ensemble plusieurs Pièces grecques pour en faire peu de latines, il convient de ce fait. Il dit qu'il ne s'en répent pas, qu'il espère faire encore la même chose, qu'il a l'exemple des bons Auteurs, & que cet exemple l'autorise à faire ce qu'ils ont fait.

A l'égard du Critique qui ne cesse de répéter que

Térence s'eſt mis tout d'un coup à travailler pour le Théâtre, comptant plus ſur le génie de ſes amis, que ſur ſes talens naturels, votre jugement & votre opinion détruiront ce reproche. La grace que je vous demande, Meſſieurs, c'eſt que les calomnies des méchans ne trouvent pas plus de crédit auprès de vous, que les diſcours de honnêtes gens. Favoriſez avec équité les progrès des Poètes qui vous donnent des Pièces nouvelles & ſans défauts groſſiers. J'ajoute ſans défauts, afin que cet Auteur qui dans ſa dernière Comédie a mis un Eſclave qui courait & devant qui le peuple s'enfuyait, afin, dis je, que cet Auteur ne s'imagine pas qu'on parle de lui : pourquoi Térence demanderait-il vos bontés pour un inſenſé ? Lorſque notre Ecrivain vous donnera quelque nouveauté, il vous entretiendra plus au long des fautes de cet extravagant, s'il ne met fin à ſes injures. Ecoutez ſans prévention, que votre ſilence facilite la repréſentation d'une Pièce qui eſt d'un caractère tranquille. Faites que je ne ſois pas toujours obligé de crier à haute voix, de m'excéder de fatigue pour jouer les rôles d'un Eſclave qui court, d'un Vieillard en colère, d'un Paraſite gourmand, d'un avare Marchand d'Eſclaves. En faveur de mon âge, Meſſieurs, trouvez bon qu'on épargne un peu ma peine, car les Auteurs qui travaillent aujourd'hui pour le Théâtre, ne ménagent point ma vieilleſſe.

Lorsqu'une Comédie est fatigante, on me l'apporte. Si elle est facile à jouer, on la donne à une autre Troupe. Le style de celle-ci est pur. Essayez ce que peuvent mes talens dans l'un & l'autre genre. Si jamais l'avarice ne m'a guidé dans ma profession, si j'ai regardé comme ma plus grande récompense l'honneur de servir à vos amusemens, faites en moi un exemple qui engage les jeunes Auteurs à chercher à vous plaire, plutôt qu'à s'enrichir.

Ce prologue fait voir que du tems de Térence, il y avait au moins deux Troupes de Comédiens à Rome, & que les bons Auteurs y étaient exposés, comme ils le sont aujourd'hui parmi nous, aux cabales odieuses que l'envie ne manque jamais de susciter contre les talens. Les hommes ont été les mêmes dans tous les siècles, & lorsque nous serons parvenus à l'époque de nos Théâtres, que de faits n'aurons-nous pas à citer sur les querelles que l'on y a vu naître, soit à l'égard des Acteurs, soit à l'égard des Pièces.

Celle-ci fut représentée pendant la fête de Cybèle, sous les *Ediles Curules* L. Cornélius Lentulus, & L. Valérius Flaccus, par la Troupe d'Ambivius Turpio, & d'Attilius de Préneste. Flaccus, affranchi de Claudius, en fit la musique qui la première fois fut jouée avec les flûtes inégales, & la seconde avec les deux flûtes droites. La même Pièce fut représentée une troisième fois sous le

Confulat de Titus Sempronius, & de Marcus Juventius.

Quelques détails renfermés dans la première fcène inftruiront le lecteur du fond de cette Comédie & lui donneront une idée de la clarté avec laquelle Térence expliquait fes fujets. C'eft un des objets auxquels un Ecrivain dramatique doit faire le plus d'attention; tel était le mérite des Anciens, & l'on en trouvera une nouvelle preuve dans les reproches honnêtes que le bon homme Chrémès adreffe au vieux Ménédème.

CHRÉMÈS.

Quoiqu'il y ait très-peu de tems que nous nous connaiffons, car c'eft feulement depuis que vous avez acheté un champ ici près, & nous n'avons guères eu d'autre liaifon. Cependant votre mérite, ou notre voifinage qui, à mon avis, tient le premier rang après l'amitié, m'enhardit à vous dire franchement que vous me paraiffez travailler plus que votre âge ne le permet & que ne l'exige votre fortune. Au nom des Dieux, quel eft votre deffein ? que cherchez-vous ? vous avez foixante ans & plus, fi je ne me trompe. Il n'y a point dans tout le canton, de terre qui foit meilleure, qui rapporte davantage que la vôtre. Vous avez plufieurs Efclaves, & vous faites leur ouvrage. J'ai beau fortir matin & rentrer tard, je vous vois toujours dans votre champ, bécher, labourer, ou porter quelque fardeau. Vous ne vous donnez pas un inftant de repos, vous ne vous ménagez point. Ce n'eft pas pour votre plaifir qne vous travaillez ainfi, j'en fuis bien sûr. Mais, me direz-vous, je ne fuis pas content de l'ouvrage que font mes Efclaves. Si vous preniez, pour les faire travailler, la peine que vous prenez pour travailler vous-même, vous avanceriez davantage..... Je fuis homme, rien de ce qui intéreffe un homme ne m'eft étranger. (*Homo fum, humani nihil à me alienum puto.*) Prenez ceci, ou pour des confeils que je vous donne, ou pour des inftructions que je vous demande. Ce que vous faites, eft-il bien ? je veux vous imiter. Eft-il mal ? j'ai deffein de vous en détourner.........

MÉNÉDÊME.

J'ai un fils unique à la fleur de fon âge. Hélas ! qu'ai-je dit ? j'ai ! non, Chrémès, je l'avais, & aujourd'hui, je ne fais fi je l'ai, ou non.

CHRÉMÈS.

Pourquoi cela ?

MÉNÉDÊME.

Vous allez le voir. Il y a ici une vieille Etrangère de Corinthe, qui eft fort pauvre. Mon fils eft devenu amoureux de fa fille, au point d'être tout prêt de l'époufer, & le tout à mon infçu. Lorfque

j'en

j'en fus informé, je commençai à le traiter, non comme il convenait de traiter un jeune homme dont l'efprit eft malade, mais avec la violence & la rigueur ordinaire des pères. Tous les jours je le grondais. Comment ? efpérez-vous qu'il vous fera long-tems permis de tenir une pareille conduite ? d'avoir, du vivant de votre père, une maitreffe que vous regardez pour ainfi dire comme votre femme ? vous vous trompez, Clinie, fi vous le croyez. Je veux bien vous avouer pour mon fils, tant que vous vous comporterez d'une manière digne de mon fils, mais fi vous ne le faites pas, je faurai bientôt comment je dois m'y prendre. Tout cela ne vient que de trop d'oifiveté. A votre âge, je ne m'occupais pas d'amourettes. La pauvreté me força d'aller porter les armes en Afie où par mon courage, j'acquis de l'honneur & du bien..... Enfin j'en vins au point, que ce jeune homme ennuyé de mes duretés continuelles, s'imagina que mon âge, mon affection pour lui, me rendaient plus éclairé fur fes intérêts, qu'il ne l'était lui-même, & il s'en alla fervir le Roi........ Il partit fans m'en prévenir, & depuis trois mois, il eft abfent..... Lorfque j'apprends fon départ de ceux qu'il avait mis dans fa confidence, je reviens chez moi fi trifte, fi chagrin, fi troublé, que je ne fais quel parti prendre. Je m'affieds, mes efclaves accourent & me deshabillent, les autres fe hâtent

de mettre le couvert, d'apprêter le foupé, chacun
fait de fon mieux pour adoucir ma peine. Lorfque
je vois cela, je me dis en moi-même : comment !
tant de gens empreffés pour me fervir feul, pour
me nourrir feul ! tant de fervantes occupées pour
me vêtir ! & mon fils unique qui devrait ufer de
ces biens comme moi, & plus que moi, puifqu'il
eft plus que moi dans l'âge de jouir, je l'aurai
chaffé, je l'aurai rendu malheureux par mon injuftice ! Je me croirais digne de tous les fupplices,
fi je continuais de vivre de la forte. Allons, tant
qu'il fera dans la mifère, tant qu'il fera éloigné de
fa patrie par ma dureté, je le vengerai fur moi-
même. Je travaillerai, j'amafferai, j'épargnerai,
le tout à fon intention. J'exécute ce projet, je ne
laiffe dans ma maifon ni vaiffelle, ni étoffes. Ser-
vantes, valets, excepté ceux qui par leurs travaux
ruftiques, peuvent m'indemnifer de leur dépenfe,
je les mène au marché & je les y vends. Je mets écriteau à ma porte, je ramaffe environ quinze *talens*,
j'achète cette terre & je m'y tourmente. J'ai jugé,
Chrémès, que je ferais un peu moins injufte envers
mon fils, fi je me rendais malheureux, & qu'il ne
m'était permis de jouir ici d'aucuns plaifirs, jufqu'à
ce que ce fils qui doit les partager avec moi, me
fût rendu fain & fauf.

CHRÉMÈS.

Je crois que vous êtes naturellement bon père,

& qu'il aurait été fils obéiſſant, ſi on l'eût traité avec douceur & juſtice; mais vous ne le connaiſſiez pas bien, & il ne vous connaiſſait pas plus..... Vous ne lui avez jamais montré combien vous l'aimiez; il n'a jamais oſé vous confier ce qu'un fils doit à ſon père, & ſi vous l'euſſiez fait tous deux, ceci ne vous ferait point arrivé.

Il conſole Ménédême & lui fait eſpérer que ſon fils reviendra; Ménédême n'oſe s'en flatter, & à peine s'eſt-il éloigné, que Clitiphon vient inſtruire Chrémès du retour de Clinie qui brûle toujours de l'amour le plus tendre pour ſa maitreſſe Antiphile, mais il n'oſe encore ſe montrer, dans la crainte que ſon père ne le traite avec la même rigueur.

- Ce Clitiphon eſt le fils de Chrémès, & trop ſage pour découvrir à ſon fils les véritables ſentimens de Ménédême, parce qu'il eſt perſuadé qu'un enfant ne devient raiſonnable qu'autant qu'il redoute le courroux de ſon père, Chrémès profite de la circonſtance pour faire une morale à Clitiphon qui de ſon côté, aime Bachis, courtiſanne auſſi adroite, auſſi prodigue, qu'Antiphile eſt économe & réſervée. C'eſt depuis peu, dit le jeune homme quand il eſt ſeul, c'eſt depuis peu que j'ai le malheur de l'aimer, & mon père ne le ſait pas encore.

Jaloux d'obliger Clinie qui eſt ſon ami, Clitiphon a dépêché ſon eſclave Syrus vers Antiphile pour la prier de ſe rendre chez Chrémès où Clinie

eſt venu loger en arrivant, & Syrus qui veut ſervir.
la paſſion de ſon maître, amène auſſi Bachis qui
paſſant pour être la courtiſanne de Clinie, ſera cenſée
avoir Antiphile à ſon ſervice. Clitiphon ne conçoit
rien à ce projet, mais celui de Syrus eſt de tirer de
l'argent de Chrémès, & il eſt aſſuré du ſuccès, ſi
Clitiphon veut ſe conduire ſagement, s'il veut ſe
contenir & n'être pas à chaque inſtant ſur les pas de
Bachis, enfin s'il parvient à être aſſez réſervé pour
ne pas faire appercevoir au vieillard que cette Bachis eſt effectivement ſa maitreſſe. Elle arrive avec
Antiphile : celle-ci, d'après la certitude qu'on lui
a donnée de revoir ſon cher Clinie dont elle n'a
ceſſé de pleurer l'abſence & dont le retour lui
fait l'impreſſion la plus vive ; l'autre, dans l'eſpérance de toucher dix *mines* que Syrus lui a promiſes, ſi elle voulait le ſuivre.

On les conduit toutes les deux chez Chrémès
qui conſent à les traiter, & pendant qu'elles y
ſont, il ſe hâte d'inſtruire Ménédême du retour
de Clinie, non pour lui faire pièce, mais pour
tirer ſon malheureux père de l'inquiétude qui le
tourmente. Ménédême ſe livre à la joie la plus
vive, & la prétendue paſſion que Clinie reſſent
pour Bachis, l'empreſſement qu'il a eu de la voir,
les dépenſes qu'il ne manquera pas de faire pour
elle, tout lui paraîtra bon, pourvu que ſon fils
ne le quitte plus. Chrémès lui repréſente qu'il va

tomber dans une extrémité oppofée à celle qu’il a dû fe reprocher, mais Ménédême ne veut rien entendre, & la feule chofe qu’il accorde à fon ami, c’eft de donner fans avoir l’air de donner, c’eft-à-dire de fe laiffer duper par ce fils qui fûrement ne tardera pas à imaginer quelque rufe pour attraper l’argent dont il aura befoin. Il va même jufqu’à prier Chrémès de faire enforte qu’on le trompe bien vîte ; Chrémès le lui promet, & dans la fcène fuivante, il fait entendre à Syrus qu’un efclave n’eft point répréhenfible, quand il ne ment que dans la vue de faire du bien; que celui de Clinie aurait dû, plutôt que de le laiffer partir, inventer quelque ftratagême pour voler fon père auquel il aurait épargné les chagrins que fon abfence lui a fait fouffrir, & qu’il ferait à défirer que ce même Clinie fût confeillé par quelque habile intriguant qui lui aidât à fourber Ménédême.

S y r u s (à part.)

Je ne fais s’il plaifante, ou s’il parle férieufement : mais je fais qu’il augmente l’envie que j’avais de le tromper.

C h r é m è s.

Tu devrais t’en charger.

S y r u s.

Je le puis, fi vous me l’ordonnez......

L 3

Chrémès.

Tant mieux. Agis donc.

Syrus.

Volontiers. Mais écoutez, Monfieur, tâchez de vous fouvenir de ce que vous venez de me dire, fi par hafard il arrivait que votre fils Clitiphon fît quelque chofe de femblable.....

Chrémès.

Cela n'arrivera pas, j'efpère.

Syrus.

Je l'efpère bien auffi vraiment, & ce que je vous en dis, ce n'eft pas que j'aie remarqué en lui aucune chofe.... Mais fi l'amour.... N'allez pas.... Vous voyez combien il eft jeune, & fi l'occafion s'en préfentait, je pourrais, ma foi, vous en donner d'importance.

Chrémès.

Quand nous en ferons-là, nous verrons, mais à-préfent, fais ce que je t'ai dit.

Syrus eft enchanté de l'ordre qu'il vient de recevoir, & Chrémès qui l'a quitté pour entrer chez lui, reparaît la minute d'après avec Clitiphon contre lequel il eft furieux : il l'a trouvé prenant la gorge de Bachis & il le gronde vivement du peu de refpect qu'il a pour la maitreffe de fon ami. Syrus prend le parti du père, & dans la crainte que Clitiphon ne commette encore quelque étourderie qui dérangerait fes projets, il lui fait ordonner par Chrémès de s'éloigner de la maifon.

Et la fourberie dont je t'ai parlé, dit le bon homme à l'efclave. Je l'ai trouvée, reprend celui-ci : mais comme une chofe en rappelle une autre !.... C'eft une rufée que cette Bachis..... Si vous faviez..... Voyez ce qu'elle machine : il y avait ici une vieille femme de Corinthe, à qui elle avait prêté mille *drachmes*..... Cette vieille eft morte, mais elle a laiffé une fille toute jeune qui eft reftée à Bachis pour gage de cet argent : elle l'a amenée ici avec elle, mais ce n'eft pas tout. — Eh bien ? —Elle prie Clinie de lui remettre aujourd'hui ces mille *drachmes* en échange defquelles il aura la fille, & Clinie me les demande. —Qu'as-tu deffein de faire ? —Moi ? j'irai trouver Ménédême, je lui dirai que cette fille a été enlevée de la Carie, qu'elle eft riche, de bonne famille, & que s'il la rachète, il y a beaucoup à gagner.

Sur ces entrefaites, fe préfente Softrate femme de Chrémès ; elle l'appelle à grands cris, le trouve & lui apprend que tout lui fait préfumer qu'Antiphile qui eft chez lui avec Bachis, eft cette même fille qu'il lui défendit d'élever, lorfqu'elle en acoucha, que l'anneau qu'elle porte à fon doigt, eft le même qu'elle avait caché dans fes langes, lorfqu'elle la remit à une vieille Corinthienne qui fe chargea de fon éducation, & qu'elle le prie de lui pardonner

la faute qu'elle a commife en ne tuant pas cet enfant, comme il le lui avait ordonné.

Voilà de ces traits qui font contre nos mœurs,
mais dont on ne fera point un crime à Térence,
lorfque l'on faura que les Grécs avaient la barbarie
de facrifier les infortunés qui naiffaient avec quelque défaut, ou qui étaient d'un fexe oppofé à celui
qu'ils défiraient : telle avait été fans doute la cruauté
de Chrémès qui reproche à fa femme la défobéif-
fance dont elle s'eft rendue coupable, mais qui cependant ne fera pas fâché de fe voir une fille, fi
Softrate ne s'eft point trompée dans fes conjec-
tures.

Cet évènement déconcerte le projet de Syrus, &
pour en affurer le fuccès, il ne trouve d'autre
moyen que d'engager Clinie à conduire Bachis dans
la maifon même de fon père, de lui avouer qu'il
brûle d'époufer Antiphile, & que l'autre eft la
maitreffe de Clitiphon. Ce deffein eft un coup de
maître, ajoute-t-il, & c'eft pour moi le plus beau
triomphe de trouver dans ma tête une rufe fi efficace, que je tromperai les deux vieillards en di-
fant la vérité ; de forte que quand votre père viendra dire au nôtre que Bachis eft la maitreffe de
fon fils, il eft certain qu'il n'en croira rien.

Mais c'eft trahir Clitiphon, lui repréfente Clinie qui fait que fon Antiphile eft fille de Chrémès,
& qui n'afpire qu'au moment d'être fon époux,

c'eſt m'ôter toute eſpérance de mariage, attendu
que Chrémès ne me donnera point ſa fille, tant
qu'il croira que j'aime Bachis. — Hé patience ! je
n'ai beſoin de cette ruſe que pour tirer de l'argent,
& je ne vous demande qu'un jour. — Mais ſi !
— Mais ſi ! n'êtes-vous pas le maître de tout découvrir quand vous le voudrez.

Clinie cède aux inſtances de Syrus , & Syrus lui
envoie Bachis qui ſe plaint très-hautement de n'a-
voir pas déja touché les dix *mines* qu'on lui a promiſes : le fourbe l'appaiſe, & il la fait conſentir
à entrer chez Ménédême d'où ſûrement elle ne
ſortira pas ſans avoir ce qu'elle demande.

Chrémès arrive & plaint de bon cœur le ſort de
ſon voiſin qui va payer bien cher le retour d'un fils
dont l'abſence le déſolait : Syrus qui l'aborde, lui
apprend qu'il a trompé Ménédême, Chrémès lui
en fait le meilleur gré, & le coquin d'eſclave eſt
trop adroit pour ne pas profiter du moment. Ah !
lui dit-il, ſi vous ſaviez la bonne ruſe que j'ai imaginée ! — Quelle eſt-elle ? — Clinie a dit à ſon
père que Bachis eſt la maitreſſe de votre fils, &
qu'il l'a emmenée avec lui pour vous en ôter tout
le ſoupçon. — Fort bien. — Mais écoutez la ſuite
de notre artifice. Clinie ajoutera qu'il a vu votre
fille, qu'à la première vue, ſa figure lui a plu, &
qu'il déſire l'épouſer. — Quoi ? celle qu'on vient
de retrouver ? — Elle-même , & il vous la fera

demander. — Pourquoi cela ? je n'y conçois rien du tout. — Avez-vous donc l'esprit bouché ? On lui donnera de l'argent pour la noce, les bijoux, les robes, comprenez-vous ? — Oui, mais moi, je ne lui promets pas ma fille. — Soit, & les mille *drachmes* qu'elle doit à Bachis ? — Elle les aura.

Chrémès va les chercher, les remet à Clitiphon même qui court les porter à sa maitreffe, & à peine s'eft-il éloigné, que l'on voit paraître Ménédême qui vient faire part à son ami du mariage que Clinie veut contracter avec Antiphile. Chrémès rit de sa bonne-foi & lui rend mot pour mot tout ce que Syrus vient de lui dire, mais la tendreffe de Ménédême l'emporte, & quelques piéges que lui tende son fils, il aime mieux tout donner, que de s'expofer à la douleur de le voir partir une seconde fois.

Cependant, ajoute-t-il, quelle réponfe lui rendrai-je de votre part, Chrémès ? car je ne veux pas qu'il s'apperçoive que j'ai découvert sa rufe, il en aurait du chagrin.

C H R É M È S.

Dites-lui que vous m'êtes venu trouver, que vous m'avez parlé de ce mariage.

M É N É D Ê M E.

Je le dirai : enfuite ?

CHRÉMÈS.

Que je ferai tout ce qu’on voudra, que le gendre me plaît &c.....

MÉNÉDÊME.

C’eſt ce que je voulais.

CHRÉMÈS.

Afin qu’il vous demande au plutôt de l’argent,
(pour faire les dépenſes du mariage) & que vous
lui donniez ce que vous avez envie de lui donner.

MÉNÉDÊME.

C’eſt ce que je déſire.

Dans l’intervalle du quatrième au cinquième
Acte , Ménédême s’eſt inſtruit de la vérité , & cet
incident produit une ſcène originale entre lui &
Chrémès qui eſt bien loin de ſoupçonner l’amour
dont Clitiphon brûle pour Bachis.

Je ne ſuis, dit Ménédême ſeul & en arrivant,
je ne ſuis ni bien fin, ni bien clairvoyant, je le
ſais. Mais ce Chrémès qui s’en vient m’aider, me
conſeiller, me ſouffler, l’eſt encore moins que
moi. Tous les noms qu’on donne à un ſot, me
vont à merveille : on peut m’appeller *bûche, ſou-
che, âne, lourdaut :* pour Chrémès, aucune de
ces épithètes ne lui convient, ſa bêtiſe les ſurpaſſe
toutes.

CHRÉMÈS (*à sa femme qui est restée dans
la maison.*)

Cessez, ma femme, cessez d'étourdir les Dieux
à force de les remercier de ce que vous avez retrouvé votre fille. A moins que vous n'imaginiez
qu'ils vous ressemblent & qu'ils ne comprennent
rien, si on ne le leur répète cent fois. (*A part.*)
Mais pourquoi mon fils & Syrus demeurent-ils si
long-tems chez Ménédême ?

MÉNÉDÊME.

Quels gens dites-vous, Chrémès, qui demeurent
trop long-tems ?

CHRÉMÈS.

Ha ! vous voilà, Ménédême ? eh bien avez-vous
annoncé à Clinie ce que je vous ai dit ?

MÉNÉDÊME.

Oui, tout.

CHRÉMÈS.

Que dit-il ?

MÉNÉDÊME.

Il s'est livré à la joie comme ceux qui désirent
se marier.

CHRÉMÈS.

Ha, ha, ha.....

MÉNÉDÊME.

Qu'avez-vous à rire ?

CHRÉMÈS.

C'eſt que je ſonge aux fineſſes de Syrus.

MÉNÉDÊME (*ironiquement.*)

Oui.

CHRÉMÈS.

Le ſcélérat donne auſſi aux gens l'air qu'il veut.

MÉNÉDÊME.

Dites-vous cela parce que mon fils a feint d'être joyeux ?

CHRÉMÈS.

Oui.

MÉNÉDÊME.

La même choſe m'eſt auſſi venue en penſée.

CHRÉMÈS.

Qu'il eſt ruſé !

MÉNÉDÊME.

Si vous le connaiſſiez mieux, vous le trouveriez encore plus ruſé.

CHRÉMÈS.

Que voulez-vous dire ?

MÉNÉDÊME.

Tenez , écoutez.

CHRÉMÈS.

Un inſtant. Avant tout, je voudrais ſavoir com-

bien on vous a excroqué; car dès que vous avez
dit à votre fils que j'avais promis, sans doute que
Dromon vous a instruit doucement qu'il fallait à la
future des robes, des bijoux, des esclaves, & cela
pour vous tirer de l'argent.

MÉNÉDÊME.

Non.

CHRÉMÈS.

Comment, non ?

MÉNÉDÊME.

Non, vous dis-je.

CHRÉMÈS.

Ni votre fils non plus ?

MÉNÉDÊME.

Pas un mot : la seule chose qu'il m'ait demandée
avec instance, c'est de terminer son mariage aujourd'hui.

CHRÉMÈS.

Ce que vous me dites là m'étonne. Et mon Syrus ? il ne vous a rien dit non plus.

MÉNÉDÊME.

Rien.

CHRÉMÈS.

Pourquoi cela ?

MÉNÉDÊME.

Je l'ignore en vérité. Mais je vous admire

vous qui favez fi bien les affaires des autres. Ce
même Syrus a fi bien inftruit votre Clitiphon, qu'il
n'eft pas poffible de fe douter que Bachis foit la
maitreffe de Clinie.

C H R É M È S.

Que voulez-vous dire ?

M É N É D Ê M E.

Je ne parle ni des baifers, ni des embraffemens ;
je compte cela pour rien.

C H R É M È S.

Comment ? peut-on mieux feindre ?

M É N É D Ê M E.

Ah !

C H R É M È S.

Qu'y a-t-il ?

M É N É D Ê M E.

Ecoutez feulement. J'ai au fond de ma maifon ,
fur le derrière, un cabinet dans lequel on a porté
& arrangé un lit.

C H R É M È S.

Eh bien ?

M É N É D Ê M E.

Clitiphon y eft entré.

C H R É M È S.

Seul ?

MÉNÉDÊME,
Seul.

CHRÉMÈS.

Que je crains !

MÉNÉDÊME.

Mais Bachis l'a suivi de près..

CHRÉMÈS.
Seule ?

MÉNÉDÊME.
Seule.

CHRÉMÈS.

Je suis perdu.

MÉNÉDÊME.

Aussi-tôt entrés, ils ont fermé la porte.

CHRÉMÈS.

Ah !.... Et Clinie voyait tout cela ?

MÉNÉDÊME.

Pourquoi non ? il était avec moi.

CHRÉMÈS.

Bachis est la maitresse de mon fils. Mon ami ;
je suis mort !

MÉNÉDÊME.
Pourquoi ?

CHRÉMÈS.

Mon bien ne durera pas dix jours.

MÉNÉDÊME.

MÉNÉDÊME.

Quoi ! vous craignez parce qu'il sert son ami ?

CHRÉMÈS.

Dites plutôt son amie.

MÉNÉDÊME.

Si c'est lui qui paye.....

CHRÉMÈS.

En doutez-vous ? Quelqu'un est-il assez complaisant, assez doux, pour souffrir qu'en sa présence, sa maitresse ?....

MÉNÉDÊME.

Pourquoi non ? pour mieux m'en faire accroire.

CHRÉMÈS.

Vous raillez ? Que j'ai raison d'être en colère contre moi-même ! combien ne m'ont-ils pas donné d'indices qui devaient me le faire deviner, si je n'étais pas une cruche ! Que n'ai-je pas vu ! que je suis à plaindre ! Mais si je vis, ils ne le porteront pas loin, car tout-à-l'heure.....

MÉNÉDÊME.

Pourquoi ne pas vous modérer ? pourquoi ne pas vous ménager ? ne suis-je pas un assez bel exemple pour vous ?

CHRÉMÈS.

Je suis si fort irrité, que je ne me possède pas.

Tome VI. Part. I.   M

MÉNÉDÊME.

Eft-ce vous, Chrémès, qui parlez ainfi ? n'êtes-
vous pas honteux de donner des confeils aux autres ? d'être fi fage en ce qui les regarde, & de
l'être fi peu dans vos propres affaires ?

CHRÉMÈS.

Que voulez-vous que je faffe ?

MÉNÉDÊME.

Ce que vous m'avez reproché de n'avoir pas fait.
Faites-lui connaître que vous êtes père. Faites qu'il
ofe vous confier tous fes fecrets, vous demander
tout ce qui lui fera néceffaire, afin qu'il ne s'adreffe
pas ailleurs, .qu'il ne vous abandonne pas.

CHRÉMÈS.

Non, qu'il aille périr de misère au bout du
monde.

MÉNÉDÊME.

Que de chagrins vous vous préparez, fi vous n'y
prenez garde ! Vous agirez avec févérité, enfuite
vous pardonnerez, & l'on ne vous en faura pas
de gré.

CHRÉMÈS.

Hélas ! vous ne favez pas combien je fuis affligé.

MÉNÉDÊME.

Faites comme il vous plaira. Mais que répondez-vous à la proposition que je vous fais de marier votre fille avec mon fils ?

CHRÉMÈS.

Le gendre & l'alliance me conviennent..... Deux *talens*, en raison de mon bien, font la feule dot que je puiffe accorder. Mais fi vous m'aimez, fi vous voulez fauver mon fils & ma fortune, il faut dire que je donne tout en mariage à ma fille.

MÉNÉDÊME.

Quel eft votre deffein ? pourquoi en agiffez-vous de cette manière ?

CHRÉMÈS.

Pour dompter ce libertin abandonné au luxe & à la débauche, pour le réduire à ne favoir où donner de la tête.

Clitiphon paraît, il eft inftruit, on ne fait pas comment, de la réfolution que fon père vient de prendre, & ce père lui répète qu'il abandonne tout fon bien à fa fœur Antiphile qui fera chargée de l'habiller, de le nourrir & de le loger. Quelle injuftice ! s'écrie Syrus. Quoi ! le punir d'une faute que j'ai commife ? Ne te mêle point de nos affaires, répond Chrémès à l'efclave. Perfonne ne l'accufe. Je ne fuis nullement en colère ni contre toi, ni contre lui : il n'eft pas jufte non plus que vous vous fâchiez de ce que je fais.

Le vieillard fort, Clitiphon eſt au déſeſpoir, & après quelques plaiſanteries qu'il trouve très-déplacées dans un moment ſi triſte, Syrus s'aviſe de lui dire que ſûrement il n'eſt point le fils de Chrémès & de Soſtrate.

Clitiphon.

Es-tu fou ?

Syrus.

Ecoutez - moi, & vous me jugerez. Pendant qu'ils n'avaient que vous, ils vous traitaient avec indulgence & vous faiſaient des préſens. Aujourd'hui qu'ils ont trouvé leur véritable fille, ils imaginent un prétexte pour vous chaſſer…. Voyez-les, dites-leur votre façon de penſer. Par ce moyen, ſi vous êtes leur fils, vous les amenerez bientôt à vous pardonner. S'il en eſt autrement, vous ſaurez à qui vous êtes.

Clitiphon ſuit le conſeil de Syrus & va trouver Soſtrate & Chrémès : à peine s'eſt-il éloigné, qu'on les voit paraître, Syrus les évite, & malgré les duretés dont ſon mari l'accable, Soſtrate continue de gémir ſur le ſort de Clitiphon que ſon père traite avec trop d'inhumanité. Le jeune homme les aborde & leur demande le nom de ceux qui lui ont donné le jour : Chrémès lui reproche le dé-règlement de ſa conduite, Ménédême intercède pour lui, & Chrémès ne pardonne à ſon fils, qu'à condition qu'il se mariera. Clitiphon y consent, Syrus obtient sa grace, & Bachis est oubliée.

Le fond de cette Comédie paraîtrait vicieux sur nos Théâtres, du moins à quelques égards, mais elle est remplie de détails qui sont du meilleur comique : toutes les scènes des deux Vieillards sont gaies, ou intéressantes ; les caractères de Bachis, d'Antiphile, de Sostrate, de Syrus, des deux Amans, y sont parfaitement soutenus depuis le commencement jusqu'à la fin, & nous connaissons peu de Pièces dont les incidens se multiplient avec autant de vraisemblance, dont l'intrigue soit filée avec autant d'art.

LES ADELPHES.

PROLOGUE.

PUISQU'ON fait des observations malignes sur les Ouvrages de notre Poète, puisque ses ennemis cherchent à décrier la Pièce que nous allons jouer, il va lui-même être son propre accusateur : vous jugerez, Messieurs, si ce qu'on lui reproche est digne de louange, ou de blâme.

Diphile a fait une Pièce dont le titre grec signifie les *Mourans ensemble*. Plaute en a fait une Comédie latine sous le même titre. Dès le pre-

mier Acte de la Pièce grecque, un jeune homme
enlève une fille chez un Marchand d'Esclaves.
Plaute n'a point fait usage de cet incident. Térence
l'a employé mot à mot dans les *Adelphes* que nous
allons représenter pour la première fois. Jugez,
Messieurs, si Térence a fait un larcin à Plaute, ou
s'il a pris un passage dont celui-ci a négligé de se
servir.

Lorsque ces envieux disent que des hommes
illustres aident à notre Poète & travaillent conti-
nuellement avec lui, ils croient lui faire un reproche bien offensant : Térence, au contraire, serait très-honoré de plaire à des hommes qui ont
servi la République dans la paix comme dans la
guerre, d'avoir obligé chaque Citoyen dans ses
affaires particulières, & cela sans en être vains.....
N'attendez pas que je vous expose le sujet de cette
Pièce. Les Vieillards qui paraîtront les premiers
sur la scène, en expliqueront une partie & déve-
loperont le reste dans le courant de l'action. Puisse
votre bonté animer les talens de notre Poète &
l'encourager à donner de nouveaux Ouvrages !

Le Grand connaissait le mérite de Térence ; son
Ecole des Pères est prise en entier dans les
Adelphes, l'exposition est la même dans les
deux Auteurs, & la première scène du Poète Français est une copie littérale de celle de l'Auteur Latin. Ecoutons celle-ci.

MICION (*seul, se retournant vers sa maison.*)

STORAX (voyant qu'on ne lui répond point.) Eschinus n'est pas revenu cette nuit de souper, ni aucun des esclaves qui étaient allés au-devant de lui. On a, ma foi, raison de dire : Si vous êtes absent, si vous vous arêtez quelque part, il vaudrait mieux qu'il vous arrivât tout ce que dit & pense une femme en colère, que ce que craignent de tendres parens. Si vous tardez, une femme s'imagine que vous vous amusez à faire l'amour, ou à boire, que vous vous donnez du bon tems & que vous prenez du plaisir seul, tandis qu'elle a toute la peine ; & moi, parce que mon fils n'est pas revenu, que n'imaginai-je pas ? de quelles inquiétudes ne suis-je pas tourmenté ? je crains qu'il n'ait eu froid, qu'il ne soit tombé dans quelque précipice, qu'il ne se soit brisé quelque membre. Quelle folie ! s'affectionner pour quelqu'un, s'attacher à lui au point de le chérir plus qu'il ne se chérit lui-même. Il n'est cependant pas mon propre fils, c'est celui de mon frère, & d'un frère qui ne me ressemble en rien..... Je ne me suis jamais marié, j'ai mené à la Ville une vie douce & tranquille ; il a fait tout le contraire, & retiré à la campagne, il a vécu avec la plus grande économie ; il a eu deux enfans, j'ai adopté l'aîné..... J'en ai fait mon ami & je l'ai accoutumé à me confier tous les petits

tours de jeuneſſe que les autres cachent à leurs parens..... Je crois qu'il vaut mieux retenir les enfans par l'honneur que par la crainte. Mon frère
n'eſt pas de cet avis & ſouvent il vient me corner
aux oreilles : Que faites-vous , Micion ? pourquoi
perdez-vous notre jeune homme ? pourquoi a-t-il
des maitreſſes ? pourquoi fourniſſez-vous à toutes
ſes dépenſes &c ?.... L'épine , dit Télamon dans
la première ſcène du premier Acte de *le Grand :*

L'Epine , hola quelqu'un. Il n'eſt pas de retour.
Mon fils aura pouſſé le ſoupé juſqu'au jour.

. . . .

Lorſqu'abſent de chez vous, on ignore où vous êtes ,
Tout ce que votre femme alors croit que vous faites ,
Ce que lui fait penſer un mouvement jaloux ,
Souhaitez bien plutôt qu'il vous arrive à vous ,
Que ce que penſe hélas ! un véritable père
En l'abſence d'un fils. . . . .

. . . .

Eraſte , cet objet de mes tendres déſirs ,
Sans lequel je ne puis goûter de vrais plaiſirs ,
A qui dès le berceau j'ai tenu lieu de père ,
N'eſt pourtant pas mon fils , c'eſt le fils de mon frère &c.

Ce monologue eſt traduit mot pour mot de Térence, ainſi que la ſcène ſuivante dans laquelle Déméa,
le véritable père du jeune homme , vient reprocher à
Micion d'être la cauſe de la perte de ce fils qu'il
idolâtre , de ce fils qui n'a honte de rien , qui ſe
croit au-deſſus des loix & qui, cette nuit même en-

core, a commis l'action la plus odieuse. —Qu'est-ce
que c'est ? —Il a enfoncé une porte, il est entré
avec violence dans une maison, il a laissé pour
morts le maître & toute la famille, & cela pour
enlever une femme dont il est amoureux. Tout le
monde crie, tout le monde m'a salué de cette nouvelle à mon arrivée..... S'il lui faut un exemple,
ne voit-il pas son frère s'appliquer à ses affaires,
vivre aux champs avec sagesse & sobriété?

Assisté de bandits qui lui prêtaient main-forte,
Il vient, tout à l'instant, d'enfoncer une porte.
Dans la maison forcée ensuite il est entré,
Menaçant, assommant ce qu'il a rencontré,
Ayant roué de coups la servante & le maître ;
Et ceux-ci n'osant plus ni crier, ni paraître,
Le pendard s'est servi de cet heureux moment,
Pour enlever l'objet qu'il aime apparemment.
On n'entend que ces mots : Au sein de sa famille ,
Vient-on impunément enlever une fille ?
Devineriez-vous bien, en arrivant à moi,
Combien de mes amis ?.... Plus de cent que je croi ,
Me sont venus conter cette belle aventure,
Tout le monde se plaint, tout le monde murmure,
Et l'on ne doute point que la punition
Ne suive de bien près une telle action.
Quelle comparaison, dites-moi, peut-on faire,
Et quel rapport voit-on entre Éraste & son frère ?
Celui-ci vit aux champs, sage, épargnant son bien ;
L'autre insulte les gens & mange tout le sien.
Le scélérat !.... Peut-on avoir tant de bassesse !....

C'eft à vous, s'il vous plaît, que ce difcours s'adreffe ,
Mon frère, car c'eft vous qui me l'avez perdu.

TÉLAMON.

A de pareils difcours je m'étais attendu.
On aurait de la peine à retrouver, je penfe,
Tant de préfomption jointe à tant d'ignorance,
Sur ce qu'il n'entend point, il décidera net,
Et n'eft jamais content que de ce qu'il a fait.

ALCÉE.

Qu'eft-ce à dire cela ?

TÉLAMON.

        C'eft-à-dire, mon frère.
Que le bon fens vous fuit, foit dit fans vous déplaire;
Que vous prenez le faux en toute occafion,
Et ne fuivez jamais que votre paffion.
Contre Erafte toujours le dépit vous anime;
Rompre une porte enfin, n'eft pas un fi grand crime.
Pour un moment du moins, calmez votre fureur,
Examinons la chofe avec moins de rigueur.
Il ne hait pas l'amour, quelque Belle l'enflâme :
A fon âge..... (Montrons jufqu'au fond de notre âme.)
Tout nous manquait alors, & fans cela, ma foi,
Peut-être euffions nous fait pis que lui, vous & moi.
. . . . Il faudrait entre nous :
A ce fils fi parfait qui demeure avec vous,
Sans attendre plus tard, tandis qu'il eft dans l'âge,
Du monde & des plaifirs lui permettre l'ufage,
De crainte que bien loin de pleurer votre mort,
Plus fou, moins jeune alors, il ne prenne l'effor.

ALCÉE.

Cet homme me ferait devenir fou. J'enrage !
Mais votre élève enfin n'est-il pas dans un âge ?...

TÉLAMON.

Quel plaisir prenez-vous à me persécuter ?
Ecoutez franchement, je n'y puis résister.
J'adoptai votre aîné dès l'âge le plus tendre,
C'est mon fils, je n'ai plus de compte à vous en rendre,
Que chacun, s'il vous plaît, soit le maître chez soi &c.

. . . .

ALCÉE.

Oh bien, n'en parlons plus, faites ce qui vous plaît.
Qu'il dépense, qu'il joue & qu'il se fasse pendre,
C'est à vous, à vous seul, à qui l'on doit s'en prendre....
Si j'en dis un seul mot &c.....

TÉLAMON, *seul.*

Quoique la passion un peu trop loin l'engage,
Le pauvre homme en ceci n'a pas tout-à-fait tort ;
Mais il ne fallait pas en convenir d'abord.
Il faut lui résister pour le rendre traitable ;
Pour peu qu'on l'applaudisse, il est insupportable :
En ces occasions, je le combats sur-tout,
Et quelquefois encor je n'en viens pas à bout.

C'est Térence que nous avons cité en donnant l'analyse de cette scène, & bien loin d'en faire un crime à le Grand, on ne doit que lui savoir gré d'avoir transmis dans notre langue toutes les beautés de son original.

A l'aide, s'écrie Sannion dans la première scène du second Acte. (C'est le Marchand d'Esclaves à qui Eschinus vient d'enlever Callidie.) A l'aide, Citoyens, venez au secours d'un malheureux, d'un innocent qui est sans défense.

Callidie tremble d'être remise dans ses mains, mais Eschinus est présent, & malgré les plaintes, les menaces, les cris de Sannion auquel il fait distribuer quelques coups de poings, il commande à Parménon d'emmener la jeune fille pour laquelle il consent à donner vingt *mines* dont le pauvre Marchand est bien persuadé qu'on lui refusera le paiement.

Grand Jupiter ! dit-il, je ne m'étonne pas que des gens deviennent fous à force de mauvais traitemens. Il m'arrache de ma maison, m'enlève mon Esclave, m'assomme, & en récompense de tous ces outrages, il veut que je lui donne cette fille pour le prix qu'elle me coûte..... Quelque injuste que soit le traitement que j'en ai reçu, je pourrais encore le souffrir, pourvu qu'il me payât &c.

L'Esclave Syrus vient calmer son inquiétude, & dans l'instant même, arrive Ctésiphon, le second fils d'Alcée. C'est pour lui qu'Eschinus a enlevé Callidie, & sa reconnaissance est sans bornes. Il brûle de le voir, Eschinus paraît, & pour dérober à son père jusqu'aux traces de cet évènement, il court fur la Place publique chercher l'argent qu'il a promis à Sannion auquel il ordonne de le fuivre. Cet Acte fe retrouve prefqu'en entier dans les IVe, Ve, VIe & VIIe fcènes du fecond de la Pièce Françaife.

La première du troifième dans Térence eft rempli par Softrata qui fe trouve dans l'embaras le plus preffant. Efchinus a joui de fa fille Pamphila, elle eft au moment d'acoucher, Efchinus eft abfent, fon efclave Géta eft forti, & elle n'a perfonue par qui elle puiffe envoyer chercher la fage-femme. La nourrice Canthara qui l'accompagne, lui repréfente que tout ira bien, qu'Efchinus ne tardera fûrement point à venir, & qu'il eft heureux pour fa fille d'avoir affaire à un jeune homme qui penfe trop bien pour l'abandonner après l'avoir deshonorée. Softrata en convient, & fur ces entrefaites, arrive Géta qui hors d'haleine & la mort dans le cœur, vient inftruire Softrata du crime commis par Efchinus. La bonne-foi, les fermens, la compaffion, l'état d'une fille qu'il n'a pas rougi de violer, rien n'a pu le retenir..... Non, je ne me pofsède pas, tant je fuis enflamé de colère. Rien ne pourrait me faire plus de plaifir que de rencontrer cette famille, pour décharger fur elle toute ma fureur pendant qu'elle eft encore dans tout fon feu..... Je commencerais par étouffer le vieillard qui a donné le jour à ce monftre : & Syrus qui l'a pouffé à ce crime ! ah ! comme je le déchirerais ! je l'enlèverais par le milieu du corps, je le jetterais fur le pavé, la tête en-bas, & je lui ferais fauter la cervelle. Efchinus ! je lui arracherais les yeux & le jetterais dans un précipice. Les autres ! je les chargerais, les pourfuivrais, les faifirais, les affommerais, les laifferais fur le carreau.

S o s t r a t a.

Que croire préfentement ? à qui fe fier ? Comment ? Efchinus qui nous était fi cher ! Efchinus, notre vie à tous, notre unique efpérance, notre feule reffource ! Efchinus qui jurait que jamais il ne vivrait un feul jour fans elle, qui devait porter l'enfant dans les bras de fon père & le conjurer de lui accorder la main de fa fille !

G é t a.

Ceffez de pleurer, ma chère maitreffe, & voyez plutôt ce qu'il faut faire dans cette circonftance. Dévorerons-nous cet affront ? ou mettrons-nous quelqu'un dans notre confidence ?

S o s t r a t a,

Ah ! mon ami ! voudrais-tu révéler une pareille infamie !....

Cependant elle prend le parti de tout déclarer, & même d'attaquer Efchinus en Juftice, s'il eft

affez hardi pour nier fa liaifon avec Pamphila.
Mais il lui faut un défenfeur, & elle jette les yeux
fur le bon homme Hégion fon parent vers lequel
elle députe Géta qu'elle charge de l'inftruire de ce
qui fe paffe, tandis qu'elle va s'occuper de la fanté
de fa fille.

Cependant Déméa vient d'apprendre que Ctéfiphon était avec fon frère lorfqu'il a enlevé la jeune
Efclave, & cette nouvelle le défole.

Quoi ! Léandre, dit-on, était avec fon frère,
Lorfque ce raviffeur..... Je crève : ma colère.....
Que deviendrait l'efpoir que j'en avais conçu ?
Quoi ! malgré tant de foins, je me verrais déçu ! &c.
. . . .
Mais j'apperçois Syrus. Sur le fait qui me touche,
Je puis facilement m'inftruire par fa bouche.
Bon ! chanfons. Le fripon fera de leur complot,
Et je ne pourrai pas en arracher un mot,
S'il connaît la douleur dont mon âme eft atteinte.
Cachons-lui, pour un tems, mon défordre & ma crainte.

La fcène fuivante eft également tirée de Térence, & après avoir loué le vieillard fur la fageffe
qu'il a montrée dans toutes les occafions, fur fa
prévoyance qui ne lui laiffe rien échaper, fur la
manière dont il a élevé Ctéfiphon, en un mot, après
avoir blâmé la conduite de fon frère dont la fienne
eft abfolument différente, il lui fait croire que fon
fils eft retourné à la campagne pour ne pas être

plus long-tems le témoin du dérangement de son aîné auquel, en partant, il a fait la morale la plus sévère.

Le bon homme est enchanté, & dans l'instant même, paraît Géta qui de la part de sa maitresse, instruit Hégion du crime qu'Eschinus a commis en violant Pamphila, des sermens qu'il lui a faits de réparer son honneur, & enfin de la perfidie dont il est coupable. Hégion implore l'assistance de Déméa, & Déméa que rien n'étonne de la part d'un jeune homme aussi mal élevé que celui-là, promet à Hégion de faire tout ce qui dépendra de lui pour soulager les chagrins de l'infortunée que son fils trahit avec tant de lâcheté. Il est impossible, dit-il, que cette licence effrénée n'aboutisse à quelque grand malheur, & je cours chez mon frère.

Dans la première scène du quatrième Acte, Ctésiphon se fait assurer par Syrus, que son père est retourné à la campagne, mais cette campagne est voisine de la Ville, & il tremble qu'il n'en revienne sur-le-champ. Il paraît, en effet, Ctésiphon se dérobe à ses yeux, & le vieillard aborde Syrus qui lui persuade que ce même Ctésiphon vient de le rouer de coups, lui & la chanteuse que son frère a enlevée. — Pourquoi cela? — Il prétend que c'est moi qui ai conseillé de l'acheter. — Ne m'avais-tu pas dit que tu l'avais reconduit à la campagne? — C'est vrai, mais il est revenu comme

un

un extravaguant, & n'a ménagé perfonne, moi
fur-tout......

> Il en devrait mourir de honte feulement.
> Battre un vieux domeftique, encore injuftement :
> Ne fe fouvient-il plus que dans mes bras naguère
> Je le portais encore ? En voilà le falaire.

Déméa trouve cette conduite admirable, demande où eft fon frère, & fe laiffe tromper par
Syrus qui l'envoie courir au bout de la Ville où il
eft bien certain que ce frère n'eft pas.

Nous avons dit plus haut que le bon homme
Hégion était allé fe plaindre à Micion de la conduite d'Efchinus ; l'un & l'autre fe préfentent, &
Micion qui n'a rien de plus preffé que de réparer
les torts apparens du jeune homme, fe hâte d'entrer chez Pamphila dont il fe déclare le protec-
teur. Il en fort après un monologue dans lequel
Efchinus fe défole des chagrins que fon amitié
pour Ctéfiphon l'a mis dans le cas de caufer à fa
maitreffe ; & fenfible à l'amour d'Efchinus, il lui
promet la main de Pamphila qu'il aurait déja
époufée, s'il n'avait pas caché la paffion dont il
brûle pour elle. Cette fcène eft pleine d'efprit &
de fineffe.

Déméa revient, fon frère le fait confentir au
mariage d'Efchinus, mais il igonore encore que
l'Efclave n'a été enlevée que pour Ctéfiphon, il

en eſt inſtruit par Syrus , & plein de fureur , il va trouver ce fils qui trahit toutes ſes eſpérances.

Ces différentes ſcènes ſont en entier dans *le Grand* qui n'a d'autre mérite que celui de les avoir traduites.

Cependant Déméa reparaît outré de la conduite de Ctéſiphon ; Micion l'appaiſe , & non content d'avoir arraché ſon aveu pour l'union d'Eſchinus avec Pamphila , il lui perſuade que le ſeul moyen qui lui reſte de fixer Ctéſiphon à la campagne , c'eſt d'y emmener l'Eſclave dont il eſt amoureux : Déméa ſent qu'il eſt obligé d'en venir-là , mais il s'en venge en abuſant de la bonté de ſon frère qui par complaiſance , épouſe Soſtrata , donne une terre à Hégion , & la liberté à Syrus. C'eſt ainſi que le Grand fait agir ſon Alcée qui dans le cinquième Acte de ſa Pièce , ne paraît d'accord avec tout le monde , que pour amener Télamon au point de faire les plus grands ſacrifices.

Il eſt aiſé d'appercevoir la morale de cette Comédie dont le fond eſt très-intéreſſant , & dont l'intrigue eſt ſi bien conduite , que chaque ſcène pique la curioſité du ſpectateur. C'eſt à cette même Pièce que le Grand eſt redevable de toutes les beautés de ſon Ouvrage , & la ſeule choſe qu'il ait faite , c'eſt d'avoir ſupprimé l'acouchement de Pamphila , le mariage de Micion , d'avoir donné d'autres noms à quelques-uns de ſes Acteurs , en un mot, d'avoir

tranfporté la fcène à Paris, fuppofition d'après laquelle il a dû s'éloigner de fon original du côté des
ufages & du coftume ; mais les caractères de fes
perfonnages font abfolument les mêmes, ainfi que
les fituations dans lefquelles ils fe trouvent. En un
mot, l'*Ecole des Pères* n'eft, pour ainfi dire, que
la traduction littérale des *Adelphes*.

L'*Hécyre* & le *Phormion* font les deux dernières
Comédies qui nous reftent à déveloper, nous les
placerons dans le commencement de la Partie fuivante, & c'eft par-là que nous terminerons nos
extraits des Pièces anciennes. Nous ne nous fommes point diffimulés que ces mêmes extraits pourraient jetter un peu de monotonie fur nos premières livraifons, mais il était effentiel, comme
nous l'avons dit, de faire connaître les fources
dans lefquelles nos meilleurs Ecrivains ont puifé
leurs premières idées, & nous avons vu avec plaifir que nos lecteurs ont été fort aifes de retrouver
dans l'efpace de 300 pages, le fond, l'intrigue, le
dénoûment, & même les principales beautés de
vingt quatre Pièces qui demandaient la lecture
d'une douzaine de volumes. Nous ne craindrons
donc pas de dire que peut-être on a eu tort de nous
reprocher que nous avons fait de longues analyfes,
& fi elles le font pour quelques Gens de Lettres
qui pofsèdent leurs Auteurs Grecs & Latins,
elles ne le feront pas pour une infinité de perfonnes

que leurs occupations n'ont pas mifes à portée de faire les mêmes études. A l'égard de nos réflexions, nous les faifons courtes, parce que la première obligation d'un Hiftorien eft d'expofer les chofes que fa matière lui préfente, & qu'on le lit, non pour favoir ce qu'il penfe, mais pour s'inftruire des faits dont il promet le détail. Nous n'aurons par la fuite, que trop d'occafions d'interrompre notre marche, pour nous élever contre les abus qui fe commettent au Théâtre, & l'un des plus confidérables, c'eft le défaut des Coftumes dont nous allons commencer à donner les deffins dans le mois prochain. Sénèque a fait neuf Tragédies fur des fujets Grecs, & les habits de Roi & de Reine, de jeune Prince & de Grand-Prêtre, de Guerrier & de Particulier, les Coëffures, les Chauffures, les Armes & les Attributs de ces différens perfonnages, feront compris dans la Traduction que nous avons annoncée. C'eft de-là que nous pafferons à l'hiftorique des Tournois auquel nous joindrons tous les Coftumes de la Chevalerie.

Fin de la première Partie du fixième Volume.

HISTOIRE
UNIVERSELLE
DES
THÉÂTRES.

SECONDE PARTIE
du sixième Volume.

SUITE DES COMÉDIES DE TÉRENCE.

L'HÉCYRE.

PROLOGUE.

LA première fois qu'on joua cette Pièce, notre Poète éprouva un malheur, un contre-tems qui ne lui étaient jamais arrivés, c'est qu'on ne

put ni voir, ni entendre fa Comédie, parce que
le peuple avait donné toute fon attention à un
danfeur de corde. Aujourd'hui on peut la regarder comme tout-à-fait nouvelle, car le Poëte
ne voulut pas qu'on la recommençât, afin d'être
en droit de la vendre une feconde fois. Vous
avez écouté plufieurs de fes Ouvrages, écoutez
celui-ci, je vous prie.

SECOND PROLOGUE.

Sous cet habit de Prologue, je fuis député vers
vous, Meffieurs, pour vous demander une grace
que je vous fupplie de m'accorder. Faites-moi
dans ma vieilleffe les mêmes faveurs que j'ai éprou-
vées lorfque j'étais jeune. Alors j'ai fait refter
au Théâtre des Pièces qui en avaient été re-
jettées : par-là, j'ai préfervé de l'oubli & l'Auteur & l'Ouvrage. Entr'autres, lorfque je vous
offris des Comédies de Cécilius, les unes tom-
bèrent, les autres eurent bien de la peine à fe foutenir. Comme je favais que le fuccès du Théâtre
eft douteux, je pris une peine réelle fur une efpérance incertaine : je remis ces mêmes Comédies fur
la fcène, je les jouai avec foin, afin de ne pas dé-
goûter le Poëte de fon travail & d'avoir de lui de
nouvelles Pièces. Je vins à bout de les faire entendre, & lorfqu'on les connut, elles furent goû-
tées.

Par ce moyen, je ramenai Cécilius dans la carrière des Lettres & de la Poéfie dramatique d'où fes ennemis l'avaient éloigné par leur injuftice. Si j'euffe alors méprifé fes Ouvrages, fi j'euffe voulu le détourner du travail & l'engager à préférer le repos aux occupations, je vous aurais privés des plaifirs qu'il vous a procurés.

Je vous préfente de nouveau l'*Hécyre* que je n'ai jamais pu jouer tranquilement, & votre attention fera ceffer fon malheur, fi elle feconde nos talens. La première fois que je hafardai cette Pièce, on annonça de fameux athlètes & un danfeur de corde. La foule, le bruit, les cris des femmes interrompirent mon Spectacle : je revins une feconde fois à l'Ouvrage de Térence, & l'on applaudiffait le premier Acte, lorfque tout-à-coup le bruit fe répand qu'on va donner des gladiateurs. Le peuple court, on tempête, on crie, on fe bat pour les places..... Aujourd'hui tout eft calme, on m'accorde le tems de jouer encore cette Comédie, & je vous conjure de l'honorer de votre attention. Ne fouffrez pas qu'un petit nombre de Poètes s'empare du Théâtre; que votre autorité vienne au fecours de la mienne & la favorife. Si l'avarice ne m'a jamais guidé dans mon art, fi j'ai regardé comme ma plus grande récompenfe, l'honneur de fervir à vos amufemens, faites qu'un Auteur qui m'a confié fa défenfe & qui s'eft mis fous votre protection, ne foit pas le jouet des méchans qui cherchent à lui nuire. Rangez-vous de son parti, encouragez par votre silence les autres Ecrivains à travailler, faites que je puisse avec succès apprendre de nouvelles Pièces dont j'aurai fixé le prix.

Celle-ci fut jouée pour la première fois, pendant la fête de Cybèle, sous les *Ediles Curules* Sextus-Julius César, & Cornélius Dolabella. Flaccus affranchi de Claudius, en fit la Musique pour des flûtes égales. Elle fut remise au Théâtre sous le Consulat de Cneius Octavius, & de Titus Manlius, pour les jeux funèbres de L. Emilius Paulus ; enfin elle fut représentée pour la troisième fois, sous les *Ediles Curules* Q. Fulvius, & L. Martius, par la Troupe d'Ambivius Turpio, & elle réussit. En voici le sujet.

Pamphile aimait éperdûment la courtisanne Bachis, & ses parens l'obligent à rompre avec elle pour épouser Philumène. Il obéit, & pendant les premiers mois de son mariage, il n'a aucun commerce avec sa femme. Cependant il se sent touché de sa beauté, de son esprit, de la douceur de son caractère, en un mot, il en devient amoureux & s'en éloigne avec la plus grande peine pour aller faire un voyage nécessaire : pendant son absence, Philumène quitte la mère de Pamphile chez laquelle elle demeurait, & va se retirer chez ses parens. On en ignore les raisons, & la mère de Pamphile est accusée par son mari d'avoir eu de mauvaises façons pour sa bru : la mère proteste le contraire, & sur ces entrefaites, arrive Pamphile qui est désolé de ne plus retrouver sa chère Philumène. On soupçonne qu'elle ne s'en est séparée, que parce qu'il voit toujours Bachis, & cette Bachis que l'on envoie chercher, va voir Philumène à laquelle elle jure que Pamphile n'est plus son amant. Mais enfin le mystère se découvre, & Philumène acouche d'un enfant dont elle était grosse avant d'avoir épousé Pamphile. Celui-ci est confondu & renonce pour jamais à une femme qui l'a trahi si cruellement, lorsque Bachis fait voir un anneau qu'elle portait à son doigt & qu'elle tenait de Pamphile même qui lui avait accusé l'avoir pris à une jeune fille dont il avait ravi les faveurs dans un endroit écarté où il l'avait rencontrée. Cet anneau se trouve être celui de Philumène, Pamphile reconnait qu'il est le père de l'enfant & se raccommode avec sa femme.

Nous nous prêterions difficilement à de pareilles suppositions, mais elles étaient reçues chez les Romains, & si le fond de cette Comédie était déplacé sur nos Théâtres, on y verrait avec plaisir la manière dont Térence a eu l'art de filer son intrigue dans laquelle l'intérêt de curiosité se renouvelle & se soutient depuis le commencement jusqu'à la fin. On ne peut en avoir d'idée, qu'en lifant l'original, & pour faire fentir fon mérite, il aurait fallu donner la Pièce entière.

L'E PHORMION.

PROLOGUE.

LE vieux Poëte voyant qu'il ne peut arracher Térence au travail & le porter à l'oifiveté, tâche, par fes médifances, de le détourner de fa compofition. Les Pièces de cet Auteur, dit-il fans ceffe, font trop fimples, trop faiblement écrites; & cela parce que Térence n'a pas mis fur la fcène un jeune extravagant qui s'imagine voir une biche qui fuit, de jeunes chiens qui la pourfuivent, & la malheureufe qui pleure, qui le fupplie de la fecourir. Ce vieux Poëte attaquerait le nôtre avec moins d'audace, s'il favait que quand une Pièce de cette efpèce réuffit dans fa nouveauté, elle ne doit pas fon fuccès à fon propre mérite, mais au jeu des Acteurs. S'il fe trouvait ici quelqu'un qui penfât ou qui dît; fi le vieux Poëte n'avait pas attaqué le nouveau, Térence n'aurait pu trouver le fujet d'un prologue, puifqu'il n'aurait eu perfonne à qui dire des injures : on lui répondrait que le prix de la Poéfie eft propofé à tous ceux qui travaillent pour le Théâtre, que l'intention du vieux Poëte a été d'ôter toute reſſource à notre Auteur, en le détournant de l’occupation qui le fait vivre, que Térence a voulu ſe défendre, & non attaquer ; que s’il avait engagé un combat de politeſſe, on lui répondrait avec honnêteté, & qu’il doit reconnaître qu’on n’a fait que lui rendre les coups qu’il a portés. Je n’en dirai pas davantage ſur cet homme, quoiqu’il ne mette pas fin à ſes invectives.

Ecoutez, s’il vous plaît, ce qui me reſte à dire. Je vous préſente une Pièce toute nouvelle, & qui en grec, a pour titre *Epidicazomenos*. L’Auteur latin l’a nommée *le Phormion*, parce que toute l’intrigue porte ſur un Paraſite appellé de ce nom. Si vous voulez favoriſer notre Poète, honorez-nous de votre attention & de votre bienveillance : faites que nous n’éprouvions pas le même malheur que nous eſſuyâmes, lorſque le bruit nous força de quitter la ſcène où bientôt nous fûmes rappellés par votre bonté & par le mérite de nos Acteurs.

'Cette Pièce fut jouée aux fêtes Romaines, par la Troupe de L. Ambivius Turpio, & de L. Attilius de Préneſte, ſous les *Ediles Curules* L. Poſtumius Albinus, & L. Cornélius Mérula. Flaccus affranchi de Claudius, en fit la Muſique dans laquelle il employa les flûtes inégales. Elle eſt toute entière imitée de la Pièce grecque d’*Apollodore*, & fut repréſentée quatre fois ſous le Conſulat de C. Fannius, & de M. Valérius.

Dans le premier Acte, l'esclave Géta raconte à Dave, autre esclave de ses amis, que Chrémès & Démiphon sont allés voyager chacun de leur côté, qu'en partant, ils l'ont chargé de veiller sur la conduite de leurs fils, & que ces deux fils qui se nomment Antiphon & Phédria, se sont comportés de manière à le mettre dans le plus grand embaras. Celui-ci est devenu amoureux fou d'une Chanteuse qui appartient à un Marchand d'Esclaves, l'autre, d'une jeune fille qu'on lui a dit être Citoyenne & à laquelle il ne pouvait prétendre qu'en l'épousant. Mais le Parasite Phormion a levé toutes les difficultés, & voici le conseil qu'il a donné au jeune Antiphon. ,, Il y a une loi qui ordonne aux orphelines de se marier avec leurs plus proches parens : je vous dirai le cousin de cette fille & vous ferai assigner au nom de son père dont je supposerai que j'étais l'ami. Nous irons devant les Juges, je motiverai, j'appuirai la parenté, selon qu'il sera utile à ma cause, & comme vous ne réfuterez aucune de mes allégations, je gagnerai sans peine. Votre père reviendra & me fera un procès, mais la fille sera à nous ''. — Eh bien ? — Il persuade notre homme ; assignation, plaidoirie, procès perdu, mariage. — Et Phédria, comment vont ses affaires avec sa Chanteuse ? — Tout doucement. — Il n'a peut-être pas beaucoup à donner. — Rien que de belles promesses. — Et quand les pères vont revenir, comment feras-tu ? — Ma foi, je n'en fais rien.

Cette fcène fe retrouve prefque en entier dans la feconde du premier Acte des *Fourberies de Scapin* de Molière, & fe paffe entre Sylveftre, Octave & Scapin.

Dans Térence, les deux Efclaves fe retirent, & l'on voit paraître Antiphon & Phédria qui craignent également le retour de Chrémès & de Démiphon ; l'un, parce qu'il fe verra peut-être forcé d'abandonner fa Chanteufe dont il n'a pu jouir ; l'autre, parce que fon père l'obligera de fe féparer d'une femme dont la poffeffion le rend le plus heureux de tous les hommes. Dans le moment même, arrive Géta qui annonce que le père d'Antiphon eft revenu, & Antiphon qui ne fe fent pas le courage de foutenir le premier affaut, remet fes intérêts dans les mains de Phédria qui fe charge d'adoucir Démiphon. Ce dernier fe préfente, Géta & Phédria lui font entendre qu'Antiphon a été forcé de contracter ce mariage, mais Démiphon ne peut excufer la faibleffe de fon fils, & quelque chofe que l'on puiffe lui dire, il eft réfolu de faire caffer cet engagement. C'eft ainfi que finit le premier Acte dans lequel Molière, a pris les IVe, Ve & VIe fcènes du fien : Scapin y joue le rôle de Géta, & Argante celui de Démiphon. La feule différence qui s'y trouve, c'eft que dans l'Auteur latin, Phédria plaide en effet la caufe d'Antiphon , & que dans le Comique français , Scapin eft chargé de cette be-fogne , attendu qu'Octave qui devait parler pour lui-même , n'a pas la force de s'expofer aux re-proches de fon père.

Dans le fecond Acte de Térence , Phormion s'informe de l'état actuel des chofes , & fes bat-teries font fi bien dreffées dans fa tête , qu'il eft fûr de triompher de tous les obftacles que lui op-pofera le père d'Antiphon. Oh ! le brave homme ! le bon ami ! s'écrie Géta. Mais Phormion ! à force de tendre l'arc , vous pourriez bien rompre la corde. Quelquefois j'ai eu peur.

PHORMION.

Ah ! il n'y a rien à craindre. Je ne fuis pas à mon apprentiffage. Combien crois-tu que j'aie affommé de gens , tant Citoyens qu'Etrangers ? Mieux je fais mon métier , plus fouvent je l'exerce. Dis-moi , as-tu jamais entendu dire que l'on ait porté plainte contre moi ?

GÉTA.

Non , pourquoi cela ?

PHORMION.

Parce qu'on ne tend point de filets à l'épervier , ni au milan , qui font des oifeaux mal-faifans , & qu'on n'en tend qu'à ceux qui ne font aucun mal. On peut gagner avec ceux-ci, avec les autres, peine perdue. Il y a des risques pour ceux dont on peut tirer quelque chose, moi, on sait que je n'ai rien. Tu me diras : *vous leur serez adjugé, ils vous enmeneront chez eux :* point du tout, ils ne voudront pas nourrir un mangeur tel que moi, & à mon avis, ils ont raison de ne pas me rendre le plus grand service pour le mal que je leur aurai fait.

Démiphon paraît, Phormion lui soutient que sa bru est de ses parentes & que s'il ose la maltraiter, il ne manquera pas de l'attaquer en Justice : Démiphon ne sait à quoi se décider, il consulte deux ou trois de ses amis qui se présentent. Leur avis le rend plus incertain qu'il ne l'était, & il prend le parti d'attendre le retour de son frère Chrémès.

Le troisième Acte roule en entier sur l'inquiétude d'Antiphon qui tremble que son oncle ne prononce contre lui, & sur l'embaras de Phédria qui perd son Egyptienne, si dans le jour, il ne donne trente *mines* à Dorion qui l'a vendue à un Etranger qu'elle va être obligée de suivre. Géta se charge de trouver cette somme, mais il se promet de consulter Phormion dont l'audace secondera son projet.

Démiphon commence le quatrième Acte avec son frère Chrémès auquel il demande s'il ramène avec lui la fille qu'il est allé chercher à Lemnos,

& Chrémès lui répond que non. —Pourquoi non ?
—La mère voyant que je tardais trop & que l'âge
de fa fille ne s'accommodait pas de ma négligence,
eſt partie, m'a-t-on dit, avec toute fa famille pour
venir me trouver. — Qui vous a donc empêché de
revenir quand vous l'avez fue partie ? Et ce qui eſt
arrivé à mon fils pendant mon abfence, le favez-
vous?—Oui, & c'eſt un évènement qui dérange tous
mes projets. En effet, que j'offre ma fille à quelque
Etranger, il faudra lui expliquer par ordre comment elle eſt ma fille & de qui je l'ai eue. J'étais
aufſi sûr de votre difcrétion que de la mienne. Cet
Etranger, s'il défire mon alliance, gardera le fecret tant que nous ferons amis, mais fi nous venons
à nous brouiller, il en faura plus qu'il ne faut, &
je tremble que cette affaire ne parvienne aux oreilles
de ma femme.

Géta paraît, & preſſé d'avoir les trente *mines*
que Phédria lui a demandées, il feint que Phormion a promis non-feulement de ne pas plaider,
mais même de reprendre la fille qu'il a fait épouſer
au jeune Antiphon, pourvu qu'on lui donne une
fomme d'argent : Démiphon trouve cette fomme
trop confidérable & protefte qu'il aime mieux plaider, mais enfin il cède aux repréfentations de Géta
& va chercher l'argent néceſſaire pour caſſer le mariage de fon fils. C'eſt la fcène V.IIIe. du fecond
Acte des *Fourberies*, excepté que dans Molière,

elle eſt plus comique & plus détaillée que dans l’Auteur latin. Dans ce dernier, Antiphon a entendu toute la converſation de Géta qui a eu l’air de travailler contre lui, & l’on juge de la colère dans laquelle il eſt contre cet Eſclave qui l’expoſe à perdre une femme qu’il adore, mais l’Eſclave le raſſure & lui répond que quelque choſe qui arrive,. Phormion ne conſentira jamais à reprendre celle qu’il lui a fait épouſer. Tranquiliſé par cette promeſſe, il court annoncer à Phédria qu’il aura les trente *mines* dont il a beſoin. Dans l’inſtant même, paraît Chrémès qui charge Démiphon d’aller parler à la fille & de l’engager à rompre de bonne grace un engagement qui déplaît à toute la famille. Démiphon y conſent, & à peine Chrémès eſt-il ſeul, que l’on voit arriver une vieille qui lui apprend qu’il eſt le père de la beauté à laquelle Antiphon s’eſt uni à l’inſçu de ſon père. Grands Dieux! dit-il, comme un haſard amène des évènemens qu’on n’oſerait déſirer! En arrivant, je trouve ma fille mariée à celui que je lui deſtinais & comme je le voulais. Un mariage que nous arrangions, mon frère & moi, avec beaucoup de peine, cette vieille femme ſeule l’a fait réuſſir par ſes ſoins, & ſans que nous nous en ſoyons mêlés.

En effet, la jeune perſonne venait de perdre ſa mère, & la vieille s’était livrée aux conſeils de Phormion qui, pour favoriſer l’amour d’Antiphon, avait

suppofé une parenté entre lui & l'objet de fa tendreffe. Telle était donc conféquemment la loi
des Athéniens qui obligeait un parent, ou d'époufer celle de fa famille qui reftait orpheline, ou de
lui donner une dot. C'était à cette dernière alternative que Démiphon prétendait que fon fils aurait dû s'en tenir, mais Géta le juftifie en lui re-
préfentant que ce fils n'avait point d'argent.

Tout s'éclaircit dans le cinquième Acte, &
Chrémès enchanté d'apprendre que fa fille eft la
femme d'Antiphon, redemande à Phormion les
trente *mines* qu'il a reçues pour la reprendre,
mais ces trente *mines* ont été données à Phedria ;
& pour fe débaraffer de Chrémès qui le menace
de le citer en Juftice, il déclare à fa femme qu'il
a eu un enfant à fon infçu. La femme s'emporte,
& Démiphon ne peut parvenir à la raccommoder
avec fon mari.

Molière a pris deux Scènes dans ce dernier
Acte, qui font la VIIe. & la VIIIe. de fon troifième, mais il a eu l'art de les rendre beaucoup
plus plaifantes que celles de Térence, ainfi que toute
fa Pièce qui d'un bout à l'autre, a un fel & une
chaleur qui ne fe trouvent pas dans l'original. A l'é-
gard du ftyle, nous ferions fort embaraffés de décider lequel des deux doit l'emporter fur l'autre,
& fi Molière eft plein de feu, Térence a une délicateffe, une harmonie, une abondance qui juftifient

tous les éloges qu'on lui a donnés. Ce que l'on a vu de ſes Comédies, diminue, à quelques égards, les regrets que l'on doit avoir de la perte des Ouvrages de Ménandre, puiſque le Poète Romain les a traduits, ou imités, & il eſt malheureux que des Pièces qui étaient entre ſes mains, ne nous ayent pas été tranſmiſes avec les ſiennes. Il ne l'eſt pas moins que l'on n'ait pu recouvrer celles qu'il avait compoſées pendant ſon voyage en Grèce, & il eſt à préſumer qu'elles étaient ſupérieures à celles-ci qu'il avait faites dans ſa jeuneſſe. Elles ont paſſé ſur nos Théâtres, en entier, ou en partie, elles y ont été applaudies, & l'on ne doit pas douter du ſuccès que ſes dernières y auraient eu, ſi le naufrage de ſon vaiſſeau n'en avait pas privé la poſtérité.

C'eſt ici, comme nous l'avons annoncé, que ſe bornent les extraits détaillés qu'il nous a paru néceſſaire de donner au Public, & nous nous contenterons déſormais d'expoſer dans un ſimple argument, le ſujet des Pièces que nous aurons à faire connaître : nous en exceptons celles dont nos lecteurs n'auront aucune idée & ſur leſquelles nous nous étendrons un peu davantage, lorſque nous y découvrirons du mérite. Paſſons maintenant aux Auteurs dramatiques ſur leſquels nous avons fait des recherches, & leur hiſtoire nous conduira juſques à Sénèque dont nous avons promis la traduction attendue depuis long-tems par le Public qui ne peut connaître cet Auteur d'après la manière dont il a été rendu par Linage & l'Abbé de Marolles. Si l'on trouve des défauts dans ſes Tragédies, on y trouvera auſſi de très-grandes beautés, & l'on verra que ſes imitateurs lui ſont redevables de quantité de morceaux dont ſouvent ils ont oublié de lui attribuer la gloire..

Fin des Comédies de Térence.

NOMENCLATURE

NOMENCLATURE

DES

POÈTES TRAGIQUES ET COMIQUES

Qui ont été contemporains de Térence,
ou qui lui ont succédé.

Q. *FABIUS LABÉON*

IL vécut du tems de Térence & fut lié avec lui au
point que souvent il l'aida dans la composition de
ses Pièces. Telle est du moins l'opinion de Santra
dans lequel on lit que ce même Labéon fut Consul
conjointement avec Pompilius, autre Poète comique
dont nous parlerons plus bas. Il ne faut pas confondre
ce Fabius Labéon avec Actius Labéon qui, au rapport de Probus dans ses Commentaires sur Perse,
fit quelques mauvais vers du tems de cet illustre
Satyrique. On peut en juger par sa traduction de
l'Iliade d'Homère. Ses Ouvrages étaient si obscurs,
qu'il ne les entendait pas lui-même. Il y eut encore
d'autres Labéons dont le plus connu fut Labéon
le Jurisconsulte qui excella dans la science du Droit.
Il est cité très-souvent par les meilleurs Auteurs de
l'antiquité.

Tome VI. Part. II.   P

M. Pompilius.

Il fit quelques Comédies, foit avant, foit après fon Confulat, & ne fut pas moins l'ami de Labéon, que de Térence, auquel il donna plus d'une fois des confeils fur fes Ouvrages dramatiques. De-là les propos peu avantageux que Lufcius Lavinius fe permet fur le compte de ce même Térence, comme le remarque S. Jerôme & avec lui fon Maître Ælius Donat.

Luscius.

On préfume que c'eft le même à qui Sédigitus Volcatius donne le neuvième rang parmi les Poètes Comiques, & dans le nombre des Ouvrages qu'il mit au Théâtre, Térentianus cite le *Tréfor* dont Donat explique le fujet dans l'*Eunuque*. Pœdianus Afcanius a écrit que Lufcius pofféda de fon vivant, la maifon qui avait appartenu au fils de l'Empereur Antiochus, & d'après S. Jerôme, plufieurs Savans prétendent que fon vrai nom était Lucius.

M. Pacuvius.

Il était de Brindes & neveu, ou petit-fils d'Ennius du côté de fa mère. Il vint à Rome & s'y diftingua, non-feulement par fes Tragédies, mais par fes Ouvrages en peinture. Dans le 35e. Livre de fon Hiftoire Naturelle, Pline cite un Temple d'Hercule elevé dans la Place *aux Bœufs* & peint de la main de Pacuvius. Parvenu à la plus grande vieilleſſe & ſe voyant accablé d'infirmités, il prit le parti de ſe retirer à Tarente où, ſelon Euſèbe, il mourut dans la 47ᵉ. *Olympiade*, âgé de près de 90 ans. Son épitaphe qu'il compoſa lui-même, prouve qu'il avait de la modeſtie & du talent, ajoute Gellius. La voici :

Jeune homme, quelque preſſé que tu ſois, cette pierre te prie de la regarder & de lire ce qui y eſt écrit. Ici repoſent les os du Poète Pacuvius Marcus : tu ſais tout ce que je voulais te dire. Adieu.

Nous croyons devoir rapporter ici une anecdote aſſez plaiſante qu'un certain Valère met ſur le compte de ce même Poète, dans une lettre qu'il écrit à Ruffin. Un jour, lui marque-t-il, Pacuvius, les larmes aux yeux, dit à un nommé Actius, ou Arius ſon voiſin : » Ami, j'ai dans mon jardin un arbre maudit où ma première femme s'eſt pendue, enſuite ma ſeconde, & dans le moment, ma troi-ſième vient d'en faire autant. Eh quoi, lui répondit le voiſin, des évènemens auſſi heureux vous font pleurer ! Bons Dieux ! de combien de dépenſes cet arbre vous a délivré ! Donnez-moi, mon ami, donnez-moi de ce bois fortuné, je veux en plan-ter «. Cicéron, dans ſon ſecond Livre de l'Ora-teur, met cette hiſtoriette au rang des choſes ridi-cules & attribue la réponſe d'Actius à l'ami d'un

Sicilien qui fe défolait de ce que fa femme s'était pendue à un figuier.

ACTIUS.

Il naquit de parens affranchis, fous le Confulat de Serranus & de Mancinus. Il dit lui-même, au rapport de Cicéron, qu'à l'âge de trente ans, il donna des Pièces de Théâtre fous les mêmes *Ediles* & en même-tems que Pacuvius qui pour lors était âgé de 80 ans. Ce dernier, prétend Gellius, vivait à Tarente ; le jeune Actius y paffa & fut curieux de voir le vieux Poète qui le retint chez lui pendant plufieurs jours. Il défira même d'entendre fon *Atrée*, Actius lui en fit la lecture, & l'on rapporte que Pacuvius lui dit qu'il trouvait de l'élévation dans fa Tragédie, mais qu'en même-tems, il y appercevait un peu de rudeffe. » Vous avez raifon, lui répondit Actius, & je n'en rougis pas, car j'efpère que je ferai mieux par la fuite. On dit, ajouta-t-il, qu'il en eft des efprits comme des pommes. Elles font d'abord dures & aigres, mais elles deviennent tendres & agréables. Celles, au contraire, qui commencent par être molles & colorées, fe gâtent avant de parvenir à la maturité : il faut donc auffi que l'efprit ait certaines duretés que le tems corrige «. Cette anecdote eft rapportée mot pour mot par Vellius, & tous les Hiftoriens conviennent qu'Actius devint fi cher au peuple

Romain, qu'un de ses détracteurs fut condamné par P. Mutius. On lit dans Pline que ce Poète était d'une petite taille & qu'il se fit ériger une statue fort grande qui fut placée dans le Temple des *Muses*. On raconte qu'un jour on lui demanda pourquoi il ne plaidait pas, lui qui, dans ses Tragédies, savait si bien forcer le sentiment, & qu'il en donna cette raison que l'on trouve dans Fabius. « C'est qu'au Théâtre, on ne dit que ce que je veux, au lieu qu'au Barreau, mes adversaires ne manqueraient pas de dire ce que je ne voudrais pas «. Décius Brutus aimait tant cet Auteur, qu'il fit graver quantité de ses vers sur les frontispices des temples & sur d'autres monumens publics.

« Lorsque Jules César entrait dans l'assemblée des Poètes, dit Valère Maxime, Actius ne se levait jamais pour le recevoir, non pas dans la vue de manquer à sa dignité, mais parce qu'il se croyait supérieur à lui du côté du mérite littéraire. On ne doit donc pas regarder cette conduite comme une insulte de la part d'Actius, attendu que dans ces sortes d'assemblées, la prééminence ne se dispute point par des titres de noblesse, mais par des ouvrages d'esprit «.

Plusieurs Ecrivains prétendent qu'outre ses Pièces de Théâtre, Actius fut l'Auteur des Annales dont Aurélius Macrobe cite les vers suivans dans son premier Livre des *Saturnales*.

Maxima pars Graium Saturno & maxima Athenæ
Conficiunt sacra , quæ cronia esse iterantur ab illis.
Cumque diem celebrant per agros urbesque fere omnes
Exercent epulis læti , famulosque procurant
Quisque suos , nostrique itidem , & nos traditus illinc
Iste , ut cum famuli Dominis epulentur ibidem.

» Les Athéniens & la plupart des Grecs célè-
» brent en l'honneur de Saturne, des fêtes qu'ils
» nomment *Saturnales*. Pendant ces fêtes, à la ville
» comme à la campagne, on se livre à la joie & à
» tous les plaisirs de la table : il en est de même
» parmi nous, & c'est des Grecs que nous tenons
» l'usage où nous sommes de manger ces jours-là
» avec nos domestiques «.

Tragædia , dit Quintilien dans son dixième livre
sur Actius & Pacuvius, *Tragœdia scriptores cla-*
rissimi gravitate sententiarum , verborum que pondere
& authoritate personarum. Cæterum nitor, & summa
in excolendis operibus manus, magis videri potest
temporibus , quam ipsis defuisse , virium tamen actio
plus tribuitur. Pacuvium videri doctiorem , qui esse
docti affectant , volunt.

» Ces illustres Auteurs ont réuni dans leurs
» Tragédies, la noblesse des pensées à l'énergie du
» style, & à l'importance des personnages. Du
» reste, s'ils ont répandu moins de grace dans leurs
» ouvrages, & s'ils ne les ont pas portés à un plus
» haut degré de perfection, c'est plutôt la faute

„ des tems que la leur. Néanmoins on trouve dans
„ Actius plus de force & d'énergie. Ceux qui font
„ parade d'érudition , prétendent qu'il y en a
„ davantage dans Pacuvius «. Quoiqu'il en foit ,
Ciceron dit le plus grand bien de ces deux Ecrivains ,
& les Hiftoriens citent d'eux quantité de pièces
d'où l'on a extrait de très-belles penfées.

A P H R A N I U S.

Il ferait regardé comme un des meilleurs Auteurs de l'Antiquité , s'il n'avait deshonoré fes
ouvrages , en y mettant en jeu des paffions contre
nature , & en cela , dit Fabius , il n'a fait que peindre fes propres mœurs. De-là ce vers d'Aufonius
Gallus :

Quam toga facundi fcenis agitavit Aphrani.

C'eft le témoignage qu'il fe rend à lui-même
dans un de fes prologues , & c'eft ainfi qu'en parle
Macrobe dont le fentiment eft conforme à deux
Commentateurs d'Horace , Airon & Paphirion.
Gellius rapporte plufieurs vers d'Aphranius , parmi
lefquels on remarque les deux fuivans fur la fageffe.

Me genuit ufus , mater peperit memoria ,
Sophiam me vocant Graii , vos fapientiam.

Cicéron obferve que fouvent Aphranius a profité des idées de l'Orateur Titius , mais qu'il les a
rendues avec un ton peu convenable.

FABIUS DORSENNUS.

Horace parle de ce Poëte dans le fecond livre de fes Epîtres à Augufte , & fait entendre que cet Auteur avait été attiré au Théâtre plutôt par l'appât du gain, que par le defir d'acquérir de la gloire. *Quantus* , dit-il :

Quantus fit Dorfennus edacibus in parafitis ,
Quam non aftrièto percurrat palpita focco.
Geftis enim nummam in loculos demittere , pofthac
Securus , cadat , an reèto ftat fabula talo.

„ Voyez avec quelle force Dorfenne peint la „ voracité des parafites ; quelle faibleffe au con- „ traire & quelle négligence dans tous fes autres „ portraits ! mais il ne faut pas en être furpris. „ Cet homme là ne travaille que pour l'argent, „ peu lui importe que fa pièce tombe, ou qu'elle fe „ foutienne «.

Fr. Pétrarque adopte cette idée dans le vers fuivant, où il peint ce même Dorfenne.

Qui menfas , verfuque gregem laceraret edacem.

„ Lui qui dans fes vers mettrait en pièces la „ troupe vorace des parafites «. Annœus Sénèque prétend que l'on avait gravé ces paroles fur fon tombeau.

Hofpes refifte & philofophiam Dorfenni lege.

„ Paffant , arête toi , & lis la philofophie de Dorfenne «. Pierre Crinitus parle d'une pièce d'or où ce Poète était représenté sous une figure barbare entourée de ces caractères. *Dorsenn. P.* mais cette médaille a été perdue.

S E X T U S T U R P I L I U S.

Volcatius lui donne le septième rang parmi les Poètes comiques. On prétend qu'il fut intimement lié avec Térence, & que quelquefois on joua en même tems des pièces de ces deux Auteurs. Les Grammairiens en attribuent un grand nombre à Turpilius, & vantent sur-tout celle qu'il avait intitulée *Trasileon.* » Le commerce des lettres, disait-il, est la seule chose qui rend présens les hommes absens «. Ce trait est rapporté par Saint Jérôme, dans une lettre à Nicias d'Aquilée. Pline parle d'un autre Turpilius, Chevalier Romain, qui excella dans la peinture.

L I C I N I U S I M B R E X.

Si l'on établit une quatrième place pour les Poètes comiques, dit Volcatius, ce sera pour Licinius Imbrex qu'il faut distinguer d'un autre Licinius qui fit des vers iambes & des épigrammes. Cicéron, Festus & plusieurs autres Ecrivains parlent souvent des Comédies du premier.

M. A T T I L I U S.

Volcatius le met au cinquième rang des Auteurs comiques, & cependant Marcus Tullius, dans ſes lettres à Atticus, prétend qu'il ne fit que des Tragédies d'un ſtyle dur & barbare. Il en cite ces deux vers.

Suam cuique ſponſam, mihi meam.
Suum cuique amorem, mihi meum.

„ Chacun a ſa femme, j'ai la mienne, chacun a ſes amours, j'ai les miens «. C'eſt ainſi que pluſieurs Littérateurs ont traduit ce paſſage, mais peut-être devrait-on l'interpréter de la manière ſuivante. „ Qu'on laiſſe à chacun la jouiſſance de ſon épouſe, & qu'on me laiſſe celle de la mienne. Que chacun ſoit tranquile dans ſes amours, & que l'on ne trouble pas les miens «.

Cicéron parle de cet Attilius dans ſon premier livre *de finibus*, & dit que Licinius l'appellait le Poëte de fer.

QUINTUS TRABEA.

Volcatius le range dans la huitième claſſe des Auteurs comiques, & Cicéron le cite dans pluſieurs de ſes ouvrages, entr'autres dans ſon ſecond livre *de finibus*. Trabée, dit-il, donne trop à la volupté qu'il regarde comme la ſource des vrais plaiſirs de l'ame.

TITINIUS.

Il reſte très-peu de choſe ſur la vie de cet Auteur, & néanmoins il en eſt fait mention par

Feſtus , Nonius, Briſcien &c. qui lui attribuent *Pſalthrie , Gémine & Barbare*. C'eſt d'après lui que Serenus ordonne à un enfant de raſſembler de l'ail comme un excellent préſervatif contre l'enchante-ment. Les vers de Serenus à ce ſujet, prouvent que Titinius avait donné de très-bonnes pièces au théâtre.

C N. A Q U I L I U S.

Ce Poëte eſt cité par Varron & Gellius : ce dernier rapporte qu'on lui avait attribué quelques Comédies de Plaute , entr'autres la *Bœotie*. Le nom d'Aquilius fut commun à pluſieurs grands hommes parmi leſquels il faut diſtiguer C. Aqui-lius Gallus, Auteur très-verſé dans la ſcience du droit civil.

L U C I U S P O M P O N I U S.

Il fut célèbre dans la compoſition des pièces *Atellanes* , & Saint Jérôme dans ſa *chronique* d'Euſèbe , rapporte qu'il fleurit vers la cent ſoixante - douzième *Olympiade*. Nous ſavons, dit Velleius Paterculus, que du tems des Hiſtoriens Piſenna , Rutilius & Quadrigius , vécut le Poète Pomponius, Ecrivain recommandable par la nou-veauté du genre qu'il inventa , & par les ſentimens dont il l'embellit , mais il fut peu délicat dans ſes expreſſions.

Publius Pomponius II.

Le premier était de Boulogne, & celui-ci de Véronne, selon Pline. Il composa des Tragédies, & vécut sous les Empereurs Caius & Claude qui en faisaient très-grand cas, sur-tout le premier. Fabius prétend que lorsque quelqu'un de ses amis lui conseillait d'ôter certaines choses de ses Pièces, son usage était de répondre : *J'en appelle au peuple.*

Pomponius ne se distingua pas moins dans les armes que sur le Théâtre, & on lit dans Tacite que le Sénat lui accorda les honneurs du triomphe, pour avoir vaincu les *Cattes*, peuple de Hène. On ajoute qu'il avait l'amitié la plus tendre pour Pline dont il était le parent & le compatriote. Tous les deux étaient d'une des plus illustres familles de Véronne. Ce fait est confirmé par Pline le jeune qui parle beaucoup de l'attachement de Pomponius pour son oncle.

Lilio Giraldi assure avoir vu le nom de ce Poète sur trois médailles : la première offrait au revers une Muse tenant une lyre de la main gauche, & un cystre de la droite. Sur les deux autres, on voyait aussi des Muses, mais avec des attributs différens.

Sulpitius.

On lit dans Ascanius Pœdianus, qu'il fut la cause de la guerre civile qui s'éleva au sujet des deux frères Caius Cæsar Edile, & Lucius Cæsar Préteur. Le premier se flattait d'être nommé Consul sans passer par la Préture : Sulpitius fit échouer son projet par la force de son éloquence, & l'on courut aux armes. Ce fait est raconté fort au long par Cicéron dans sa harangue pour Scaurus, mais pour en revenir à Sulpitius, Pœdianus que nous venons de citer, prétend qu'il fit d'excellentes Tragédies. Cicéron dans Brutus, l'appelle l'Orateur tragique.

SERVIUS SULPITIUS.

Il fut bon Poète & célèbre Jurisconsulte. C'est lui dont Cicéron pleura la mort dans ses *Philippiques*, & auquel il fit élever une statue par ordre du Sénat, parce qu'il était mort en ambassade. Les Auteurs anciens disent le plus grand bien de ses ouvrages, mais le témoignage le plus avantageux que l'on puisse produire en sa faveur, ce sont les lettres même que l'on trouve dans Cicéron. Elles sont pleines d'élégance & d'érudition.

T. QUINTIUS ATTA.

Il fit quelques pièces comiques, & selon Saint Jérôme, il mourut à Rome vers la 170e Olympiade. Les Grammairiens parlent de quelques-unes de ses Pièces, & Isidore en cite quelques vers qui nous apprennent la manière dont autrefois on employait le stylet dans l'écriture.

M U M M I U S.

Ce fut lui qui, selon Aurelius Macrobius, fit revivre les Pièces *Attellanes*, données autrefois par Novius & Pomponius.

D I O D O R U S   S I C U L U S.

Les Hiftoriens ont parlé de plufieurs Auteurs de ce nom, & l'on croit que celui-ci eft le même qui, du tems d'Augufte, écrivit en Grec un ouvrage intitulé la *Bibliothèque*. Cet ouvrage & les voyages qu'il fit pour en recueillir les matériaux, l'occupèrent trente années entières. Suidas & Athénée lui attribuent plufieurs Comédies, parmi lefquelles ils diftinguent *Epiclère*, *Auletris* & les *Panégyriftes*. Strabon qui en parle comme d'un Auteur très-eftimé de fon tems, cite deux autres Ifidores dont l'un était originaire d'Alexandrie, & s'était acquis une grande réputation par fes Tragédies. Le quatrième Diodore naquit à Sinope dans le Pont, & fi l'on en croit Athénée, il fit d'affez bonnes Comédies. Enfin il y eut un cinquième Diodore, furnommé Epaite ou Elaite, qui compofa des Elégies. C'eft de lui que Parténée dans fes amours, a emprunté la fable de Daphné changée en laurier. La manière dont il raconte cette aventure, eft différente de celle que l'on trouve dans Ovide, & en cela, il a été fuivi par Probus dans les *Géorgiques* de Virgile.

LÉONTIUS.

Il était Argien, Disciple d'Athénion, & ami intime de Juba, Roi de Mauritanie. Athénée dans son huitième livre, cite quelques-unes de ses Tragédies.

DÉCIUS LABÉRIUS.

Il était Chevalier Romain, & composa plusieurs Pièces dans le genre bouffon. (Voyez ce que nous en avons dit, Tom. IV, Part. prem. p. 117 & 118). Un jour, il cherchait une place au Spectacle, & Cicéron lui dit : *Je vous en aurais donné une auprès de moi, mais je suis assis trop à l'étroit.* Le but de l'Orateur dans ces paroles était de lancer une Epigramme sur César qui avait admis au Sénat des hommes de toute espèce, Labérius le sentit, & fit la réponse suivante : *Il n'est pas étonnant que vous vous trouviez à l'étroit, vous qui avez coutume d'avoir deux places.* Cicéron venait de quitter le parti de Pompée pour embrasser celui de César, & Labérius ne pouvait lui reprocher sa légèreté avec plus de finesse. *Il est juste,* lui dit une autre fois Publius qui venait de l'emporter sur lui dans une Pièce, *il est juste que vous soyez le spectateur indulgent de celui dont vous avez été le rival. Les mêmes,* reprit Labérius, *ne peuvent pas toujours occuper les premières places : lorsque vous serez monté au plus haut degré de gloire, vous aurez de la peine à vous y maintenir, & vous tomberez avant que d'en descendre. Tel est mon sort, & tel sera celui de l'Ecrivain qui me suivra. La louange publique n'est pas pour un seul.*

Cicéron a parlé quelquefois de ce Poète, & voici ce qu'il en écrivait à Cornificius : *A force d'habitude, je me suis tellement endurci dans mes malheurs, que je voyais sans émotion T. Plancus dans les Jeux donnés par César, & que je n'étois pas fâché d'entendre les Pièces de Labérius & de Publius.* Tel est à-peu-près le jugement qu'en porte Horace lorsqu'il dit : J'admire les saillies de Labérius dans ses Pièces bouffonnes, comme j'admire d'excellens Poëmes. Gellius observe que Labérius abusait étrangement de la permission de faire des mots, & il en donne dans son Livre 16e, une liste à laquelle il a joint celle des Pièces du même Auteur qui jouit de toute sa santé jusqu'à une extrême vieillesse. St. Jérôme prétend dans sa Chronique d'Eusèbe, qu'il mourut à Pouzol, dix mois après les funérailles de César.

P U B L I U S.

Il était Syrien de nation, & c'est de-là que lui vint le nom de Syrus. Il naquit dans la servitude, & sa figure, son esprit le rendirent cher à son maître qui, après l'avoir affranchi, le fit élever avec le plus grand soin. Lorsqu'il se fut acquis

de

de la réputation par ſes Pièces comiques, il parcourut les différentes Villes d'Italie où il réunit tous les ſuffrages, & bientôt il fut appellé à Rome par Céſar qui fit jouer ſes Pièces dans les Jeux. Publius y défia tous ceux qui travaillaient alors pour le Théâtre, le ſujet fut choiſi, le tems fixé, & Publius l'emporta ſur ſes concurrens du nombre deſquels était Labérius. Les ouvrages de ce même Publius étaient remplis de maximes que l'on retrouve dans pluſieurs Ecrivains, tels que Gellius, Macrobe, Sénèque & autres.

CN. MARTIUS.

Il était plein d'érudition, & fut Auteur de quelques Pièces comiques. Antoine Julien, habile Rhéteur, diſait que ſon oreille était agréablement flattée des mots nouveaux que cet Auteur avait inventés. *Il a ſu*, ajoute Térentianus Maurus, mettre dans ſon ſtyle autant de graces & de beauté, que le Poète Grec Hypponax qu'il a pris pour modèle dans la compoſition de ſes vers *minyambes*.

Il a exiſté un autre Cn. Martius connu par ſon goût pour l'agriculture, & par la faveur dont il jouit auprès d'Auguſte. On lui attribue une Lettre très-eſtimée qui ſe trouve dans le Livre 11e de celles de Cicéron.

Dans le même tems à-peu-près, vécurent Hoſtilius & Lentulus cités par Florus Septimius Tertullien dans son Apologétique pour les Chrétiens, où il parle des Pièces de Théâtre & de la lubricité des Dieux du Paganisme. Il en fait encore mention dans son Livre du *Manteau de Lentulus.* . . . . *Ce noble ruiné*, dit Juvénal, Satyre VIII, *a trèsbien joué Lauréole suspendu à un gibet auquel, selon moi, il devrait être vraiment attaché.*

Laureolum velox etiam bene Lentulus egit,
Judice me, dignus vera cruce.

Cependant, il n'est pas certain que le Poète Lentulus soit celui sur le compte duquel Juvénal s'exprime aussi librement.

PAPPIUS.

Il savait remuer les passions de ses auditeurs avec tant d'art, qu'il les faisait pleurer à sa volonté. Aussi disait-il : *Mes amis & ceux qui me connaissent, ne manqueront pas de verser des pleurs à ma mort, car de mon vivant j'en ai fait répandre à tout le monde.* C'est vraisemblablement lui que Fr. Pétrarque avait en vue lorsqu'il a dit dans son Eloge sur la *Poétique* : *J'ai connu un Auteur qui par ses chants savait attendrir les cœurs les plus durs, & qui avait le pouvoir de leur arracher des larmes.* Malgré ces autorités, quelques Grammairiens prétendent que Pappius ne fut qu'Acteur.

FUTURIUS, ou SUTRIUS.

Il composa quelques Pièces comiques dans l'une desquelles il fait dire à une Courtisanne : *Tu m'apportes du myrte, afin que je soutienne les assauts de l'amour avec plus de force.* Ce trait est cité par Fulgence qui écrit Futrius au lieu de Sutrius. Il eut pour contemporain le Poète Succius, Auteur de plusieurs Pièces, & entr'autres de la *Pêcheuse* dont on faisait très-grand cas.

RUTILIUS GÉMINUS.

Il se rendit célèbre par quelques Tragedies, & sur-tout par un *Astyanax* qui fut très-estimé. Il composa aussi les Livres *pontificaux* dans lesquels il dit beaucoup de choses sur les douze Prêtres de Cérès & de Bachus. Lilio Giraldi assure avoir vu de lui un petit Ouvrage en vers élégiaques, dans lequel il avait rendu avec la plus grande élégance, l'histoire d'une quantité de faits très-curieux. Cet Ouvrage avait pour titre : *Rutilii Claudii numatiani Galli ad venereum Ruffinum Hodaporicon.* On croit qu'il vécut du tems d'Honorius, qu'il était Français de nation, homme Consulaire, & Capitaine des gardes.

GRACCHUS.

Il composa des Tragédies, & fut contemporain d'Ovide qui en parle dans son 3ᵉ *Livre du Pont.*

Q 2

Cum Varius , Gracchufque darent fera dicta tyranno &c.

Ce vers défigne *Thycfte* dont ce même Gracchus fut l'Auteur , conjointement avec Varius.

PHILISTION.

L'opinion commune eft qu'il était de Nicée , & ce fentiment eft confirmé par l'Epigramme fuivante traduite du grec : *Philiftion de Nicée qui a fu mêler la gaité aux chagrins dont la vie humaine eft accompagnée.* On préfume qu'il vécut fous l'empire d'Augufte , vers la 196e *Olympiade ,* & tous les Hiftoriens affurent qu'il mourut en riant. Ses Comédies étaient pleines de graces & de délicateffe. *Quoiqu'on n'ait aujourd'hui que du mépris pour les Pièces comiques ,* dit Caffiodore , (*Liv. IV de fes Œuvres diverfes*) il s'en eft trouvé une de Philiftion , que l'on a confervée avec foin comme un remède excellent contre la trifteffe. St. Jérôme parle de cet Auteur dans fes Apologies contre Ruffin.

NICOLAS DAMASCÈNE.

Il était contemporain de Philiftion , & , comme lui , il compofa en grec des Tragédies & des Comédies que les Grammairiens prétendent avoir été très-eftimées. Egefippe & Jofeph affurent qu'il fut intimement lié avec Hérode Roi des Juifs. Suidas ajoute que des mœurs douces & agréables , une taille avantageufe, un air noble & diftingué, un vifage riant, une modeftie toujours égale lui gagnèrent les bonnes graces d'Augufte. Les Anciens font grand cas de fes ouvrages, & fur-tout de fon Hiftoire qu'il avait donnée en plufieurs volumes. ,, La fcience, difait-il, peut être comparée à un long voyage : il eft des endroits que l'on traverfe rapidement, d'autres dans lefquels il faut s'arêter, foit pour manger, foit pour les confidérer avec attention : c'eft ainfi que l'on parvient au terme défiré, & que l'on finit par fe trouver dans fa propre maifon. Il en eft de même de la fcience, & après avoir parcouru les différens objets de nos connoiffances, nous arrivons enfin à la vraie fageffe, féjour du repos & du bonheur ''.

C. MÉLISSUS.

Il était originaire de Spolette où il naquit libre ; mais il y fut abandonné par fes parens, & il paffa dans les mains d'un particulier qui lui fit faire de fi bonnes études, qu'il entra au fervice de Mécène en qualité de Grammairien. Ce maître lui plut au point, qu'il aima mieux refter fon efclave, que de céder aux follicitations de fa mère qui fit tous fes efforts pour l'engager à jouir des droits de fa naiffance. Cependant il fut mis en liberté peu de tems après, & appellé Mécène Méliffe, comme on peut le voir dans le 28e. *Livre* de l'Hiftoire

Naturelle de Pline. *Nous avons su* , dit cet Auteur, *que Mécène Mélisse s'abstint de toute espèce de travail pendant trois années entières* , parce qu'il *était incommodé de convulsions & d'une perte de sang* , mais *Mécène le présenta à Auguste qui lui confia la garde des Bibliothèques dans le Portique d'Octavie. A l'âge de 60 ans , il fit un Recueil de bons mots & inventa un nouveau genre de Pièces comiques qu'il nomma Trachatæ.* Il est fait mention de ce Poète dans Ovide & dans Acron qui parlent en même-tems d'Hélius Lamia , d'Antoine Rufus & d'Aphricanus Pompée , Auteurs peu connus.

HÉLIUS MÉLISSUS.

De notre tems , dit Gellius dans son 18e. *Livre des Nuits Attiques* , il y a eu un Hélius Mélissus Grammairien d'une grande réputation ; mais en Littérature , il avait plus de vanité que de science. Outre un très-grand nombre d'ouvrages dont il fut l'Auteur, il composa un Livre que l'on regarda comme très-précieux au moment où il parut. Il avait pour titre , *la Propriété de parler* , & Mélissus prétendait que ce privilége était la corne d'abondance. *Qui donc* , dit Gellius, *croira pouvoir parler proprement & comme il convient , s'il n'a pas le Livre de Mélisse ?* Gellius parlait-il ironiquement , ou disait-il ce qu'il pensait ?

Turanius.

Il vécut sous Auguste & fut contemporain de Mélissus. Il fit quelques Tragédies, & son nom est cité dans Ovide qui dit en parlant de lui :

Musaque Turani tragicis innixa cothurnis.

Le même Poète parle de Lupus qu'il dit avoir joué dans les Pièces de sa composition. Dans ce tems encore, vivait Sévère dont Ovide reçut une Elégie qui se trouve insérée dans le *IVe Livre du Pont.*

Asinius Pollio.

Il joignit le talent de la poésie à celui de l'éloquence, & son nom est cité dans Horace, ainsi que dans Catulle qui l'appelle le père des saillies & de l'enjoûment. *Pollion,* dit Eusèbe dans ses Chroniques, *vivait dans la* 195e. *Olympiade ; il était Orateur & homme Consulaire. Il triompha des Dalmates & mourut à Tusculum, dans la* 80e. *année de son âge.* Quintilien, dans ses *Controverses,* ajoute qu'il avait toujours été l'ennemi de Cicéron contre lequel il s'acharna, même après sa mort.

Asinius Gallus.

Il était fils de Pollion, & comme lui, il persécuta les mânes de Cicéron auquel il compara son père qu'il mit beaucoup au-dessus. Il existe encore des vers de Pline le jeune fur les Livres que Gallus compofa contre fon ennemi qui trouva un défenfeur dans la perfonnne de Claudius, & Gallus fut réduit au filence. Dion & Tacite racontent de quelle manière il encourut la difgrace de Tibère qui, felon Eusèbe, le fit périr dans les fupplices les plus cruels, vers la 199ᵉ. *Olympiade*, un an avant la mort de Tite-Live.

A R I S T I U S   F U S C U S.

Il fit des Comédies felon Porphirion, & des Tragédies felon Acron. Ce qu'il y a de certain, c'eft qu'il vécut fous Augufte, & fut un des grands amis d'Horace.

A N N Æ U S   S É N È Q U E.

On diftingue communément Sénèque le *tragique* de Sénèque le *Philofophe*, & les favans n'ont encore pu décider auquel des deux on eft redevable des Tragédies dont nous allons offrir la traduction. Selon Jufte Lipfe, le père du *Philofophe* vivait à Cordoue pendant la guerre civile de Céfar & de Pompée. Il y enfeignait la rhétorique, & avait pour femme Helvia dont il eut trois fils, favoir le *Philofophe*, Annæus Novatus & Mela, père de Lucain. Le même Jufte Lipfe affure que le premier eft vraiment l'Auteur des Tragédies, & fon opinion eft confirmée par celle d'Erafme.

J. D. Dusauoc del.   L. Joan Sculp.

SÉNÉQUE.

Malgré la sévérité de sa morale, cet Ecrivain ne fut point insensible à l'amour, & jaloux de plaire, il plut en effet à la célèbre Agrippine, seconde femme de Claude, mais son intrigue ne tarda point à se découvrir, & Sénèque fut relégué dans l'Ile de Corse où pour charmer son exil, il composa ces Pièces de Théâtre dans lesquelles on retrouve cette abondance ingénieuse & souvent fatigante qui se rencontre à chaque instant dans ses œuvre philosophiques.

Quelques Auteurs assignent une autre cause à la composition de ses Tragédies, & Gronovius prétend qu'il les fit dans la vue de voiler sa morale à Néron dont le caractère devenait de jour en jour plus impétueux : ce moyen, ajoute-t-il, lui parut le plus favorable pour donner à son élève des leçons qui pussent le modérer, sans choquer son amour-propre.

Heinsius n'attribue au grand Sénèque qu'*Hyppolyte*, *Médée*, les *Troyennes* & *Thyeste* ; *Hercule furieux*, *Œdipe* & *Agamemnon*, à son frère vulgairement appellé le *Tragique*. A l'égard de la *Thébaïde*, de *Hercule sur le mont Oëta* & d'*Octavie*, il conjecture qu'elles sont de trois différens Auteurs inconnus. Ce critique ne fait aucun cas de la première, mais Juste Lipse la regarde comme un chef-d'œuvre, & ne l'appelle que la *divine Thébaïde.* On a même avancé qu'elle était de quelque Poète célèbre du siècle d'Auguste.

Le Père Brumoy affirme que ces mêmes Tragédies ne sont d'aucun Sénèque, mais d'un Anonyme qui aura pris ce nom très-fameux alors dans la République des Lettres ; mais cette opinion est sans fondement, & l'Auteur du Théâtre des Grecs ne l'aurait point hasardée, s'il avait étudié le style des deux Sénèques avec autant d'attention que celui de Sophocle & d'Euripide. Il aurait trouvé la même marche, la même érudition, la même manière dans les Tragédies que dans les œuvres Philosophiques du Précepteur de Néron. Le fond des idées & des images est absolument du même génie, & par-tout on retrouve le *Philosophe* dans le *tragique*, excepté dans *Octavie* & dans *Hercule sur le mont Oëta.* Quant à cette dernière où il paraît lui-même sur la Scène, il est certain qu'elle n'est pas de lui ; mais d'après les autorités que nous venons de citer, & sur-tout d'après le style qui nous semble la plus déterminante de toutes les raisons, il n'est guères possible qu'il ne soit pas l'Auteur des autres. Revenons à sa personne, & l'on verra qu'il doit être mis au nombre de ces hommes rares qui ont paru dans le monde.

Originaire d'une province encore réputée barbare, il arrive à Rome avec son frère & son neveu : Caligula y régnait, les deux Sénèques étaient d'une des plus grandes familles de Cordoue, & peut-être ne durent-ils qu'à cet avantage la diftinction avec laquelle on les accueillit dans une ville où l'on avait le mépris le plus injurieux pour tous les étrangers. La philofophie & l'éloquence y jouiffaient alors de la plus haute confidération, & les deux Efpagnols étudièrent la réthorique fous Pomponius Marcellus, la doctrine de Zénon fous Socion d'Alexandrie.

Notre Sénèque ne tarda pas à étonner fes maîtres par la rapidité de fes progrès, & bientôt il figura parmi les grands Orateurs de fon tems. Il plaida même une caufe célèbre dans le Sénat qui le combla d'éloges, mais Caligula qui fe flattait d'être le plus éloquent des Romains, fut jaloux de voir qu'un étranger ofât lui difputer ce titre, & Sénèque abandonna le barreau. Né avec de l'ambition qui perce à travers tous les voiles dont il cherche à la couvrir dans fes écrits, il s'attacha d'abord à Domitius, premier époux d'Agrippine, moins pour lui cependant que pour cette femme à laquelle il infpira de l'amour, & qui dans la fuite fut l'inftrument de fa fortune. Exilé pour elle, & rappellé au bout de deux ans fous l'Empire de Claude auquel elle s'était mariée, il fut élevé à la préture, & nommé gouverneur de Néron qui, après avoir été le bourreau de fa mère, de fon frère, de fa femme &

d'un nombre infini d'illuftres victimes, finit par immoler Sénèque même. La feule grace qu'il obtint, ce fut de choifir le genre de fa mort, & il eut le courage de s'ouvrir les veines. Ses amis fondaient en larmes, & le mourant faifait tous fes efforts pour les confoler. *Voyez*, leur difait-il, *voyez mon âge & mes infirmités. Néron me fait defcendre dans la tombe à laquelle je touchais & où j'allais defcendre fans lüi. Faut-il vous affliger parce que je devance mon heure de quelques momens ?........ Vous, ma chère femme, ma vertueufe Pauline, reffouvenez-vous de moi, de mon amitié pour vous, vivez heureufe, & fupportez courageufement ma perte.*

Mais cette fidèle & courageufe époufe lui déclare qu'elle ne veut pas lui furvivre, & qu'elle lui demande en grace de fe faire auffi ouvrir les veines, afin de confondre fon fang avec le fien. Elle était jeune & belle, Sénèque l'aimait au point d'imaginer avec peine qu'un jour elle pourrait être à un autre, & il agréa fon facrifice auquel il l'encouragea par des paroles fpécieufes. *Je m'y oppoferais*, lui dit-il, *fi nous vivions dans un fiècle plus pur, mais la cruauté de Néron & la corruption de fa cour me font céder malgré moi, à l'excès de votre tendreffe.* On peut, en effet, fe rappeller ce luxe incroyable, ce penchant univerfel pour les plaifirs, ce rafinement de volupté qui caractérifent le fiècle de Néron, ces reffources que l'on imaginait pour réveiller la fatiété, & fur-tout la coquetterie des femmes dont on peut juger par celle de l'Impératrice qui pour enflamer davantage les defirs de ceux qui la contemplaient, prit le parti de paraître rarement en public, & de ne s'y préfenter qu'avec un voile qui lui couvrait la moitié du vifage. *Velata parte oris, ne fatiaret afpectum.*

Cependant Pauline fe met dans le bain, on lui ouvre les veines, & elle voit mourir Sénèque à qui la vieilleffe avait déja ôté une partie de fon fang. Avant d'expirer, il jetta en riant de l'eau chaude à fes efclaves, auxquels il dit : *offrez cette eau à Jupiter Libérateur :* à peine eut-il fermé les yeux, que Néron fut inftruit de la réfolution de Pauline, & envoya promptement à fon fecours : on lui fauva la vie, quelques efforts qu'elle employât pour la perdre, mais dès ce moment elle ne fit que languir, & peu de tems après elle defcendit dans le tombeau.

Quelques Ecrivains prétendent que Sénèque fut condamné à la mort pour avoir conjuré contre fon élève, & plufieurs autres affurent qu'il était innocent : mais que penfer d'un fage qui écrivit fon traité du mépris des richeffes fur une table d'or, avec un ftylet de diamans, & qui après tant de déclamations fur la vanité des grandeurs, fut foupçonné d'avoir formé une confpiration pour parvenir à l'Empire. Qu'il ait été coupable ou non du crime que nombre d'Hiſtoriens lui ont imputé, il eſt certain que ſa conduite ne fut pas auſſi ſévère que ſa morale, & que le mépris qu'il paraiſſait avoir pour les grands biens, ne l'empêcha pas de ſaiſir les occaſions d'aggrandir ſa fortune ; auſſi eſt-il appellé le *riche Sénèque* par Columelle, Pline, Tacite & Juvenal, qui dans pluſieurs endroits ont parlé de ſon luxe & de la beauté de ſes jardins.

Outre ſes Tragédies & ſes Préceptes de Morale, on lui attribue un petit ouvrage ſur le jeu, & Saint Jérôme qui le range dans la claſſe des Auteurs Chrétiens, aſſure qu'il fut long-tems en correſpondance avec Saint Paul. D'après cela, on ne doit pas s'étonner ſi quelquefois il s'éleva contre la ſuperſtition des Romains & des Gentils. Lilio ajoute qu'il compoſa lui-même ſon épitaphe dont voici le Latin & la traduction.

Cura, labor, meritum, ſumpti pro munere honores,
    Ite, alias poſthac ſollicitate animas :
Me procul à vobis Deus evocat, ilicet actis
    Rebus terrenis hoſpita terra vale.
Corpus avara tamen ſolennibus accipe ſaxis,
    Namque animam cœlo reddimus : oſſa tibi.

» Peines, travaux, talens, & vous honneurs qui » en êtes la récompenſe, allez déſormais tourmen- » ter d'autres ames. Dieu m'appelle loin de vous,

» j'ai fait mon rôle dans ce monde. Adieu terre
» qui m'a logé : garde néanmoins ce corps qu'il
» faut laisser à ton avarice, car notre ame est
» pour le ciel, & nos os font à toi «.

OBSERVATIONS fur fes Tragédies.

L'Abbé de Marolles les a traduites il y a 150
ans, & cette traduction est illisible, quoique le
Marquis de Chambrai, Ménage & le Conseiller
Petitville lui en ayent adressé les complimens les
plus flatteurs. Il se vante de l'avoir faite en trois
mois, & certainement il lui fallait beaucoup plus
de tems pour y donner une idée du génie de son
original. Nous n'estimons pas plus celle de Linage
imprimée sous la Fronde en 1651, & l'on devine
aisément que son style doit être rempli des expressions les plus grossières. On peut en juger par
quelques fragmens de Garnier qui vivait du tems
de Henri III, auquel il a dédié son Théâtre dans
lequel on trouve trois Tragédies imitées de Sénèque; la *Troade, Antigone* ou la *Thébaïde & Hyp-
polite*. Voici comme il décrit la mort de ce jeune
Prince.

» Si-tôt qu'il fut sorti de la Ville fort blême,
» Et qu'il eut attelé ses limoniers lui-même,
» Il monte dans le char & de la droite main
» Lève le fouet sonnant. . . . .

. Plus bas il dit, en parlant de la vague qui apporte le monftre :

>> Elle s'en vient roulant à grands bonds vers le bord
>> Qui frémit de frayeur d'un fi vagueux abord,
>> L'eau fe creufe en deffous en une large foffe
>> Et des flots recordés tout à l'inftant fe boffe :
>> Elle bout, elle écume & fuit en mugiffant
>> Le monftre qui s'en va fur le bord élançant &c.

Laurent Briffet , Gentilhomme Tourangeau ,
nous a laiffé auffi un *Hercule furieux*, traduit de
Sénèque , & imprimé en 1589. Ecoutons le début,
c'eft Junon qui parle.

>> Sœur du grand Dieu tonnant, car ce nom feul me refte ,
>> J'ai , toujours laiffé veuve en la voûte célefte ,
>> Jupiter étranger qui fe fied au milieu
>> D'un ferrail de P... qui pofsèdent mon lieu.
>> Sus , habitons la terre : auffi-bien les paillardes
>> Dans le ciel mon palais fe pavanent gaillardes :
>> Tout le ciel en eft plein.

Le même monologue a été rendu en Français
par Benoît Bauduyn d'Amiens , Principal du Col-
lége de Troyes & Docteur en Théologie, dans fa
traduction d'Annæus Sénèque : c'eft ainfi qu'il
commence :

>> Propre fœur que je fuis du grand Roule-tonnerre ,
>> Car en ce titre feul tout mon lot fe refferre ,
>> Je l'ai enfin quitté ce Jupin qui toujours
>> Dédaigneux de mon lit loge ailleurs fes amours.

>> Oui ,

» Oui, veuve, j'ai laissé la maison étoilée
» Contrainte que je suis de céder exilée
» A ces Gar. . . . . .

Il est inutile de faire remarquer tout le ridicule de ces différens morceaux, & nous nous contenterons d'observer que l'on avait déja banni du beau langage les termes indécens dont ces Auteurs se servent pour rendre *Pellex* & *Meretrix*. Le premier signifie une femme qui attire, qui séduit par ses charmes ; le second, celle qui se fait payer, & en latin ces deux termes font admis dans le style le plus relevé, puisque Lucain appelle Cléopâtre *Meretrix Regina ;* mais en français ce font des injures, & dès le tems de ces Traducteurs que nous venons de citer, on y avait substitué les mots de *courtisanne* & de *maitresse*.

Il est donc évident que le Théâtre de Sénèque manque à la Littérature Française, & nous avons cru devoir le donner, non comme un modèle, mais comme le seul Auteur tragique qui nous reste de l'ancienne Rome. La *Médée* d'Ovide n'est point parvenue jusqu'à nous, & l'on ne connaît que de nom Livius Andronicus, ainsi que quelques Auteurs Latins, faibles imitateurs d'Eschyle, de Sophocle & d'Euripide.

Les uns ont dit beaucoup de mal des Tragédies que nous offrons, les autres en ont fait les plus grands éloges, & parmi ces derniers, on compte

Sidonius Appollinaris , Lactance & Paul Lom-
bard. Elles furent admirées au seizième siècle ;
Rotrou en fit son étude particulière ; en un mot,
Corneille & Racine même en ont traduit & imité
plusieurs endroits. Moins indulgent que ces deux
Ecrivains , Despréaux a blâmé les plaintes ampou-
lées d'Hercule , & depuis ce critique , Sénèque a
beaucoup perdu.

Tout homme sensé trouvera de l'enflure dans
cet Auteur, & s'appercevra qu'il n'est sublime qu'a-
vec effort ; mais il l'est souvent, mais il a plus
d'excès que de défauts, & il sera lu avec plaisir
par ceux qui préfèrent à la marche compassée du
raisonnement , la fougue d'une imagination qui
s'égare quelquefois , mais qui étonne toujours :
d'ailleurs, s'il n'a rien de la simplicité des Grecs,
si ses personnages déclament plus qu'ils n'agissent ,
s'il offre plus de beaux vers que de situations intéressantes, c'est que telle était la manière de son
siècle dans lequel on était devenu précieux , en
voulant ajouter à l'urbanité de Cicéron , de Virgile & d'Horace ; boursouflé , en s'efforçant d'aller
au-delà de leur énergie.

Ce fut sur-tout sous le règne de Néron que
ces prétentions devinrent générales , & l'on connaît le ridicule de quelques-uns de ses vers que Perse
nous a conservés. Sa Cour était remplie de jeunes
gens dont l'esprit & la suffisance donnaient le ton

dans tous les genres. Sénèque parut, & le désir de plaire l'obligea d'adopter le mauvais goût de ses contemporains. Ce fut dans la même vue que l'Auteur du *Misantrope* composa autrefois *George Dandin* & *Pourceaugnac*. Ajoutons à cela qu'il ne faut point juger des Pièces de Sénèque par les nôtres. Le local, la manière, les spectateurs, la pompe théâtrale, tout en est différent.

Parmi nous, la Tragédie est l'amusement de quelques personnes instruites ou désœuvrées ; à Rome, c'était le spectacle de toute une nation composée de citoyens *qui ne faisaient pas un geste*, dit Balzac, *qui fût indigne des Souverains du monde, & qui, même en riant, conservaient leur dignité.* Les Tragédies y étaient représentées dans ces cirques immenses dont nous avons donné la description ; le local seul imposait la nécessité d'y introduire de la majesté ; on la puisa dans la religion, & les Dieux parurent sur la scène : dès-lors, on crut ne pouvoir mettre trop d'épique dans les vers, trop de faste dans les expressions, trop d'éclat dans la musique des chœurs qui terminaient les actes, trop de merveilleux dans les décorations dont la richesse parut le moyen le plus propre pour frapper la multitude ; en un mot, on aggrandit les personnages en les exhaussant sur des cothurnes, en leur donnant des porte-voix, & l'on dénatura le caractère de leurs visages, en les couvrant de mafques fur lefquels étaient peints les traits connus de ceux qu'ils repréfentaient. Nous fommes bien éloignés d'avoir ce gigantefque, & il n'eft pas étonnant que le langage de nos Poètes dramatiques foit fi différent de celui des Anciens.

Quelques Auteurs prétendent que la gravité ftoïque de Sénèque l'empêcha de s'avouer l'Auteur de fes Tragédies, qu'il les mit fur le compte de fon frère ou de fon fils, & qu'elles ne furent pas même jouées de fon vivant. Peut-être auffi appréhendait-il que Néron ne s'y reconnût : fon but, en les compofant, avait été de montrer à fon élève toute l'horreur des vices dont il avait le germe, & les applications que l'on n'aurait pas manqué de faire des portraits de l'Ecrivain, auraient attiré fur lui le reffentiment d'un fouverain qui peut-être l'a condamné à la mort pour des caufes beaucoup plus légères.

D'après ces précautions qui réellement ont été prifes par Sénèque, il n'eft pas étonnant que les Hiftoriens foient partagés fur le nom du véritable Auteur des Tragédies, & cependant ces mêmes précautions prouvent qu'elles font effectivement du *Philofophe* qui, d'ailleurs plus jaloux de détruire les abus de fon fiècle, que d'avoir la réputation d'un excellent Tragique, ne courut la carrière du Théâtre que pour y répandre les grands

principes de Zénon. Il crut que c'était le moyen le
plus sûr de faire goûter ses maximes aux Romains pour qui les Spectacles étaient devenus un
besoin indispensable. Ajoutons à cela que l'épi-
curisme qui avait perdu la Grèce , allait perdre
aussi ses concitoyens , & que ce n'était plus le
tems où Fabricius , entendant vanter à Cynéas la
morale d'Epicure , s'écria : *Plût aux Dieux que
toute la Grèce fût Epicurienne , nous aurions bientôt fait !* Les Romains du siècle de Sénèque pen-
saient tous comme Cynéas , le luxe était à son
comble , la corruption l'avait suivi , les Césars
n'écrivaient plus à leurs maitresses que sur des
tablettes de cornalines & de saphir ; enfin la dé-
cadence de l'Empire approchait, & Sénèque, aussi
fastueux que ses contemporains , voulait au moins
retarder le désastre par la force de ses discours.

Depuis quelque tems, les Français ont couru avec
empressement à la représentation de ces Drames
noirs & sombres puisés chez une nation à qui les
commotions fortes sont nécessaires , & ce goût ,
qui ne peut être que momentané , a préparé nos
lecteurs sur la cruauté de quelques personnages de
Sénèque. Hercule leur fera moins d'horreur , lorsque , dans un accès de rage , il poignarde ses enfans sur le sein d'une femme qu'il adore & dont
il est adoré. Ils ne frémiront pas lorsque le sau-

vage Hipolyte faifira Phèdre par les cheveux, &
voudra l'immoler à fon reffentiment; lorfqu'Ulyffe
menacera Andromaque de lui faire éprouver toutes les horreurs de la torture. La fuperftition
avait confacré ces atrocités attribuées aux héros
de l'antiquité, la tradition les avait tranfmifes,
& la religion défendait d'en adoucir les traits.
On les refpectait du vivant de Sénèque, & ces
mêmes Romains qui vivaient comme des Syba-
rites, qui vantaient leur clémence & leur humanité, couraient en foule aux Cirques où des gladiateurs devaient s'entr'égorger. Que l'on confi-
dère les Spectacles depuis leur origine, & l'on
verra que dans chaque nation, la fcène a toujours préfenté des objets conformes au goût do-
minant. Ainfi, fous Charles V, on n'a eu d'autres Pièces à Paris que celles des Confrères de la
Paffion qui jouaient les Myftères, l'Evangile &
les Actes des Apôtres. Les Pièces de Jodelle fous
Henri III, étaient analogues aux mœurs de leur
tems. Sous Louis XIII, Hardi donna une idée
du changement furvenu dans le caractère d'un
peuple naturellement volage, & l'on retrouve la
même marche dans la *Sylvie* de Mairet, dans la
Marianne de Triftan. Lorfque Corneille parut, les
efprits étaient encore échauffés par le feu des
guerres civiles, & fon énergie fut admirée; Louis

XIV répandit alors dans la France cette politesse, cette galanterie qui régnaient à sa Cour, & Racine écrivit.

Les Anciens avaient de l'exagération dans leurs douleurs, & les Princesses de Sénèque s'arrachent les cheveux, se meurtrissent le sein qu'elles découvrent aux yeux du peuple. Les chœurs des jeunes filles les imitent, & se mettent le corps en sang. Ces excès sont révoltans, & pour les supporter, il faut se ressouvenir que pendant long-tems ils firent les délices des Grecs & sur-tout des Romains : *mais enfin, dit Corbinelli, on s'avisa de noyer ces afflictions dans le vin, & de choisir la bonne chère pour le dernier charme de la mauvaise fortune : c'était un charme en effet qui couvrait un mal par un autre, en ajoutant la perte de la raison à celle d'un frère ou d'un ami.*

On a vu que la méthode des Anciens était d'expliquer dans un monologue le sujet de leurs Tragédies, ou de leurs Comédies, & chacun de ces monologues est très-long dans Sénèque, mais travaillé avec le plus grand soin. C'est dans ses chœurs sur-tout qu'il accumule les plus belles images, les sentences les plus graves, les pensées les plus brillantes & les plus hardies, les vers les plus pompeux. On lui reprochera de les avoir trop chargés d'épithètes, mais en même-tems, on sentira que cet excès d'élégance qui chez tant d'autres tient à la disette d'idées, est l'effet de l'abondance chez Sénèque. D'ailleurs, c'est un luxe qui disparaît dans l'original par la variété des mesures que le Poète fait se ménager. La plupart de nos Drames Français sont écrits en vers *alexandrins* dont la marche est toujours la même ; dans Sénèque, c'est l'*iambe*, l'*asclépiade*, l'*anapeste*, le *saphique*, l'*alchaïque*, toutes mesures variées qui s'entremêlent, & bannissent la monotonie. Ce même homme sait se resserrer quand il le veut, & alors nul Auteur ne le surpasse en précision. Ses Pièces en seront la preuve, & l'on y trouvera quantité d'exemples d'une brièveté qui lui est propre dans les attaques & dans les répliques : ce sont autant de traits que de mots. Corneille a souvent imité cette précision qui jette de la chaleur dans le dialogue, quand elle n'est pas trop prodiguée : nous n'en citerons ici que le *moi* de Médée qui est de Sénèque, mais le *qu'il mourût* des *Horaces*, n'est dû qu'au génie de l'Ecrivain Français.

A l'égard de l'Auteur Latin, s'il mit trop d'harmonie dans ses vers, c'est qu'il voulait égaler les Poètes de son tems qui ne songeaient qu'à charmer les oreilles, & qui souvent négligeaient la pensée pour ne s'occuper que d'une mesure agréable. Tels étaient Néron & Lucain, Juvénal & Claudien dans les générations suivantes, & avant eux, Stace dont on courait en foule écouter les vers quand il daignait les réciter. Tel était enfin notre Sénèque, & l'on devine aifément le tort que doit lui faire une traduction dans laquelle il eft impoffible de rendre les beautés de la langue dans laquelle il a écrit. Malgré la faibleffe de celles dont nous avons parlé, fes Tragédies eurent beaucoup de partifans fous Henri III, tems d'exaltation & d'effervefcence : il conferva encore des admirateurs dans l'âge fuivant, & non content d'avoir copié plufieurs endroits de fon *Hercule fur le mont Oëta*, Rotrou a mis à la tête de fes *deux Sofies*, tout le commencement de fon *Hercule furieux*. Corneille, comme nous l'avons dit, Corneille l'a pris pour modèle, ainfi que Racine qui avait moins d'invention, mais plus de goût, *& les gens de goût*, dit un ancien Commentateur, *reffemblent aux Phrynés de la Grèce, qui s'arrogeaient les dépouilles des femmes de bien, & qui finiffaient par les furpaffer en agrémens.*

Les deux derniers reproches que l'on fait à Sénèque, & dont fes Traducteurs n'ont pas fongé à le juftifier, c'eft d'avoir prodigué dans fes Pièces la Mythologie & la Géographie. Il eft certain que quand Hécube eft enfevelie, pour ainfi dire, fous les ruines de Troye, elle doit plutôt faire parler fes douleurs, que differter fur les embouchures du Tanaïs, & fur les funeftes aventures des Héros de la Fable, mais il faut se ressouvenir que Sénèque écrivait pour les Romains qui avaient une instruction nationale, digne des maîtres du monde. Habitans d'une partie de leur Empire, nous n'étendons guères nos vues au-delà ; & chez eux, les moindres citoyens voyageaient avec tant de fruit, que la Géographie de Sénèque leur était familière. La Mytologie ne leur était pas moins connue, & le Poète savait que ses spectateurs l'écouteraient avec plaisir, toutes les fois qu'il leur parlerait d'une Religion qu'ils possédaient parfaitement.

Outre les Auteurs que nous avons nommés & qui ont dit du bien des Tragédies de Sénèque, nous citerons encore Martial, Juvénal, Ausone & Scaliger : ce dernier prétend qu'il n'est inférieur à aucun des Grecs, & qu'il a plus d'élégance qu'Euripide. Plusieurs Savans aussi se sont empressés d'éclaircir les endroits difficiles de ses Pièces, & de ce nombre, sont Bernardinus Marmita, Daniel Cajettan, Badius, Avantius, Alde-Manuce, George Fabrice, Rephalenge &c.

Nous n'ajouterons rien aux raisons qui nous ont décidés à donner cette traduction. Sénèque n'est presque pas connu, & Sénèque est vraiment un homme extraordinaire : que fallait-il de plus pour nous déterminer ?

J. D. Dugourc del.   Ingouf Junior Sculp.

JOCASTE.

TRAGÉDIES DE SÉNÈQUE.

LES PHÉNICIENNES,

OU

LA THÉBAÏDE.

PERSONNAGES.

ŒDIPE.
ANTIGONE.
JOCASTE.
POLYNICE.
Un Député de Thèbes.

ACTE PREMIER.

SCÈNE PREMIÈRE.

ŒDIPE, ANTIGONE.

ŒDIPE.

Tendre guide d'un père aveugle, ô toi, l'unique consolation de ma misère, ma fille, à qui je suis fâché d'avoir donné le jour, malgré toute ta piété, ah! fuis, abandonne moi! pourquoi cette attention continuelle à diriger mes pas errans ? laisses-moi tomber plutôt ; je saurai trouver mieux que toi le meilleur chemin, celui que je cherche & qui me délivrera d'une pareille vie, qui ôtera au ciel & à la terre l'aspect d'une tête si coupable. O le rare exploit de mon bras, après mon forfait ! privé de la lumière, je ne vois plus le jour, mais on me voit encore. Eloignes, mon Antigone ! éloignes cette main qui serre la mienne, permets que mes pieds errent à l'aventure : j'irai bien tout seul sur la cime escarpée du Cythéron, où l'innocent objet de la colère de Diane, (*Actéon*) étendu sur des rochers, se vit la pâture de ses chiens avides ; sur cette cime où une mère encore charmée de faire son propre malheur, anima ses sœurs déja pleines de la divinité de Bachus, à immoler son fils, & à porter sa tête sur le Thyrse parricide. (*Agavé qui tua son fils Penthée, croyant tuer un sanglier.*) J'irai où le taureau de Zéthus déchira le corps de Dircé, & laissa sur les ronces les marques de sa fuite cruelle. Je trouverai ce rocher qui domine la vaste mer, ce rocher sur lequel se précipitèrent Mélicerte & Ino qui échapait à un crime pour en commettre un autre. Heureux ceux à qui la fortune plus propice donna de pareilles mères ! (*Ino immola ses enfans.*)

Ma fille, il est encore dans cette forêt un lieu qui me redemande. (*C'est celui où l'Oracle avait* ordonné de le mettre au moment de sa naissance pour y être dévoré , & d'où il fut retiré par un berger qui le sauva.) J'y retournerai avec joie , mes pas ne s'égareront point, & les guides me sont inutiles. Qui pourait m'empêcher de regagner ma demeure? ô Cythéron! rends-moi la mort & l'hospitalité que tu me dois par l'ordre des Destins. Que j'expire au moins dans ma vieillesse à l'endroit où je devais expirer enfant. Reçois mon ancien supplice , ô montagne toujours sanglante , toujours cruelle, inhumaine , impitoyable, soit que tu donnes la mort, ou que tu fasses grace! Ce cadavre est à toi depuis long-tems , accomplis les vœux de mon père & de ma mère , mon ame s'empresse de subir un tourment si long-tems différé : mon enfant! pourquoi ton cruel amour me tient-il à la chaîne! ne m'arête plus , c'est ton père qui t'en prie. Je cours remplir mon sort, laisses-moi. L'ombre de Laïus à qui j'ai ôté le sceptre & la vie, me poursuit & me déchire. Le voilà qui avec ses mains furieuses veut arracher mes yeux qui ne sont plus... Le vois-tu, ma fille ? Je le vois. — Malheureux Œdipe qui n'as montré de courage que sur une partie de toi-même, (*ses yeux.*) déploye-le plus noblement , termine tes souffrances d'un seul coup , & au lieu de nourrir des peines éternelles dans la langueur de l'ennui , reçois la mort toute entière. Pourquoi traîner , pourquoi vivre ? je n'ai

plus même la puiffance de faire de nouveaux crimes..... Qu'ai je dit? je le peux encore..... ô
vierge! fuis loin de ton père, fuis: après ma mère,
je crains tout.

ANTIGONE.

Il ne fera jamais de violence, ô mon père! qui
puiffe détacher ma main de la vôtre : rien ne pourra
m'empêcher d'être la compagne de vos malheurs.
Que vos frères armés d'un fer impie, fe difputent
le brillant héritage & l'opulent royaume de Lab-
dacus; je pofsède la plus précieufe partie de cet
Empire, mon père eft mon partage. Etéocle qui
vient de ravir le fceptre de Thèbes, ne m'arrachera
point ce bien. Je le difputerais à Polynice qui
arrive à la tête des troupes d'Argos, pour ravager
fa patrie. Jupiter ébranlerait le monde de fon
tonnerre, fa foudre tomberait entre votre main &
la mienne, que vous ne m'échaperiez pas.

O mon père! tous vos efforts feront inutiles, je
vous guiderai malgré vous. Allez dans la plaine,
je fuis à vos côtés. Franchiffez les montagnes, j'y
confens, mais au bord des précipices, je ferai
devant vous. Je vous fuivrai par-tout où vous voudrez aller; notre route fera la même, vous ne
pourrez périr fans moi, vous le pourrez avec moi.
Ici, c'eft un fommet efcarpé qui va fe perdre dans
la nue, & qui domine la mer profondément en-
foncée fous lui. Voulez-vous y monter? là, eft une

montagne ſtérile où la terre découvre mille abymes ouverts ſous les pas ; le voulez-vous encore ? un impétueux torrent tombe plus loin , & roule avec furie des parties de montagne qu'il mine & qu'il détache; précipitons-nous-y enſemble , pourvu que je ſois la première : je ne vous y engage pas , & ne prétends point vous en détourner. O mon père ! la mort eſt votre vœu ſuprême : mourez, je vous précède ; vivez, je vous ſuis.

Changez cette horrible réſolution , rappellez votre ancien cœur. O grand courage ! domptez vos peines & triomphez d'elles. Réſiſtez : ſe laiſſer vaincre par ſes malheurs , c'eſt mourir.

ŒDIPE.

Comment tant de vertu & de grandeur d'ame a-t-il pu naître de mon ſang criminel ! par quelle fatalité ma fille eſt-elle ſi différente de ſa race ! O fortune ! la pitié a donc pu ſortir de moi !.... Elle n'en ſerait pas ſortie, je connais bien ma deſtinée, non, elle n'en ſerait pas ſortie, ſi ce n'était pour me nuire..... Pour ajouter à mes miſères, la nature changerait ſes ſoins, les fleuves remon-teraient à leurs ſources, le ſoleil conduirait le char de la nuit, l'étoile du ſoir annoncerait le jour au monde, Œdipe lui-même ſerait pieux..... Hélas ! mon unique ſalut eſt de n'en pas avoir.

Quoi ? il ne me ſera point permis de venger

mon père dont la mort crie vengeance depuis fi long tems ? ma main ne fe hâtera pas de facrifier fon affaffin ? je n'ai encore fatisfait que ma mère. (*C'eft pour elle qu'il s'eft crevé les yeux.*) Fille courageufe, abandonne la main paternelle. Tu prolonges mes funérailles, tu éternifes mes obsèques de mon vivant, ta vertu te rend criminelle : tu prends pour la pitié cette obftination à traîner dans tous les climats ton père fans fépulture. Forcer de mourir ceux qui doivent mourir, en empêcher ceux qui fe hâtent trop, c'eft juftice ; c'eft tuer que de retenir la main d'un homme dont la mort eft l'unique paffion. J'aimerais mieux la fervitude, que de voir contraindre le défir que j'ai de finir. Renonce à ton projet, Antigone ! je fuis le maître de ma vie & de ma mort. J'ai quitté mon royaume & n'ai pas quitté mon empire fur moi. Si tu es ma compagne fidèle, rends fon épée à ton père, elle a l'habitude de verfer le fang paternel..... Me la donnes-tu, ou mes fils l'auraient-ils gardée avec ma couronne ?... Elle fera fon devoir dans quelques mains qu'elle fe trouve. Qu'elle y refte, je n'y penfe plus. Mon fils la porte..... Qu'elle les perce tous deux. (*Ce fut avec cette même épée qu'Etéocle tua fon frère, par lequel il fut tué à fon tour.*) Ma fille, prépare-moi plutôt de la flame & un vafte bûcher : je m'y précipiterai, j'affranchirai mon cœur de tous

fes

ſes tourmens, je réduirai en cendres tout ce qui vit encore en moi..... Où eſt l'orageuſe mer ? conduis-moi ſur ce promontoire altier, au bas duquel l'Iſmène va lancer ſes totrens..... Dis-moi de quel côté ſont les bêtes féroces, enſeigne-moi le détroit, en un mot, quelque précipice, puiſque tu es mon guide..... J'aime mieux trouver la mort ſur ce rocher où le Sphynx propoſait ſes énigmes. Oui, c'eſt-là qu'il faut conduire mes pas, dépoſer ton père, établir un monſtre plus odieux, plus inintelligible que ce Sphynx : aſſis ſur cette roche cruelle, j'y publierai mes horribles aventures & j'y mêlerai des obſcurités ſi ténébreuſes, qu'il ſera impoſſible d'en deviner le ſens. Je dirai : ,, Ha-
,, bitans de ces lieux où régna jadis un Aſſyrien,
(*Cadmus originaire de Phénicie & devenu Roi de Thèbes*) ,, vous qui adorez les bois où ce
,, Prince immola un ſerpent cruel, qui révérez la
,, divine ſource de Dircé ; & vous qui buvez l'onde
,, de l'Eurotas, citoyens de Sparte ſi fière des deux
,, fils de Léda, auxquels elle donna le jour ; & vous,
,, peuple de l'Elide, du Parnaſſe, heureux culti-
,, vateurs des riches plaines de la Béotie, ſoyez
,, tous attentifs à ma voix !

,, L'ancien fléau de Thèbes, en voilant ſes fa-
,, tales équivoques de tant de termes myſtérieux,
,, propoſa-t-il jamais rien de ſi incompréhenſible ?
,, écoutez. ,, *Un gendre de ſon aïeul, un rival de ſon*

père , un frère de ſes enfans , le père de ſes frères:
Une femme qui, dans les mêmes couches, a donné des fils
à ſon mari , & des petits-fils à elle..... » Qui pourra
» m'expliquer ce monſtrueux phénomène ? Moi-
» même, vainqueur du ſphynx & trop tardif inter-
» prète de ma deſtinée, je ne le devinerais point «.

Delrius a conſervé une épitaphe italienne où l'on
trouve une énigme à-peu-près ſemblable & dont
voici la traduction : *Je ſuis Herſille , & Mérulle*
repoſe avec moi ſous ce marbre , Mérulle qui fut ma
ſœur , ma mère & ma femme. Vous croyez que je
vous trompe , & fronçant vos ſourcils , vous regardez
mes paroles comme les énigmes du ſphynx : elles
ſont cependant plus ſûres que les oracles que rend la
Pythie ſur le trépied ſacré. Je ſors de mon père & de
ſa fille , je jouis d'elle à mon tour: elle eſt donc , à-
la-fois, ma ſœur , ma femme & ma mère.

Antigone , continue Œdipe , pourquoi toutes
ces inutiles remontrances, toutes ces vaines prières
par leſquelles tu prétends vaincre ma réſolution ?
Elle eſt là : il faut que j'affranchiſſe mon ame
qui lutte contre la mort , il faut que je deſcende
aux vraies ténèbres ; celles où je me ſuis condamné
ne ſont pas aſſez épaiſſes. Je veux me plonger
dans le Tartare , & même au-delà, s'il ſe trouve
encore de l'eſpace. Il faut faire ce qui aurait dû
être fait depuis long-tems.

On ne ſaurait m'empêcher de mourir : tu me

refufes le fer , tu t’oppofes à l’envie qui me dévore de me jetter dans un précipice , tu ne veux
pas que je me preffe la gorge d’un nœud favorable , les herbes qui pourraient me faire périr ,
tu me les dérobes !

Quelle fera l’iffue de toutes les peines que tu
te donnes ? La mort eft par-tout. Un Dieu a
pourvu à ce befoin des hommes. On peut nous
ôter la vie , on ne faurait nous ôter la mort ,
mille chemins y conduifent. Le genre m’eft in-
différent. Mon courage peut agir , quoique ma
main foit défarmée , & c’eft elle dont en ce moment j’implore la violence , le reffentiment & la
force. Je ne me contenterai plus de ne bleffer
qu’une partie de moi-même , toute ma perfonne
eft coupable. O ma main ! fais entrer la mort
dans telle partie de ma fubftance que tu voudras ,
brife mon corps , déchire mon cœur qui a pu
contenir tant de crimes , mets tous mes vifcères
à découvert, fais retentir ma gorge de tes coups
redoublés, appelle au dehors tout le fang de mes
veines jailliffantes , dirige ma colère , couvre-
moi de bleffures , & fais-en fortir mon ame fi
dure , fi indomptable.

Et toi, mon père ! quelque lieu que tu habites,
ô arbitre de mes peines ! crois qu’il n’en eft pas
à mes yeux qui égalent mon attentat. Cette mort
que j’ambitionne eft trop peu pour moi , & je

ne te satisferai qu'imparfaitement, je n'expierai mes torts qu'à moitié. Du moins, je veux m'immoler à toi par parties, donne-m'en les moyens, reprends ce qui est toi ; je me soumets à ta vengeance, & me dévoue à tes mânes, viens donner du courage à ma trop faible main, enfonce-la dans un corps criminel. Elle n'a que légèrement effleuré mon supplice, & ce n'est qu'avec peine qu'elle a arraché mes yeux. Je ne suis pas encore assez décidé, puisque mon visage a pu arêter mes doigts. O Œdipe ! tu t'es moins ravi les yeux, que tu ne les as livrés aux coups ! Enfonçons cette même main dans ma cervelle ; c'est là, c'est à cette partie qui a déja commencé à mourir, qu'il faut achever ma mort.

ANTIGONE.

O mon père ! daignez écouter encore l'humble prière de votre malheureuse fille ! Magnanime Œdipe ! ce n'est pas à la dignité royale, ni à l'éclat d'un si haut rang, que ma voix veut vous rappeller. Non, je ne vous demande que de soutenir avec un cœur paisible cette douleur amère que le tems a déja calmée. Il convenait à un si grand courage de n'en être pas abattu, de ne pas fuïr devant le malheur : ne le croyez pas, mon père ! non, ce n'est pas une vertu de craindre la vie : c'en est une de résister à de telles misères, de ne

pas plier fous leur poids , de refter inébranlable.
Quand on a mis le deftin fous fes pieds , quand on
a rejetté tous les biens de la vie , quand on a foi-
même accéléré fa chûte , quand on n'a plus befoin
d'aucun Dieu , pourquoi défirer la mort , ou la
chercher ? L'un & l'autre font d'un cœur timide.
On ne méprife pas la mort quand on la défire. Vos
malheurs ne fauraient augmenter ? votre état en eft
plus fûr : Eh ! quel Dieu , quand il en aurait la volonté , quel Dieu pourrait vous rendre plus mépri-
fable ? vous-même n'en auriez point la puiffance ,
fans cette injufte opinion que vous méritez la
mort. Vous ne la méritez point , votre cœur eft
innocent & pur ; oui , croyez , mon père , que
vous l'êtes en dépit des Dieux.

Qui peut donc égarer ainfi votre raifon , im-
primer ces horribles remords dans votre cœur ,
vous faire foupirer pour les rives infernales ? pourquoi vouloir quitter la terre pour être dans les ténèbres ? cruel ! n'y êtes-vous pas ? pour fuïr votre
palais & votre royaume ? Ne vous en êtes - vous pas
éloigné pour ne plus voir votre fils , votre mère ?
La fortune ne vous a-t-elle pas privé de la vue de
tous les vivans ? Tout ce que la mort peut ravir ,
la vie ne vous l'a-t-elle pas ôté ? Les embaras du
diadême , les tourbillons orageux des Cours , n'en
êtes-vous pas exempt pour jamais ?.... O mon
père ! dans l'univers entier, que vous refte-t-il à fuïr ?

ŒDIPE.

Moi ! je fuis tous les complices de mon crime ;
mon cœur, cette main, ce ciel, les Dieux. Je
fuis ces forfaits que j'ai commis, tout innocent
que je fuis. Quoi ! je profanerais plus long-tems
cette terre que Cérès couvre de ses bienfaisantes
moissons ! Ma bouche souillerait la pureté de l'air,
celle de ces sources limpides, toutes les douceurs
que la mère commune des hommes procure à ses
enfans ! Mes oreilles pourraient encore entendre
prononcer les noms de père & de fils. Si avec
mes mains, je pouvais trouver cette route im-
perceptible par laquelle la voix communique au
cœur de ma fille ! Ton malheureux père aurait déjà effacé ce sentiment voluptueux que j'ai
pour toi, & qui fait une partie de mon crime.
C'est là qu'habite mon mal, là qu'il s'envénime
souvent avec la plus vive activité, qu'au défaut de
mes yeux, mes oreilles déposent encore mille
peines déchirantes.

Pourquoi donc ne donnerai-je pas aux ténèbres éternelles, cette tête déjà privée de la lumière ? Pourquoi faire attendre ici mes mânes,
pourquoi surcharger la terre ? Me reste-t-il aucun
malheur à subir ? Royaume, parens, enfans,
j'ai tout perdu, & ma vertu avec eux ; &
cette pénétration d'esprit qui rendit mon nom
si fameux, l'impitoyable sort me l'a ravie ; les

larmes me demeuraient, il m'en prive encore....
Laiffe-moi, mon cœur eft fourd à toutes les prières, & ne veut plus s'occuper que du choix d'un
fupplice égal à mes attentats....... Comment en
trouver ? Enfant, l'Arrêt de mort fut lancé contre moi. Qui eut jamais deftin plus cruel ! Je
n'avais pas encore vu le jour, je n'étais pas encore forti des flancs de ma mère, que l'on me
craignait déjà comme un monftre. D'autres meurent peu après leur naiffance, & font privés foudain de la lumière nouvelle ; j'étais mort avant
de naître. Il en eft qui expirent dans le fein ma-
ternel ; moi, fans favoir fi j'exiftais dans celui de
Jocafte, le Ciel me déclara coupable d'un crime
affreux que je devais commettre. Sur cette décla-
ration, mon père me condamne. Mes pieds délicats font percés d'un fer chaud, on m'expofe à la
voracité des monftres & des vautours qui trouvent
fi fouvent leur proie fur le Cythéron : profcrit
par les Dieux, abandonné par mon père, la mort
fuit loin de moi. Je confulte l'Oracle de Delphes,
& c'eft en obéiffant à fa voix que je tue l'auteur
de mes jours. Cette action eft fuivie d'une autre
également punie...... Affaffin de mon père, je de-
viens l'amant de ma mère. O fatal hymen ! ô
flambeau nuptial qui me couvrez de confufion ! ô
crime étrange, révoltant, inoui ! crime dont nul
peuple & nul fiècle n'ont jamais eu l'idée ! crime

capable de faire rougir des parricides ! Ces mains teintes du fang paternel , je les portai dans le lit de ma mère , & pour falaire de mon attentat , je me fouillai d'un attentat plus grand : c'était peu d'avoir immolé Laïus , je traînai Jocafte fur ma couche , elle fut féconde ; & comme fi je n'avais pas encore révolté la nature , je lui donne des enfans pour combler la mefure de toutes les horreurs poffibles. J'ai enfin rejeté le fceptre indigne , prix de la mort de mon père ; mes fils le ramaffent , & c'eft l'inftrument avec lequel ils vont s'entr'égorger. Je connais donc la deftinée de mon malheureux Royaume : le Trône n'y peut être affermi , s'il n'eft cimenté par tout le fang que les Dieux ont profcrit. Mon cœur paternel préfage les plus horribles défaftres ; c'eft moi qui ai jetté dans Thèbes la femence de la deftruction, on y viole déjà la foi des engagemens facrés. Etéocle ne veut point quitter le diadême dont fon frère a été ceint le premier : Polynice réclame fon droit , invoque les Dieux garans des traités , arrive à la tête des bataillons d'Argos. Thèbes eft fur le penchant de fa ruine, mes fils font menacés de glaives , de flames , de bleffures , des plus horribles fléaux, afin qu'on ne puiffe douter qu'ils font fortis de moi.

ANTIGONE.

Quand vous n'auriez point d'autre caufe qui

vous retienne à la vie, ô mon père ! que le devoir qui vous ordonne de calmer la fureur de vos
enfans, pourriez-vous réfifter à ce devoir indif-
penfable ? Seul, vous pouvez détourner les menaces d'une guerre impie, vous faire refpecter
de deux forcenés, rendre la paix à vos citoyens,
le repos à votre patrie, leur foi aux traités. En
renonçant à la vie, vous la faites perdre à tout
un peuple.

ŒDIPE.

Tes frères ont-ils le moindre refpect pour leur
père & pour la juftice ? Avides de fang, de la
royauté, de la guerre, de la perfidie ; cruels, fcélérats. O Antigone ! tes frères font bien mes enfans : tu vois comme ils déploient tous les forfaits à l'envi, & comme ils font peu touchés des
effets terribles qui fuivent leur inimitié ? Nés par
un crime, tous les crimes leur femblent permis.
La mifère d'un père affligé émeut-elle leur dureté ? Penfent-ils à leur patrie ? Leurs cœurs ne
font ouverts qu'à la fureur de régner. Je connais
leurs farouches deffeins, leur ambition impie,
c'eft ce qui m'engage à précipiter ma vie, à courir à ma mort. Je ne veux pas vivre pour apprendre qu'il y a dans mon palais de plus grands coupables que moi..... O ma fille ! pourquoi es-tu
profternée à mes genoux que tu baignes de tes
larmes ? Si je fuis inflexible, à quoi bon effayer

de m'attendrir ?...... Hélas ! fans toi je ferois inébranlable contre toute la terre ; la fortune veut
que tu l'emportes fur moi. Seule, tu peux adoucir les plus grands maux ; feule dans ma famille,
tu peux donner à ton père des leçons de piété.
Aucune de tes volontés ne fera pour moi dure ou
fâcheufe , donne-moi feulement tes ordres ; un
feul de tes défirs me ferait traverfer à la nage le
détroit de l'Egée, recevoir dans ma bouche les
flâmes que vomit en tourbillon le rapide volcan
de la Sicile, m'expofer au dragon des Hefpérides
encore furieux de tout l'or que lui ravit Alcide,
préfenter mes entrailles au vautour de Prométhée.
O ma chère Antigone ! un feul auffi de tes défirs
m'engagerait à vivre.

ACTE II.

SCÈNE PREMIÈRE.

ŒDIPE, ANTIGONE, un Député de Thébes.

LE DÉPUTÉ.

O fils de tant de Rois que le Ciel a fait naître
pour donner de fi grands exemples au monde !
Thèbes, que deux frères alarment par leurs coupables hoftilités , Thèbes implore votre fecours,

& vous conjure d'éloiger la flâme des murs de votre patrie : ce ne font plus de vaines menaces qui nous effraient, le malheur eft à nos portes. Le fier Polynice traîne les peuples de la Grèce fur fes pas , il réclame fon bien & prétend régner à fon tour. Sept camps qui lui obéiffent, environnent notre malheureufe ville : venez , Prince, & délivrez-nous à la fois de la guerre & du crime qu'on prépare.

ŒDIPE.

C'eft moi qui empêcherais de commettre des crimes, qui apprendrais à refpecter le fang le plus cher ! moi qui porterais les autres à l'équité , à la tendreffe ! on ne fait que fuivre les forfaits dont j'ai donné l'exemple , on m'imite. Je reconnais mon fang & je loue mes fils ; je les exhorte à ne pas dégénérer de leur père. Pourfuis donc , race fameufe ! prouve par des actions le généreux caractère de ta naiffance, furpaffe ma gloire & mes hauts faits, fignale-toi par des exploits qui me réjouiffent d'avoir prolongé ma vie. Ils en feront, je le fais, c'eft pour cela qu'ils font nés, & ce ne fera point par des crimes communs qu'un fang fi pur s'immortalifera. Armez-vous , & la torche à la main, attaquez les Dieux de vos pères, portez la flame dans les moiffons de notre patrie , défolez cette terre qui vous a vus naître , femez la deftruction par-tout, renverfez les murs, abattez les portes de la fuperbe Thèbes, profanez les Temples, mettez en pièces les Divinités de vos maifons, faites-vous-en des armes, ne laiffez fubfifter aucun édifice, brûlez toute la ville, & que l'embrâfement commence par mon lit.

ANTIGONE.

Œdipe ! calmez ces violens tranfports de la douleur qui vous égare, foyez fenfible aux calamités publiques, & venez infpirer à vos fils l'amour de la concorde.

ŒDIPE.

Tu vois un vieillard bien difpofé pour un Miniftère fi doux, un homme fort ami de la paix pour la faire goûter aux autres...... Mon ame eft groffe de fa colère, mon reffentiment eft à fon comble. Il eft trop grand, pour que je puiffe former de defir contraire à la deftinée & à la fureur de mes fils..... Ce n'eft pas affez de la guerre civile, que le frère fe précipite contre fon frère, c'eft encore trop peu ; & pour que leur crime s'accompliffe d'une manière digne de moi, digne de ma couche nuptiale, qu'on donne auffi des armes à leur mère.... Ç'en eft fait, aucune puiffance ne m'arrachera de ce bois : caché dans le creux d'une roche, ou dans les ronces d'un buiffon épais, j'ouvrirai mes oreilles à tous les bruits populaires, je ferai tous mes efforts pour entendre les détails de cette guerre de deux frères dénaturés.....

(*Cette scène est imparfaite, & le second Acte finit là.*)

ACTE III.

SCÈNE PREMIÈRE.

JOCASTE, ANTIGONE, le Député.

(*Il manque quelque-chose au commencement de celui-ci.*)

JOCASTE.

L'HEUREUSE Agavé porta dans sa main la tête de Penthée, & cette Ménade sanglante, meurtrière de son fils, en montra le trophée aux yeux des Thébains. Si elle fut criminelle, son crime s'arêta là ; le mien se perpétue : j'ai fait d'autres coupables, j'ai mis au monde des monstres, & ce qui manquait à mes malheurs, j'aime l'ennemi de ma patrie. (*Polynice.*)

Trois fois déja l'hiver a désolé la terre, trois fois la faulx a moissonné les dons de Cérès depuis que Polynice languit dans l'exil & mandie l'assistance de la Grèce. Il est devenu le gendre d'Adraste dont l'Empire s'étend sur cette mer que resserre l'isthme fameux. Adraste guide ses peuples

& traîne encore sept Puissances au secours de mon fils. Quels seront mes vœux, mon choix ? je l'ignore. Polynice revendique son trône. Sa cause est juste, il la rend criminelle en la soutenant ainsi.

Mère infortunée ! quel parti dois-je prendre ? je vois mes enfans dans les deux armées, je ne saurais former pour l'un d'eux, un desir qui ne soit une impiété : le vœu que je ferais pour l'un, serait fatal à l'autre : ils me sont également chers ; cependant mon cœur penche pour le plus juste dont le malheur encore détermine ma faveur. Les malheureux se déclarent si aisément pour leurs semblables.

LE DÉPUTÉ.

Reine ! tandis que vous suivez le cours de vos cris plaintifs, le tems se précipite, & les deux armées font étinceler leurs armes, l'airain appelle la guerre, les aigles déployées s'avancent, les sept Rois se disposent au combat, une ardeur belliqueuse anime tous les enfans de Cadmus, & des deux côtés, les guerriers s'ébranlent d'un pas intrépide. Voyez-vous comme la poussière des combatans nous dérobe le jour, en couvrant de tourbillons épais cette plaine & le ciel ? si la crainte ne trompe pas mes yeux, je vois flotter les enseignes ennemies, le premier rang est tout prêt à lancer les javelots, les noms des chefs brillent en lettres d'or sur leurs drapeaux.

O Reine ! hâtez-vous , allez rendre l'amour à
deux frères, la paix à tout un peuple. Mère de ces
barbares, jettez-vous au milieu d'eux, défarmez-
les.

ANTIGONE.

Allez , ma mère , précipitez votre marche ,
faififfez leurs traits, expofez à leurs coups votre
fein découvert : empêchez la guerre , ou tombez
la première.

JOCASTE.

J'y cours, je préfenterai ma tête à leurs armes ,
je me tiendrai contre ces tigres ; celui qui voudra
percer fon frère , immolera fa mère auparavant.
Oui, malgré ma vieilleffe, je faurai réfifter à ces
guerriers farouches..... Si le fang vient à couler ,
fi j'en fuis témoin, j'expire auffi-tôt.

ANTIGONE.

Ma mère ! on fe heurte. J'entends les clameurs ,
les frémiffemens des ennemis : le crime approche
de nous : partez , déployez tout le charme des
prières : déja mes larmes ont ému les cruels. Le
gros de l'armée ne s'avance encore qu'avec lenteur ,
mais les Généraux s'agitent , impatiens de com-
batre. (*Antigone avait laiffé fon père dans le bois
& s'était rendue au camp où elle avait touché fes
frères : de-là, elle était rentrée dans la ville , pour
engager fa mère à achever fon ouvrage.*)

Jocaste.

Quel tourbillon rapide m'entraînera dans les airs à travers tant de bataillons ! le sphynx, les oiseaux du Stymphale, les harpies ne me prêteront-elles pas leurs aîles rapides pour m'abattre soudain au milieu de ces deux armées ? (*Elle sort.*)

Le Député.

Elle est partie : c'est l'image de la fureur, c'est la fureur elle-même : le trait lancé par un Parthe, n'est pas plus prompt ; elle égale la vîtesse du navire enlevé par l'impétueux Autan, de l'étoile qui tombe du ciel, alors que comprimant le pôle, elle se fraye une route avec tous ses feux. (*Erreur des Anciens qui croyaient que les étoiles qui filent, tombaient réellement du ciel. Ce n'est qu'une exhalaison formée dans les airs, & qui prenant son cours plus bas, ressemble, en effet, à une étoile qui tombe.*)

(*Le Député monte sur le haut d'une tour & voit Jocaste arrivée au milieu des Combatans.*)

Etonnée elle-même de l'agilité de sa course, continue-t-il, elle a déja séparé les deux armées. Une mère suppliante arête la guerre & la mort qui s'avançaient des deux côtés : les traits restent suspendus dans les mains impatientes de les lancer. La paix obtient cette faveur, le fer se cache & se

repose ,

repose, les deux frères seuls agitent leurs épées, Jocaste leur montre ses cheveux blancs qu'elle arrache, ils la rejettent, elle les implore, son visage est baigné de larmes. Hélas! on peut refuser sa mère, quand elle n'attendrit pas soudain.

ACTE IV.

SCÈNE PREMIÈRE.

JOCASTE, POLYNICE, ÉTÉOCLE.

JOCASTE.

C'est moi que vous devez accabler de vos traits, moi que tous ces guerriers doivent frapper d'abord, moi qui dois être l'unique objet de la fureur d'Argos & de Thèbes. Ennemis, citoyens, percés ce sein qui donna des frères à mon mari, déchirés, dispersés mes coupables membres : je suis la mère de deux chefs qui vous divisent. O mes enfans! vous avez posé les armes, même avant que je vous rappelle notre mutuel opprobre. Tendez les mains à votre mère tandis qu'elles sont encore pures. Jusqu'ici la fortune a pu vous rendre coupables d'un crime involontaire ; toute la faute en était à moi : le premier crime que vous feriez à présent, ne pourrait être excusé par l'ignorance, il partirait de votre volonté. Si la piété vous touche encore, accordez la paix à votre mère : si le crime vous plaît davantage, difpofez-vous à en commettre un plus grand ; vous commencerez par votre mère, tranchez donc le cours de cette guerre, ou celui de ma vie..... Auquel des deux dois-je adreffer mes tremblantes paroles ? auquel donnerai-je le premier baifer ? ma tendreffe fe porte vers l'un & l'autre avec le même charme. Je revois celui-ci après une abfence bien longue, & fi le traité fubfifte, celui-là va s'éloigner à fon tour : quoi ! pour les voir tous deux enfemble, on ne pourra les voir qu'ennemis !.... Embraffe-moi d'abord, toi qui as tant fouffert & qui revois ta mère après un fi rude exil : viens, donne du relâche à ton épée impie, enfonce dans la terre cette javeline impatiente. Ton bouclier empêche le fein de ta mère de s'approcher de ton fein, dépofe-le encore. Délivre ton front de ce bandeau, ôte ce cafque, trifte ornement de ta belliqueufe tête, rends tout ton vifage à ta mère..... Tu détournes les yeux & tu obferves avec inquiétude la main de ton frère. En t'embraffant, je couvrirai ton corps tout entier, ton fang ne pourrait couler qu'avec le mien.... Tu es toujours inquiet. As-tu peur que ta mère te trompe ?

POLYNICE.

Oui, j'en ai peur. Ici la nature a perdu fes

droits , & quand un frère donne de tels exemples,
on peut se défier d'une mère.

JOCASTE.

Remets-donc la main sur la garde de ton épée,
renoue ton casque, reprends ton bouclier , garde
tes armes jusqu'à ce que ton frère ait quitté les
siennes. (*A Etéocle.*) Et toi , première cause de
cette guerre , dépose ce fer suspect. Quand tu
abhorrerais la paix que j'implore , quand ta seule
passion serait de répandre le sang, je ne te demande qu'un moment de trève pour donner le
premier ou dernier baiser à ton frère que je revois après un si long exil. Tandis qu'une mère vous
conjure à genoux, de lui accorder cette paix dési-
rée , désarmez-vous au - moins pour l'entendre.
Polynice te craint, tu le crains à ton tour , & moi
je vous crains tous deux. Polynice ! pourquoi ton
épée est-elle toujours dans ta main ! ne sois
pas fâché du retard que j'oppose à ta vengeance.....,.. Frères aveugles ! toute votre passion
est de commencer cette guerre où le vainqueur
enviera le sort du vaincu..... Tu redoutes encore
quelque perfidie d'Etéocle ? ah ! dans l'alternative
de tromper une tête si chère, ou d'être trompé
par elle , endure le crime, plutôt que de le commettre..... Quitte ces cruelles armes, une mère
veillera aux embûches de tous deux & les repous-
sera également...... O mes fils ! me donnez-vous

la guerre, ou me ferez-vous envier le fort de votre père? ferai-je venue pour empêcher votre parricide, ou pour le voir de plus près?...... Etéocle s'eft rendu à ma prière : appuyé fur fa javeline, il a quitté fon épée : vois fes autres armes dépofées à fes pieds. Polynice! entends les accens plaintifs d'une mère fuppliante, mais vois auparavant les larmes que je répands. Je touche enfin ta tête, objet fi touchant de mes longs regrets. Fugitif de ta patrie, un grand Roi t'a donné de nouveaux *Lares.* Hélas! & après tant de cruels hafards fur les ondes irritées, ce n'eft point ta mère qui t'a conduit fur la couche nuptiale, fes mains n'ont point orné ton appartement de guirlandes, elles n'ont point arraché de ta porte les bandelettes de l'hymen.

(*En entrant dans la maifon de leurs maris, les jeunes mariées attachaient à la porte des bandelettes de laine trempées dans le fang des victimes ; & celles qui les conduifaient, leurs mères ou leurs belles-mères, arrachaient & brûlaient ces mêmes bandelettes, fymbole de la virginité.*)

Ton beau-père, continue Jocafte, ne t'a donné ni tréfors, ni campagnes fertiles, ni villes opulentes. La guerre fut ta feule dot. Tu es devenu le gendre de nos ennemis, l'hôte des Pénates étrangers : profcrit, poffeffeur d'une autre patrie, déferteur de la tienne, tu as été exilé fans avoir commis aucun crime, & afin que ta deſtinée ſoit en tout ſemblable à celle de ton père, tes malheurs te viendront d'une femme. O mon fils, l'eſpoir & la crainte de ta mère! toi dont tant de fois j'ai demandé le retour aux Dieux quand je voyais que par ce retour tu pouvais m'ôter autant que me donner, je leur diſais à ces Dieux : *Quand ceſſe-rai-je donc de craindre pour lui ?* un d'eux me ré-pondit : *Quand tu le craindras.* O Polynice! ſans cette guerre, je ne te verrais point, ſans toi, je ne verrais point cette guerre. Ta vue eſt pour moi une faveur bien triſte & bien dure. Elle charme pourtant ta mère. Ecarte tes armes : tu le vois, Mars en ce moment ne t'annonce rien de funeſte. Il avait horriblement alarmé mon cœur, quand j'ai ſu que vous iriez tous deux ſi près de lui. Le friſſon agite encore tous mes membres. Qu'il s'en eſt peu fallu que je n'aie vu une horreur abomina-ble que votre père du moins n'aurait pu voir ! quoique cette crainte ne me tourmente plus , quoique cet affreux ſpectacle ſoit éloigné de mes yeux , je ſuis encore malheureuſe de l'avoir apperçu.

Par les ſouffrances que j'ai dévorées dix mois pour te donner le jour , par la piété de ton incom-parable ſœur, par les meurtriſſures dont ton père a défiguré ſon viſage, par l'affreux ſupplice dont ce vertueux mortel a puni ſon erreur, ô Polynice!

éloigne ces flames criminelles des murs de ta patrie, ordonne à ces drapeaux impies de s'écarter de nos remparts. En te retirant, tu auras consommé une grande partie de ton crime : Thèbes aura vu ses plaines couvertes de tes farouches soldats, les prairies de Cadmus foulées par tes coursiers, tes alliés nous menaçant du haut de leurs chars, tant de feux allumés pour réduire nos maisons en cendres : elle aura vu un forfait nouveau, & dont elle aura toute la gloire, deux frères qui allaient s'égorger aux yeux de l'armée, du peuple, de leur sœur, de leur mère. Leur père ne doit qu'à lui-même de n'avoir pas eu le même spectacle.

Prends-le, ce père malheureux, prends-le pour ton modèle : tu fais comme il condamne jusqu'aux fautes de l'erreur. Ne porte point, je t'en conjure, ne porte point le fer sur tes Pénates, ne renverse point Thèbes ou tu prétends régner : tu perds ton Royaume, en voulant le conquérir ; pour qu'il t'appartienne, tu veux l'anéantir : tu trahis ta cause, en dévastant cette terre, en brûlant ces moissons, en dépeuplant ces campagnes. Peut-on détruire ainsi son bien ? est-ce donc une possession étrangère que tu dévores avec la flame, que tu moissonnes avec le glaive ? disputez-vous tous deux la couronne, mais laissez subsister votre Royaume.

Quoi ! avec ces traits, avec ces torches, tu attaqueras le palais d'Amphion, ce superbe monument qu'éleva, non la force mouvante de ces machines hardies, ouvrage de l'industrie des hommes, mais le son divin de la guitarre qui en disposa les pierres sur ces tours majestueuses ? Vainqueur barbare, tu briserais ces marbres, tu ravirais ces dépouilles, tu chargerais de chaînes les généraux de ton père ! Tes féroces soldats jetteraient dans les fers des concitoyennes arrachées des bras de leurs époux ! les vierges de Thèbes, confondues avec les autres captifs, seraient données pour esclaves au beautés d'Argos ! & ta mère, les mains liées derrière le dos, suivrait sans doute le char du triomphe que tu remporterais sur ton frère ?

Peux-tu goûter le cruel plaisir de voir tes citoyens malheureux par toi ? peux-tu introduire des ennemis dans une ville si chère, la remplir de carnage & d'horreur ?.... Quoi ! ton cœur dur, féroce, indomptable, ne dépose pas sa colère ? tu es inexorable ! que feras-tu donc quand tu seras Roi ? calme, je t'en conjure, calme ces flots impétueux de ton ame, & rends-toi enfin à la piété....

P O L Y N I C E.

Pour errer toujours en malheureux fugitif ! pour me voir, banni de ma patrie, solliciter l'assistance des Nations étrangères ! Eh ! que souffrirais-je de plus affreux, si j'avais aussi trahi ma foi, si

j'étais un parjure ? je porterais la peine de la perfidie d'un autre , & mon Royaume ferait le prix
de fes crimes !

Vous me renvoyez , j'obéis à l'empire de ma
mère , mais qu'elle me nomme un autre afyle :
mon frère fuperbe cependant régnera dans mon
palais , & j'irai me cacher dans la plus vile
chaumière : donnez-la moi du moins , en me
banniffant , & que je puiffe fous un humble
toît , me confoler de la perte d'un Royaume.
Méprifé par la Princeffe à qui je devais donner
le diadême avec ma main , je ne ferai que l'efclave
rampant du Roi mon beau-père..... Il eft trop
pénible de tomber du trône dans les fers.

J O C A S T E.

Si tu es fi avide de régner , fi ton orgueil ne peut
fe paffer de fceptre , la terre ne t'en offre-t elle pas
affez à conquérir ?

» Faites plus , tenez tout de vôtre grand courage ,
» Que votre bras tout feul faffe votre partage ,
» Et dédaignant les pas des autres Souverains ,
» Soyez , mon fils , foyez l'ouvrage de vos mains.
» Par d'illuftres exploits couronnez-vous vous-même ,
» Qu'un fuperbe laurier foit votre diadême ,
» Régnez & triomphez , & joignez à-la-fois
» La gloire des Héros à la pourpre des Rois.

(Imitat. de Racine.)

Va franchir, continue Jocafte dans Sénèque, va

franchir les sommets du Tmolus, si connus du fils de Sémélé : (*Bachus qui en avait fait la conquête.*) va parcourir ces belles & fertiles plaines de la Lydie : va dans ces opulens guérets que le Pactole couvre de son sable précieux, sur les bords tortueux du vagabond Méandre : (*fleuve de Phrygie, connu par ses détours.*) va dans les climats qu'arrose l'Hèbre rapide, vers le Gargane si chéri de Cérès, aux rives du Xanthe que grossissent les neiges de l'Ida, dans les lieux où l'Ionienne perdant son nom, resserre Abyda & Sestos, dans ceux où cette mer s'approchant de plus près de l'orient, forme tant de rades sûres en Lycie : va porter le fer dans ces contrées diverses ; que ton beau-père y entraîne ses peuples & qu'il t'en facilite la conquête. Imagine-toi que ton père porte encore la couronne de Thèbes. Ton exil est préférable à un pareil retour. Banni par le crime d'un autre, tu reviens criminel par toi. Tes mains seront pures en employant toutes ces forces qui te suivront, à te former un nouvel Empire. Ton frère secondant ta noble ambition, ton frère lui-même combattra pour toi. Pars & n'entreprends que des guerres où Œdipe & Jocaste puissent faire des vœux pour tes succès. Un Etat ravi par un crime est mille fois plus onéreux que le bannissement. Peins-toi tous les maux de l'assaut que tu nous prépares, & songe à la fragilité de la fortune. Quand tu verrais toutes les

Nations de la Grèce combattre fous tes drapeaux ; oferais-tu te flatter encore de la victoire? tout ce qui eft au pouvoir de Mars eft douteux, la fupériorité des forces difparaît , & l'épée à la main, les chefs fe trouvent égaux. L'efpoir, la crainte, le fort aveugle, dérangent bien les projets des guerriers. Le prix dont tu te flattes eft douteux , le crime qui doit te le procurer eft certain. Je veux que les Dieux foient propices à tous tes vœux, que tes citoyens renverfés ayent fui devant toi, que leur deftruction foit complette, que cette plaine foit jonchée de leurs corps, ô mon fils ! chargé des dépouilles de ton frère , & malgré toute l'yvreffe de la gloire, il te faudra brifer ta palme. Que penfer d'une guerre où le vainqueur fera un monftre , s'il fe réjouit de fa victoire? ou il fera forcé de pleurer celui qu'il aura vaincu ? Renonce donc à ces horribles combats, éloigne les alarmes, & ne fois point la coupable caufe du deuil de tes parens.

POLYNICE.

Pour qu'un frère dénaturé ne porte point la peine de fon injuftice criante & de fa perfidie ?

JOCASTE.

Ne crains rien, il ne fera que trop puni : il régnéra.

POLYNICE.

Régner eft une peine ?

JOCASTE.

Si tu en doutes, regarde ton ayeul & ton père : Cadmus & toute ta race te l'apprendront. Jamais on ne porta impunément le fceptre de Thèbes, & cependant tous ces Rois malheureux n'avaient pas trahi leur foi. Crois que ton frère va augmenter leur nombre.

  » Si vous lui fouhaitez, en effet, tant de mal,
  » Elevez-le vous-même à ce trône fatal.
  » Ce trône fut toujours un dangereux abîme,
  » La foudre l'environne auffi-bien que le crime :
  » Votre père & les Rois qui les ont devancés,
  » Si-tôt qu'ils y montaient, s'en font vus renverfés.

                  (*Imitat. de Racine.*)

POLYNICE (*dans Sénèque.*)

Je crois qu'il l'augmentera, je l'augmenterai moi-même. Il eft beau de mourir Roi.

  » Quand je devrais au ciel rencontrer le tonnerre,
  » J'y monterais plutôt que de ramper à terre :
  » Mon cœur jaloux du fort de ces grands malheureux,
  » Veut s'élever, Madame, & tomber avec eux.

                  (*Imitat. de Racine.*)

JOCASTE.

Je te dévoue à tous les fupplices des exilés : règne donc, pourvu que tu fois un objet d'horreur à tous les tiens.

POLYNICE.

Craindre d'être odieux, c'eft ne vouloir pas

régner : l'Arbitre Suprême a créé enfemble la haîne & la royauté : le Roi eft celui qui fait opprimer cette haîne : l'amour qu'on a pour les fiens, eft un des malheurs du trône. On eft plus fort contre ceux dont on eft haï, & quiconque afpire à l'amour, ne règne que d'une main languiffante.

JOCASTE.

C'eft aux vrais Rois à donner aux autres des leçons pour régner : toi, tu n'en peux donner qu'aux exilés.

POLYNICE.

Pour avoir une couronne, je livrerais aux flames & ma patrie, & mes pénates, & ma femme : un Empire eft le plus grand des biens, on peut l'acheter à tout prix.

Le refte de cette Tragédie a été perdu, ainfi que les chœurs de Phéniciennes d'où elle avait pris fon nom, & ce fujet eft celui fur lequel les maîtres de l'art fe font le plus exercés. Efchyle a donné *les fept Chefs devant Thèbes*, Sophocle a compofé deux *Œdipes*, Euripide *les Phéniciennes*, Rotrou *la Thébaïde*, Racine *les Frères ennemis*.

Chez les Grecs, Antimaque & Ménélas d'Egée ont encore traité le même fujet : Ovide & Properce parlent d'un Ponthicus qui en fit une Tragédie ; enfin Stace le mit en Poëme épique, fous le règne de Domitien.

La *Thébaïde* de Sénèque, si exaltée par Juste-Lipse, & si décriée par Heinsius, n'est autre chose, dit Scaliger, *qu'un Drame de l'Ecole, qu'une déclamation Oratoire.* Il y a en effet beaucoup plus de traits & de Sentences que d'action, c'est le défaut de Sénèque, & ce défaut a fait le succès de sa Pièce dans un siècle où l'on preférait l'esprit a la raison, une imagination déréglée à une conduite sage, des pensées hardies & de beaux vers à l'intérêt.

Cependant le Père Brumoy trouve *du vrai sublime* dans cette Tragédie : ce sont, selon lui, *des traits qui échapent par hasard à un esprit, très-beau d'ailleurs, mais d'un goût dépravé, d'une imagination emportée.*

Delrius prétend que c'est la meilleure de Sénèque, & ne craint pas de dire qu'elle est supérieure à toutes celles que les Grecs ont faites sur ce sujet.

C'est à nos Lecteurs à juger qu'elle est la plus saine de toutes ces opinions, & nous nous contenterons seulement d'ajouter que la *Thébaïde,* telle qu'elle est parvenue jusqu'à nous, ne doit pas être regardée comme une Tragédie en règle. Ce sont des harangues plus pompeuses que celles de Salluste & de Tite-Live, plus remplies de chaleur que de naturel. Les dialogues de Sénèque ne sont que de beaux plaidoyers qui ravissaient Corneille & qu'il imita souvent : accoutumés, lorsque la République fubfiftait encore , à difcuter en public les affaires les plus importantes , les Romains étaient Orateurs par habitude , & leurs converfations avaient fouvent l'air de délibérations. Cette habitude fe perpétua , lors même que la République n'exifta plus, & opprimés par les Empereurs, privés du droit de fe faire entendre fur la tribune , les Orateurs déployaient leur éloquence dans les Ecoles où l'on avait encore de la vénération pour cet Art fublime qui avait confacré les noms de Cicéron & de Hortenfius. Au défaut de l'importance & de la vérité des caufes, on employait les penfées les plus brillantes , les expreffions les plus magnifiques , & fi quelquefois on était grand , on était plus fouvent ampoulé.

On a vu que la *Thébaïde* eft défigurée par quantité de lacunes , mais on ne peut nier qu'elle attache, & que de tems en tems on y trouve cette terreur fombre , cette pitié déchirante qui caractérifent l'ancienne Tragédie. Dans les *Frères ennemis* de Racine , la première & la plus faible Pièce de ce grand homme , c'eft un maffacre prefque général : on y voit mourir Jocafte , Etéocle , Polynice, Hémon, l'amant d'Antigone , en un mot Antigone elle - même ; & annoncés fucceffivement par Olympe , tous ces accidens produifent très - peu d'effet. L'amour de cette Antigone eft déplacé dans un fujet fi terrible , & quand elle s'immole pour l'objet qu'elle aime, on lui entend dire fans émotion :

» Cher Hémon ! c'eft à toi que je me facrifie.

Créon qui n'avait excité les deux frères à fe battre que dans l'efpérance de s'emparer de leur trône, qui pendant toute la Pièce n'avait paru qu'ambitieux, le fourbe Créon finit par être ridicule, lorfqu'oubliant tout-à-coup fes prétentions à l'Empire, il fe montre amoureux d'Antigone qui vient de fe tuer...... Vous m'ôtez, dit-il au Ciel,

» Vous m'ôtez Antigone, ôtez-moi tout le refte.

Racine, dans cette Pièce, a beaucoup moins imité Euripide que Sénèque & Rotrou. On lui reproche d'avoir défiguré Polynice, & cela pour Etéocle que fon ufurpation rend odieux. Rotrou a fait la même faute, & le commencement de fa Pièce eft une faible copie des *Phéniciennes* d'Euripide, ou plutôt de la *Thébaïde* du Poète Latin ; mais depuis la troifième Scène du troifième Acte, c'eft en entier la Tragédie de Sophocle.

Coup-d'œil fur le Coftume des Grecs.

Avant de paffer à la Tragédie fuivante, il eft néceflaire de jetter un coup-d'œil fur l'habillement de Jocafte, & d'en détailler toutes les parties : c'eft une des branches principales de notre Ouvrage, & les Pièces de Sénèque vont nous fournir l'occasion d'offrir au public tout ce qui concerne les vêtemens adoptés par les Grecs.

Leur habit le plus ordinaire était la *tunique* appellée chez eux *chitou*, espèce de robe qui descendait jusqu'aux genoux, & quelquefois jusqu'aux talons. Elle avait des manches assez étroites, & qui couvraient tout le bras ; ce qui cependant ne doit pas s'entendre sans exception, comme l'on en verra la preuve.

Outre cette *tunique* extérieure, ils en portaient une autre sur la peau, qui leur tenait lieu de chemise. Ils la nommaient χιτωνίσκος, & les Romains *interula* ou *subucula*.

La *chlamyde*, ancien habit chez les Grecs, fut aussi en usage chez les Romains, & on la mettait sur la *tunique*, comme un surtout, ou comme un manteau : elle servait en guerre & en paix, elle était toute ouverte, & s'attachait avec une boucle sur l'épaule droite, ensorte que le côté où se trouvait la boucle, était absolument découvert : sa forme était semblable à celle de nos manteaux, & en cela, elle différait de la *chlène* que les Romains appellaient *lène*, & qui était en usage dès les tems héroïques. C'était une espèce de surtout qui servait à garantir du froid & de la pluie : il y en avait de doubles, d'autres simples & sans fourrures. La nuit, elles servaient de couverture. Quand Priam coucha dans la tente d'Achille, on le couvrit

vrit avec des *chlènes* fourrées. On s'en fervait auffi à la guerre, comme on peut le voir dans l'*Odyffée* d'Homère. Cet habit eft quarré, dit Aufonius, figure propre à le rendre utile la nuit comme le jour.

Elien, en parlant du luxe des anciens Athéniens, dit qu'ils portaient des *tuniques* de diverfes couleurs, des manteaux de pourpre, qu'ils fe frifaient & roulaient les cheveux, & qu'ils y entremêlaient des ornemens qui avaient la forme de cigales.

Le *palium*, ou manteau chez les Grecs, s'appellait *himation*, *pharos*, *tribon*, ou *tribonnion*. On voit qu'il reffemblait à la *chlène* : les Philofophes & les Sophiftes en faifaient ufage : on le portait auffi au Barreau.

L'*exonide* était une *tunique* fans manches, enforte qu'elle laiffait à découvert, non-feulement les bras, mais même les épaules, & c'eft de-là qu'elle prenait fon nom. Cet habit était celui des valets & des gens de fervice. Les Philofophes affectaient de le porter.

Les femmes avaient des *tuniques* comme les hommes, mais elles étaient plus longues & leur defcendaient jufqu'aux talons. Par - deffus, elles portaient un manteau léger, nommé *empacbonné*, *annabolé*, *xiftis*, ou *péplos*. La robe que l'on appellait *tarentine*, était si mince & si déliée, que le corps paraissait au travers.

Le *céniphale* était une bande, ou ruban à lier la tête.

HABIT DE JOCASTE.

La *calasiris*, ou vêtement intérieur de lin, descendant jusqu'aux pieds.

La *tunique* de dessous, de laine blanche, avec une large bande de couleur pourpre, froncée sur un petit fil d'or à l'endroit de la gorge.

La *tunique* de dessus, d'un tissu de laine très-délié, & couvrant les bras; ornée en bas d'une broderie d'or, & à l'endroit de la gorge, d'une bande de pourpre brodée d'or : elle est relevée sur l'estomach par une ceinture de laine couleur de safran & dont chaque extrémité est garnie d'une houpe de même couleur.

L'*annabolé* ou *péplos* qui lui sert de manteau, est de couleur pourpre & d'une étoffe légère, point doublée ; il ne tient par aucune boucle ou attache, & peut se tourner autour du corps, à volonté. Ses bords extérieurs sont ornés d'une brochure d'or très-petite.

Les bracelets sont d'or, garnis de pierres de couleur, & le collier est de deux rangs de perles.

Le diadême est une bande de laine de couleur pourpre & attachée sur la tête comme elle l'est sur celle du Roi dont le diadême est le même.

Le voile qui couvre la tête de Jocaste, est d'un tiffu très-fin & de couleur changeante, rouge & bleue.

Les bandes de la chauffure font couleur de pourpre & laiffent voir la chair nuë.

Voilà quel était le véritable habit des Reines Grecques, & nous fommes bien loin de le retrouver dans ceux de nos Actrices qui non-contentes de prendre, ou des fatins, ou des étoffes brochées de différentes couleurs, les font couper & draper, foit d'après leur goût, foit d'après la fantaifie de leur Tailleur. Que fignifient ces larges broderies nuancées avec le plus grand foin & prodiguées fur toutes les parties de leur ajuftement, ces boucles d'oreilles & ces colliers de diamans, ces diadêmes & ces braffelets du même genre, ces riches agraffes qui attachent leur manteau, ces gazes en or qui leur fervent de voile, cette coëffure élevée & garnie de pierreries , ces chauffures brodées, & mille autres parures qu'il ferait trop long de détailler ?

Nos Actrices fe plaignent tous les jours du prix qu'elles font obligées de mettre à leur garde - robe de Théâtre, nous n'en fommes point étonnés, & c'eft payer beaucoup trop cher le plaifir de s'éloigner de la vérité à laquelle nous nous efforcerons de les ramener par nos gravures & nos remarques. Nous ferons sûrs d'y réuffir, lorfque nous parviendrons à leur perfuader que rien fur la fcène n'eſt auſſi beau que la fimplicité, & qu'en s'y conformant, elles feront beaucoup plus intéreſſantes qu'avec cette foule d'ornemens fuperflus qui détruifent l'illuſſion des rôles dont elles font chargées.

Les différens objets que nous avons à préfenter, vont nous ramener fucceſſivement à cette matière fur laquelle nous ferons enforte de ne laiſſer rien à défirer.

ATRÉE.

THYESTE.

PERSONNAGES.

THYESTE.
ATRÉE.
TANTALE.
MÉGÈRE.
PLISTÈNE fils de Thyeſte.
Chœur des Vieillards de Mycènes.
Le jeune Tantale fils de Thyeſte.
Un autre Fils de Thyeſte.
Un Garde.
Un Courier.
Perſonnages muets.

(La ſcène eſt à Argos.)

ACTE PREMIER.

SCÈNE PREMIÈRE.

L'ombre de Tantale , MÉGÈRE.

T A N T A L E.

SANS relâche occupé à ſaiſir l'onde qui ſe dérobe toujours à mes lèvres avides , qui peut m'arracher aux demeures infernales ? Quel ſiniſtre

V 3

Divinité montre encore à Tantale des maisons vivantes ? Quel affreux supplice d'être condamné à languir pour jamais de faim & de foif au milieu de l'abondance ? Que ne fuis-je plutôt affez heureux pour porter le rocher gliffant de Syfiphe ! pour tourner, ô Ixion ! fur ta roue fi rapide, & qui te fait parcourir fi peu d'efpace ! pour n'être dévoré que par le noir vautour qui déchire les entrailles de Prométhée, alors qu'il a réparé pendant les nuits la perte qu'il a faite chaque jour, éternel aliment de ce monftre infatiable ! Ne daignera-t-on point changer mon tourment ! O impitoyables puiffances de l'Erèbe, qui décernez de nouvelles tortures aux morts ! imaginez d'autres peines qui faffent horreur, même au Gardien des ombres, au trifte Achéron & à moi, tenez-les toutes prêtes : voilà que ma race produit des criminels qui éclipfent leur père, qui me feront paraître innocent, & fe porteront à des attentats que jamais je n'aurais ofé commettre. Ma famille remplira bien toutes les places vacantes au Tartare, & tant que le fang de Pélops fubfiftera, Minos n'aura guère de repos.

MÉGÈRE (*à Tantale.*)

Avance donc, ombre déteftable, & viens agiter tes Pénates impies. Il faut fouffler l'émulation des crimes dans le cœur de tes enfans, il faut aiguifer leurs glaives , & les faire expirer fous leurs coups mutuels. Que leur haîne ne reconnaiſſe ni meſure , ni pudeur ; qu'une fureur aveugle entraîne leurs eſprits , que la rage des pères s'éternife & fe répande fur les derniers rejettons , pour qu'ils ne puiſſent avoir aucun remord de leurs anciens forfaits ; qu'ils en reproduiſent fans ceſſe de nouveaux, & que chaque individu ne ſe contente jamais d'en commettre un feul ; que la punition ne ferve qu'à les rendre plus coupables ; que tes deux fils odieux foient chaſſés de leur Trône, & qu'on rappelle les exilés pour régner en leur place ; que la fortune de ta maiſon foit toujours incertaine ; qu'elle ne poſsède jamais qu'une couronne chancelante ; que les miſérables y deviennent les maîtres, & les maîtres miſérables ; qu'on n'y doive la royauté qu'aux flots perpétuels des révolutions. (*Voilà l'image exagérée des troubles qui arrivèrent fous les Céfars.*) Bannis , tandis que les Dieux leur accorderont une nouvelle patrie , qu'ils ourdiſſent de nouvelles horreurs , & fe rendent auſſi odieux aux autres qu'à eux-mêmes ; qu'ils croient tout permis à leur colère ; que le frère tremble devant fon frère , le père devant fon fils ; que les enfans périſſent miſérablement , mais qu'ils naiſſent plus miſérablement encore ; que les femmes infidèles menacent leurs maris ; qu'on traîne la guerre au-delà des murs ; que toute la terre foit inondée de fang ; que l'infolence du vainqueur furpaffe celle de tous les vieux conquérans ; que l'adultère ne foit qu'une tache légère dans ta maifon impie ; que la bonne foi, l'union fraternelle, en un mot, que toute juftice en foit bannie ; que le ciel fe reffente lui-même de ces abominations, & lorfque le flambeau lumineux donnera au monde la clarté qu'il lui doit, qu'une nuit ténébreufe vienne prendre fa place, que le jour tombe du firmament.

Mets tes *Lares* en confufion, répands-y la haîne, le carnage, les funérailles ; remplis ta maifon de Tantales, embellis-la comme aux jours de fêtes, ornes-en les portes de feftons de lauriers, & que l'éclat de la lumière y fignale ton arrivée. Renouvelle, mais augmente le forfait de la Thrace. (*Philomèle & Procné n'avaient tué qu'Itis, qu'ils firent manger à Térée : Mégère exige trois victimes au lieu d'une, & veut que Thyefte dévore fes trois enfans.*) Quoi ! la main d'Atrée fe repofe encore ! Déjà Thyefte ne pleure point fes fils ! Quand lui verrai-je retirer du feu l'airain brûlant qui doit renfermer fon repas !..... Qu'on me déchire ces membres palpitans, que le fang en rejailliffe fur les foyers paternels, qu'on prépare la table. Un tel feftin ne fera pas nouveau pour toi. (*Tantale avait fervi aux Dieux fon fils Pélops, & Cérès en avait déja mangé l'épaule, lorfque Jupiter s'étant apperçu*

du crime, rendit la vie à Pélops auquel il don-
na une épaule d'yvoire, en place de celle qui lui
manquait.) L'enfer retranche ce jour à l'éternité
de ton fupplice, & par ce repos unique, tu peux
fatisfaire la faim qui te tourmente. Romps ton
jeûne. Sous tes yeux, on boira le fang de tes
petits-fils, mêlé à la liqueur de Bachus..... (*Tan-*
tale recule d'horreur.). Quoi ? tu refufes un ban-
quet que je t'accorde ! Arête, où cours tu ?

T A N T A L E.

A mes étangs, à mes fleuves, à ces ondes fugi-
tives, à ces fruits trompeurs qui fuient ma bouche.
Ah ! j'aime mieux la plus exécrable prifon. Si tu
ne me vois pas affez miférable, fais-moi quitter
ces belles rives où tu m'as fixé pour jamais, préci-
pite-moi dans les ondulations brûlantes du Phlégéton, environne-moi de toutes tes torches.

O vous que la loi du deftin condamne aux plus
durs fupplices, qui étendus dans des antres livi-
des, à la vue d'une montagne toute prête à vous
écrafer, expofés à des lions avides & furieux, en-
tourés de l'horrible bataillon des furies, repouf-
fez de vos yeux, à demi brûlés, les flames qui
vous dévorent ; écoutez-tous la voix de Tantale
qui fe hâte de retourner à vous ! Croyez-en mon
expérience & mes peines ; ce que je fouffre chez
les vivans eft plus affreux que tous vos tourmens...

Ah ! qui aura la pitié de me reconduire au tartare !

M É G È R E.

Il faut auparavant que tu répandes le trouble
dans ta maison, la fureur des combats, l'amour
du glaive : anime ton cœur féroce.

T A N T A L E.

Il me convient de subir ma peine, & non d'en
faire aux autres. Tu m'envoies comme une exhalaison mortelle échapée de la terre, pour affliger les peuples de l'horreur de la peste. Un aïeul
sacrifierait ses petits-fils ! il se prêterait à cette exécration ! O père des Dieux & le mien ! quoique
ma langue indiscrète ait déja été punie si horriblement d'avoir révélé les mystères célestes, non,
je ne saurais me taire : Puissances suprêmes ! écou-
tez-moi. Ne permettez plus que mes mains soient
souillées d'un sang sacré, ne souffrez pas qu'on
profane ainsi vos autels. Je les défendrai, j'empê-
cherai le crime qu'on prépare. (*à Mégère qui
l'inspire.*) Comme tu effrayes mes regards avec
ton fouet cruel ! Que tes serpens sont menaçans !
Avec quelle fureur tu m'agites !... Dévoré par la
soif, mon cœur est tout en feu..... Une flame
irrésistible pétille dans mes veines.... Je te suis.

M É G È R E.

Communique donc à toute ta race cet incendie
qui t'environne, cette soif qui te dévore : que tes

fils brûlent aussi de boire leur propre sang... Ta maison a déja senti ton approche, tu l'as touchée, & l'horreur s'y est répandue. C'est assez, reviens au tartare, au fleuve que tu connais : en affligeant la terre, tes pas l'ont déja engourdie. Vois-tu comme ton odieux aspect a suspendu le cours des ruisseaux, a fait déserter les rives, a répandu dans l'athmosphère un vent aride & brûlant, a privé les arbres de leur verdure & de leurs fruits ! Vois-tu comme l'Isthme, battu des deux mers qui lui laissaient si peu d'espace, se réjouit maintenant d'entendre gronder leurs ondes plus loin de ses bords ! Tu taris le Léma, l'Inachus disparaît, les neiges du Citheron sont fondues, Argos mena-cée de sa soif ancienne : (*allusion à l'histoire de Phaeton.*) le Soleil lui-même hésite s'il continuera le jour que tu ferais périr.

SCÈNE II.

Chœur des Vieillards de Mycènes.

S'il est quelque Divinité qui chérisse Argos, ou Pise célèbre par les courses de ses chars, ou le royaume de Corinthe, qui confine à l'Isthme fa-meux, où les deux Ports formés sur des mers en discorde, ou le Taygète si brillant par ses neiges qui, durcies par le Borée des Sarmates, se fondent

enfuite par l'haleine des vents Etéfiens : (*ces vents*
régnaient dans l'été, à l'approche de la canicule.)
S'il en eft qui aiment les froides ondes du lim-
pide Alphée, immortalifées par les athlètes d'O-
lympie : oh ! que ces Déités propices daignent
écouter mes vœux ! que le crime ne fuccède pas au
crime fur le trône de Mycênes : qu'un petit-fils,
pire que fon aïeul, ne nous donne point de loix,
que les defcendans ne trouvent point trop légers
les attentats de leurs ancêtres, que la race impie
de Tantale fe laffe enfin de tant de forfaits. N'en
a-t-on pas affez commis ? Trop long-tems la vertu
& le crime ont été inutiles dans ce malheureux
climat. Myrtile, perfide envers fon maître, fut
trahi à fon tour, & par une fidélité égale à celle
du parjure, Pélops immortalifa fon nom, en le
donnant à une mer fameufe. Il fournit ainfi l'hiftoire la plus intéreffante pour tous ceux qui vo-
guent fur les flots Ioniens ; (*Myrtyle, conducteur*
des chars d'Oënomaüs, fe laiffa féduire par Pé-
lops, & ôta la clef qui arêtait la roue de celui de
fon maître qui fut écrafé par fes chevaux. En re-
connaiffance de ce fervice, Pélops précipita Myr-
tyle dans une mer qui depuis fut appellée la mer
Myrtoéne).

Un enfant, continue le chœur, un enfant ;
(*Pélops, fils de Tantale,*) qui fe précipitait dans
les bras de fon père, pour en obtenir le baifer de

la tendreffe, reçu avec un fer impie, tombe à fes
pieds, & pour fervir d'aliment aux Dieux, il eft
mis en pièces par celui qui lui avait donné l'être!
Pour prix de cet affreux repas, il eft condamné
maintenant, ce père dénaturé, à languir d'une
faim & d'une foif éternelles, fa bouche avide eft
trompée fans ceffe, & jamais les Harpies ne dé-
robèrent plus rapidement la nourriture de Phinée.
Les arbres qui fléchiffent fous le poids de leurs
fruits, penchent fur les lèvres entr'ouvertes de
Tantale : abufé tant de fois & mourant de befoin,
il n'ofe faire aucun effort pour y atteindre, il ferme fes yeux & fa bouche. Une forêt toute entière
approche de plus près toutes fes richeffes, mille
fruits exquis viennent infulter fon appétit & irri-
ter fa faim. Il ordonne à fes mains de les faifir,
& quand cette envie d'être encore fruftré veut fe
fatisfaire, l'automne, la forêt mobile, tout s'en-
vole. La foif, plus cruelle que la faim, le tourmente auffi, & lorfque fon fang s'allume, que
fon gofier fe defsèche, il invoque d'un ton lamen-
table les flots qu'il voit, mais ils s'évanouiffent
foudain & ne lui laiffent qu'un fable ftérile. Il veut
les fuivre, & dans un fleuve fi abondant il ne
trouve plus que la pouffière qu'il boit.

Il n'eft pas befoin de remarquer que ce chœur
eft abfolument inutile à l'action, & que fous des
termes différens, l'Auteur y répète ce qu'il a déja

fait dire à Tantale. Mais tel eſt l'eſprit de Sénèque dans lequel on trouvera toujours de la déclamation, mais ſouvent des beautés & des idées vraiment ſublimes.

ACTE II.

SCÈNE PREMIÈRE.

ATRÉE, un Garde.

ATRÉE.

TIMIDE, lâche, ſans ame, &, ce qui eſt le comble de l'opprobre pour un tyran, ſans vengeance encore après tous les crimes & toutes les perfidies de ton frère, ô Atrée! tu ne produis que des plaintes vaines! l'univers entier ne devrait-il pas déja frémir à l'aſpect de tes armes, les deux mers trembler ſous tes hardis vaiſſeaux, les campagnes & les villes, briller envelopées de tes flames, le fer étinceler de toutes parts, la terre d'Argos retentir du bruit de mes nombreux courſiers, mes ennemis ne plus trouver d'aſyle dans les bois, & des for013fterreſſes de ſûreté ſur les montagnes les plus inacceſſibles! le Clairon n'aurait-il pas dû faire ſortir tous mes ſujets des remparts de Mycènes? il faut enfin que ceux qui cachent à mes regards leurs têtes odieuses, subissent le fort le plus funeste, & que le brillant palais de Pélops tombe sur moi-même, pourvu que mon frère soit écrasé sous ses ruines.

O mon audace ! rends ma mémoire haïssable à la postérité, mais éternise-la. Il faut que je fasse un crime si violent & si atroce, que mon frère soit jaloux de ne l'avoir pas conçu. Je ne me venge point si je ne suis pas plus méchant que lui. Mais comment surpasser sa férocité ? rien le peut-il intimider ? sans frein dans le bonheur, sans repos dans la fatigue, je connais bien son caractère indomptable, nulle force ne peut le faire plier, nul pouvoir ne peut l'abbattre : ne lui donnons pas le tems de redevenir formidable, & avant qu'il répare ses pertes, attaquons-le, de peur qu'il ne profite de notre inaction pour nous opprimer.

LE GARDE.

Vous n'êtes pas effrayé de l'idée que votre peuple concevra de vous ?

ATRÉE.

Le plus grand bonheur des Rois, c'est que leurs peuples soient obligés de louer toutes leurs actions, comme de les endurer.

LE GARDE.

La crainte nous rend ennemis de ceux que la crainte nous force de louer, & les Princes amoureux de la véritable gloire , font bien plus flattés d'être célébrés par les cœurs que par les larmes de leurs fujets.

A T R É E.

L'homme le plus obfcur peut parvenir à cette gloire véritable : la force eft toujours unie à la grande puiffance , & l'on eft bien forcé de faire ce qu'elle veut.

L E G A R D E.

Les Rois n'ont qu'à ne vouloir que des chofes honnêtes , & l'on n'aura jamais d'autre volonté que la leur.

A T R É E.

Une domination toujours aftreinte aux loix de l'honnêteté , n'eft qu'une domination précaire.

L E G A R D E.

Sans la pudeur, la juftice, la fainteté des engagemens , la piété & la bonne-foi ; la domination eft bien fragile.

A T R É E.

La fainteté des engagemens , la piété & la bonne-foi font bonnes pour le vulgaire ; les Princes ont d'autres loix.

L E G A R D E.

Croyez qu'il n'eft jamais permis de nuire à fon frère , quand même il ferait coupable.

A T R É E.

ATRÉE.

On n'eſt plus frère alors, on eſt Roi, & tout
eſt permis...... Mon frère ! de quel forfait ne
s'eſt-il pas ſouillé ! qu'a-t-il reſpecté ? adultère de
ma femme, il m'a ravi encore mon Royaume, il
a paré ſa tête de l'antique diadême d'Argos, ſa
perfidie a mis le trouble dans toute notre maiſon.
Un troupeau fameux était dans les ſuperbes éta-
bles de Pélops, la toiſon d'un précieux bélier,
gardien de ce troupeau, fourniſſait des ſceptres d'or
à la maiſon de Tantale ; Thyeſte s'en eſt emparé,
& le reſte de notre fortune attaché à ſon ſort, eſt
devenu ſon injuſte partage. Il eſt reſſerré maintenant, ce bélier ſacré, dans un parc entouré de
murs odieux qui le retiennent captif. Ma femme
que le traître Thyeſte a fait entrer dans ſon lit par
un crime révoltant, ma femme eſt la première
origine de nos mutuelles calamités. Exilé par lui,
n'ai-je pas erré dans mon Royaume, comme un
fugitif pâle & tremblant ? toute ma famille n'a-t-
elle pas été en proie à ſa perfidie ? Mon épouſe
corrompue, mes peuples rebelles à ma voix, toute
ma maiſon, malade. Mes enfans !...... ſont-ils
les miens ?...... Je doute de tout, excepté de
l'inimitié fraternelle..... Je ſuis encore dans un
étonnement ſtupide. Commençons enfin, prenons
l'ame de Tantale, enviſageons Pélops, voilà les
modèles que ma main doit ſuivre...... Dis-moi,

quel moyen choisirons-nous pour nous défaire de cette tête criminelle?

LE GARDE.

Faites-le périr par le fer.

ATRÉE.

Tu ne parles que de la fin de son supplice, & moi je ne m'occupe que de ce supplice même. Il n'y a que les tyrans modérés qui se contentent de tuer. Sous mon règne, la mort doit être une grace.

LE GARDE.

Quoi! toujours insensible à la piété!

ATRÉE.

Laisse ta piété. L'a-t-on jamais connue dans ma famille? Je n'écouterai que la noire cohorte des Furies, l'affreuse Erynnis, Mégère armée de toutes ses torches..... Non, mon cœur n'est pas encore enflamé d'une assez grande fureur. Je veux le remplir de quelque chose de plus monstrueux.

LE GARDE.

Quelle nouvelle atrocité médite votre rage?

ATRÉE.

Ce qu'elle médite ne ressemble point à un ressentiment ordinaire.

LE GARDE.

Employez-vous le glaive?

ATRÉE.

C'est trop peu.

LE GARDE.

Le feu ?

ATRÉE.

C'est trop peu encore.

LE GARDE.

Quel trait choisit donc votre fureur ?

ATRÉE.

Thyeste lui-même.

LE GARDE.

Oh ! l'étrange emportement !

ATRÉE.

Je l'avoue : un tumulte affreux se répand & règne dans mon ame ; je suis entraîné , & ne sais par quelle force secrète , mais je suis entraîné. Je sens la terre s'émouvoir sous mes pieds jusques dans ses fondemens : je crois entendre tonner ce ciel serein , & tous les toîts de mon Palais s'ébranler avecun bruit sourd ; mes *Lares* me semblent s'agiter & détourner de moi leurs regards. N'importe , ô Dieux ! il me faut accomplir cet odieux mystère qui vous effraie.

LE GARDE.

Enfin , que prétendez-vous faire ?

X 2

ATRÉE.

Mon cœur eft gros d'un acte plus qu'humain, il encourage mes mains timides...... Oui, fuivons cette idée, elle eft digne de Thyefte & de moi. Voilà ce que tous deux nous fommes capables d'entreprendre. La maifon de Térée a vu auffi des repas impies, je l'avoue ; ces crimes étaient affreux, mais ils étaient connus, c'eft à moi d'en inventer de plus atroces. O mère d'Itis ! ô fa fœur ! infpirez-moi toutes deux ! Notre caufe eft la même, foyez à mes côtés, enhardiffez ma main. (*Ce fut la jaloufie qui fit commettre le même forfait à la femme de Térée.*) Que je le voie déchirer fes enfans avec avidité, avec plaifir, & fe nourrir de fa propre fubftance...... Oui, je fuis content de ce genre de fupplice...... Où eft-il ? Atrée eft trop long-tems innocent. Mon imagination n'eft plus remplie que de carnage. Que ce foit Thyefte qui fe prive lui-même de fes enfans....... Mon ame ! pourquoi craindre & vous calmer avant le coup ! il faut vous encourager, ofez ; c'eft Thyefte qui fera coupable de ce qu'il y aura de plus affreux dans ce forfait.

LE GARDE.

Mais par quels détours l'engagerons-nous dans nos piéges ? Tout ce qui l'environne lui paraît ennemi.

ATRÉE.

Il est vrai qu'il ne ferait jamais surpris s'il ne voulait pas lui-même me surprendre ; mais tu vois qu'il se flatte de me détrôner. Dans cette idée, il braverait la foudre de Jupiter , il affronterait les menaces de la mer en couroux, il pénétrerait dans les Syrtes de la Lybie , il s'exposerait à un malheur bien plus terrible encore , il verrait son frere.

LE GARDE.

Comment lui persuader que vous voulez lui accorder la paix ? Le moyen de lui faire croire ce prodige ?

ATRÉE.

Un méchant qui espère est toujours crédule. Cependant je lui ferai proposer encore de terminer son exil , ses misères , & de venir partager avec moi le sceptre d'Argos. S'il est assez dur pour dédaigner cette offre , je gagnerai du moins ses enfans , moins dédaigneux , plus las de leurs malheurs , plus faciles à séduire ; en un mot, Thyeste me sera rendu par la vieille fureur qu'il a de régner , par l'affreux abandon dans lequel il est , par toutes les calamités qu'il souffre.

LE GARDE.

Le tems a dû lui rendre ces calamités supportables.

A T R É E.

Tu te trompes ; le tems ne fert qu'à renforcer le fentiment du malheur. Il eft léger de fouffrir le mal pour un inftant, il eft bien pénible de l'endurer.

L e G a r d e.

Cherchez d'autres Miniftres pour confommer un projet de cette nature. Les enfans prêtent volontiers l'oreille à des partis violens ; craignez que les vôtres n'exécutent fur leur père ce que vous leur ordonnez d'exécuter fur leur oncle : fouvent le crime retombe fur fon auteur.

A t r é e.

Quand nous ne recevrions pas d'ailleurs des leçons de perfidie & de fcélérateffe , le Trône nous en donnerait. Tu crains que mes fils ne deviennent méchans ? C'eft la méchanceté qui leur a donné l'être. Ce qui te femble horrible, atroce , inhumain , Thyefte le médite peut-être lui-même au moment où je te parle.

L e G a r d e.

Vous confieriez à vos enfans que vous voulez le tromper ?

A t r é e.

Non : cet âge n'a pas encore affez d'expérience pour fe taire ; il ne peut tout au plus que foupçonner les piéges. Les malheurs fi multipliés de

la vie peuvent feuls nous apprendte à être dif-
crets.

L E G A R D E.

Ainfi , après avoir trompé Thyefte par vos fils ,
vous les tromperez à leur tour , afin de les empêcher de partager votre crime ?

A T R É E (*frappé de ces derniers mots.*)

En effet, qu'eft-il befoin de les affocier à ma
vengeance ? Non , il faut que ma haîne marche
toute feule..... Mon ame ! tu m'infpires mal ,
tu languis ! Epargner mes fils , c'eft épargner
Thyefte.Qu'Agamemnon & Ménélas foient inftruits
des projets de leur père. Il faut un crime pour
m'affurer de mes autres enfans équivoques. S'ils
répugnent à la guerre à laquelle je les invite, à la
haîne que je leur infpire ; s'ils l'appellent leur oncle, il eft leur père. Allons...... Mais en leur révé-
lant mon fecret , leurs vifages tremblans pourront
me déceler ; en fe refufant à de grandes vues on
fe trahit , & fouvent on ne connaît pas l'importance des chofes dont on eft le Miniftre. (*Au
Garde.*) Toi , du moins , cache bien mes projets.

L E G A R D E.

Cet avis eft inutile ; mon cœur confervera fidèlement ce fecret & toute ma frayeur. (*bas*). Je réponds cependant moins du fecret.

SCÈNE II.

Le Chœur.

Enfin, la noble & généreuse race du vieux Inachus a terminé le cours de la haîne menaçante des deux frères! Princes aveugles ! Quelle fureur vous portait à répandre un fang fi cher, à vous difputer le fceptre par vos crimes ! O cœurs avides de fortereffes ! vous ne favez pas où réfide la véritable royauté. On n'eft point Roi par les tréfors, par les couleurs éclatantes de Tyr, par le diadême qui ceint les fronts orgueilleux, par les lambris étincelans d'or. On eft Roi quand on ne craint rien, quand l'ame n'a plus de maladies cruelles, quand l'ambition ne l'exalte pas, quand on ne fe met pas en peine de la faveur fi frêle du vulgaire. On peut être efclave avec toutes les richeffes des Plages occidentales, avec toutes les opulentes ondes du Tage, avec toutes les abondantes moiffons des aires de la Lybie. On règne, lorfque fans fourciller, on voit tomber la foudre en obliques fillons, lorfque fans en frémir on voit la mer écumer en grondant fous l'impétueux Eurus, lorfque fans trembler on entend l'orageufe Adriatique mugir dans fon cruel détroit, lorfque fans pâlir on apperçoit une épée menaçante briller au-

deffus de fa tête. On eft Roi quand on fait établir fon ame dans une affiette fupérieure & fûre,
qu'on découvre à fes pieds toutes les chofes humaines, qu'on fubit volontiers fon deftin, & qu'on
fait mourir fans fe plaindre.

Fuffiez-vous le maître de tous les Etats de ces
Rois qui tourmentent les Dahes (*peuple de Scythie.*) qui règnent fur la mer rouge, ou fur les
côtes de l'Erythrée fi brillante par fes diamans,
ou fur la Cafpienne dont les barrières enchaî-
nent la valeur des Sarmates, de tous ceux qui ofent
franchir les ondes du Danube, ou qui étendent
leur domination chez les Sènes reculés à l'extrémité du globe, vous ne régneriez pas encore. (*Les
Sènes habitaient la Scythie Afiatique, & furent les
premiers qui filèrent la foie.*) La feule & vraie
Royauté ne fe trouve que dans un efprit fain; il
ne lui faut ni courfiers, ni fer, ni ces lâches traits
que lance le Parthe dans fa fuite fimulée, ni ces
machines meurtrières qui détruifent les villes,
ni ces rochers énormes qu'une rotation rapide
fait voler.

On eft Roi quand on eft fans défirs immodé-
rés. Quel homme ne peut ainfi régner ! Quiconque en aura l'envie, effaiera de refter debout fur
le toît gliffant des Cours : moi, j'aime mieux me
repofer dans le bonheur du calme ; obfcur, je
ferai plus tranquille. Inconnu à mes contempo-

rains , mon exiſtence s'échapera par un cours in-
ſenſible, mes jours ſe fileront en ſilence , & Plé-
béïen , je mourrai vieux..... La mer eſt trop fâ-
cheuſe pour ceux qui connus de tous , finiſſent ſans
ſe connaître eux-mêmes.

ACTE III.

SCÈNE PREMIÈRE.

THYESTE, PLISTÈNE, TANTALE,
Un de ſes Frères & deux Perſonnages muets.

THYESTE.

Enfin, je revois les habitations touchantes de
ma patrie , & la magnificence d'Argos : mes pieds
la touchent encore , cette terre natale , bien ſuprême pour les exilés : je vous revois , Dieux de
mes ancêtres ! ſi pourtant il eſt des Dieux. Les
voilà , ces tours formées par les Cyclopes , ces
ouvrages ſi ſupérieurs à l'induſtrie humaine, ces
ſtades , que j'ai tant de fois franchies dans ma
jeuneſſe , où monté ſur le char de mon père , j'ai
ſouvent remporté la palme. Tout le Peuple , Argos toute entière vont venir à ma rencontre. Mais
mon frère y viendra auſſi..... Retourne , ô Thyeſte ! retourne plutôt dans les bois qui couvraient ta
fuite , dans ces déſerts horribles , où confondu

avec les bêtes, tu vivais comme elles. Les prestiges de cette Cour ne font pas faits pour fasciner tes yeux : en contemplant ce qu’on va te donner, contemple celui qui te le donne. Au milieu des plus dures calamités qui abattent les humains, j’ai fu conferver mon courage & ma gaité : à préfent la crainte me faifit, mon ame eft en peine, je fuis tenté de repartir, mes pieds tremblans ne veulent plus avancer.

PLISTÈNE.

Que fignifie ce changement ? La démarche de mon père devenue fi lente ! il eft étonné, interdit ! Il retourne le vifage en arrière ! Son efprit eft incertain !

THYESTE.

Mon ame ! pourquoi cet embarras ! Pourquoi vous agiter à cet excès ! Atrée eft votre frère, Atrée eft Roi, & dans votre calamité vous avez confiance en lui. Lâche ! vous craignez des maux auxquels vous êtes fait ! Vous fuyez des peines fi avantageufement placées !...... J’aime mieux refter malheureux, retournons, & puifqu’il en eft tems encore, dérobons-nous.

PLISTÈNE.

Mon père ! à la vue de votre patrie, qui vous force de la fuir ? Pourquoi vous fouftraire à tant de charmes ? Vainqueur de fa haîne, votre frère revient à vous , il vous rend la moitié de votre Royaume , il réunit les membres d'une famille fi long - tems partagée , il vous reftitue à vous-même.

Thyeste.

Tu me demandes la caufe de ma frayeur......, Je l'ignore moi-même ; je ne vois rien à craindre & je crains cependant. Je voudrais avancer , & mes genoux chancellent, tout mon corps tremble. Une force invifible m'entraîne dans un fens contraire à celui que je cherche : je reffemble au vaiffeau que les voiles & les rames pouffent d'un côté , & que le flux emporte de l'autre avec violence.

Plistène.

Etouffez cette crainte aveugle qui trouble votre raifon , & voyez tout ce qui va fignaler votre retour. Mon père ! vous pouvez régner.

Thyeste.

Oui, puifque je peux mourir. (*C'était un principe des Stoïciens , que quiconque pouvait mourir était Roi.*)

Plistène.

Vous aurez la Puiffance fuprême.

Thyeste.

Elle ne faurait l'être pour qui ne la defire point.

Plistène.

Vous la laifierez à vos enfans.

Thyeste.

La suprême puiffance n'admet point de partage.

Plistène.

Le bonheur eft dans vos mains, & vous lui préférez le malheur !

Thyeste.

Crois-moi, on donne des noms pompeux à des biens chimériques. Tant que je fuis refté debout dans l'infortune, je n'ai jamais ceffé de trembler je redoutais jufqu'à ce fer attaché à mon côté : oh ! qu'il eft bien plus doux de ne porter obftacle à perfonne ! de prendre un repos tranquille, couché par terre ! jamais tu ne verras les crimes entrer dans les cabanes ; ce qui fe mange fur une table vile, n'eft point fufpect : on boit du poifon dans l'or : Je l'ai éprouvé, & je le foutiens : la mauvaife fortune vaut mieux que la bonne : malheureux, on ne voit pas une ville entière craindre fon palais établi fur une hauteur qui la domine. (*Ceci fait allufion à un trait de l'Hiftoire Romaine : Valérius Publicola avait bâti une fuperbe maifon fur le mont Vélie ; le peuple en eut de l'ombrage, & foupçonna ce Patricien d'afpirer à la Royauté.*) Dans ma détreffe, je n'ai ni fomptueux pilaftres embellis par l'éclat de l'yvoire, ni des gardes pour défendre mon fommeil, ni des flottes uniquement confacrées à ma pêche : je ne fais pas reculer la

mer pour faire place à des digues ambitieufes , je
ne connais point l'art de fatisfaire mon appétit par
le tribut des peuples ; on ne moiffonne pas pour
moi au-delà des Gètes & des Parthes , on ne me
brûle point d'encens , on n'embellit point mes Autels au mépris de ceux de Jupiter ; je n'ai pas de
fuperbes forêts autour de ma maifon , ni , en place
de bains , d'immenfes étangs dont une foule de
malheureux faffe tiédir les eaux ; je ne connais
point le fommeil pendant le jour , je ne paffe point
les nuits à facrifier à Bachus , mais on ne me craint
pas : fans armes , ma maifon eft en fûreté. A l'ombre de ma pauvreté , je jouis d'un repos profond.
Le plus puiffant des Royaumes , mon fils , c'eft de
n'en point défirer. (*La moitié de cette tirade eft
nue critique du luxe qui s'introduifit à Rome
après la ruine de la République , & qui était devenu fi prodigieux fous Néron. On peut en voir
le détail dans Horace , Juvénal & les Auteurs du
tems.*

P L I S T È N E.

Mon père ! quand c'eft un Dieu qui nous offre
le trône , il ne faut point le refufer.

T H Y E S T E.

Il ne faut point l'accepter.

P L I S T È N E.

C'eft un frère qui vous prie de régner.

T H Y E S T E.

Il m'en prie! je dois donc craindre. Quelque perfidie erre ici autour de moi.

P L I S T È N E.

La tendreffe du fang peut s'égarer, mais elle revient, & l'amour alors fe dédommage de tant de momens perdus.

T H Y E S T E.

Atrée aimer fon frère ! les conftellations de l'ours fe plongeraient plutôt dans l'Océan, (*ces étoiles ne defcendent point fous notre horifon : par conféquent , elles ne paraiffent pas fe précipiter dans la mer comme les autres.*) l'onde turbulente de la rapace Charybde deviendrait calme , les flots Ioniens produiraient des moiffons, la nuit la plus ténébreufe éclairerait la terre : avant un pareil miracle, un traité inviolable unirait l'eau avec le feu, la mort avec la vie, les vents avec les mers.

P L I S T È N E.

Quel artifice craignez-vous ?

T H Y E S T E.

Je les crains tous. Eh! comment te définir mes frayeurs? la puiffance d'Atrée n'égale-t-elle pas fa haîne ?

P L I S T È N E.

Que peut contre vous cette puiffance ?

T h y e s t e (*embraſſant ſes enfans.*)

Ce n'eſt pas pour moi que je tremble : c'eſt pour tes frères & pour toi qu'Atrée me ſemble redoutable.

P l i s t è n e.

Vous frémiſſez qu'il ne vous trompe, mais dans des malheurs tels que les vôtres, une telle défiance eſt bien tardive.

T h y e s t e.

Allons donc, puiſque tu le veux, mais ton père te prend à témoin qu'il te ſuit & ne te conduit pas.

P l i s t è n e.

Quelque Dieu nous regardera en pitié : venez, mon père, raſſurez votre marche.

S C È N E I I.

ATRÉE, THYESTE, PLISTÈNE, TANTALE, ſon jeune Frère, Perſonnages muets.

A t r é e.

Je le tiens donc, ce monſtre, je le tiens dans mes heureux filets ! je le vois, lui, & ſon odieuſe race ! Ma haîne eſt en ſûreté, Thyeſte eſt dans mes mains, il y eſt tout entier. A peine je me poſsède, à peine mon reſſentiment ſe plie au frein

que

que je lui impofe , femblable à ces fiers animaux
de l'Ombrie , qu'une leffe importune captive
alors que leur odorat fubtil fent la trace du fan-
glier : ils obéiffent pourtant , & fuivent encore
leurs guides en filence ; mais quand ils fe voient
plus près de leur proié , le feu s'élance de leurs
yeux , ils fe débattent , leurs gémiffemens appellent leur maître trop lent , ils rompent les liens
qui les arêtent. (*Au lieu de choifir les chiens de
l'Italie pour l'objet de fa comparaifon , Sénèque
aurait pu prendre ceux de Sparte ou des Molof-
fes , d'autant plus que la fcène de cette Tragédie
eft à Argos : mais on a déja eu occafion de voir
que pour être plus piquant , il préfente toujours
aux Romains les chofes qui font fous leurs yeux.*)

Quand la colère refpire le fang , elle a peine à
fe cacher : cachons pourtant la nôtre. (*il regarde
Thyefte.*) Comme fon épaiffe chévelure voile en
défordre fon vifage affligé ! Avec quelle négligence révoltante fa barbe eft répandue fur fon
fein ! (*il l'aborde:*) Je viens vous tenir la parole
que mes fils vous ont donnée. Mon frère, je vous
revois avec plaifir : (*il l'embraffe.*) Rendez-moi le
baifer fraternel qui charmera mon cœur. Oublions
toutes nos inimitiés anciennes : commençons en
ce jour à chérir la voix du fang , à goûter la tendreffe fraternelle ; que les haînes coupables fortent
de nos ames.

Tome VI. Part. II.   Y

THYESTE.

Je chercherais à m'excufer, mon frère, fi vous me marquiez moins de fenfibilité ; mais non, j'aime mieux vous avouer que j'ai commis..... tout ce que vous avez cru...... votre tendreffe me rend plus coupable en ce jour. Le plus grand des crimes eft d'en avoir à fe reprocher vis-à-vis d'un fi bon frère, il ne me refte plus que la ref-fource des larmes.... Vous êtes le premier qui m'ait vu réduit à l'état de fuppliant , & Thyefte qui n'a jamais embraffé de genoux, embraffe les vôtres. Anéantiffez votre colère, diffipez l'animo-fité de votre cœur , & recevez ces trois innocens pour ôtage de ma fidélité.

ATRÉE.

Relevez-vous , mon frère. Vous à mes pieds ! Ah ! relevez-vous ! embraffez-moi plutôt ; & vous auffi , (*aux trois fils de Thyefte.*) doux appuis de la vieilleffe , jeunes princes , accourez dans mes bras. Mon frère ! ôtez ces vêtemens, épargnez les à mes yeux, acceptez la moitié de mes Etats : je veux m'honorer, en vous rendant la dignité de nos pères. Avoir une couronne, c'eft l'effet du hafard, la donner, c'eft l'ouvrage de la vertu.

THYESTE.

Que les Dieux accordent un digne prix à la vôtre ! Mon frère ! le diadême ne fied pas à mon état abject & misérable ; ma main infortunée est peu propre à régir un fceptre. Laiffez-moi me confondre dans la foule de vos fujets.

ATRÉE.

Non, ce royaume eft affez grand pour avoir deux maîtres.

THYESTE.

Gardez-le tout entier : tout ce qui eft à vous , c'eft comme s'il étoit à moi.

ATRÉE.

Peut-on fe refufer ainfi aux faveurs de la fortune ?

THYESTE.

Oui , quand on a éprouvé toute fa fragilité !

ATRÉE.

Vous m'enviez la plus grande gloire.

THYESTE.

Vous l'avez acquife : la mienne n'eft pas commencée. Je ne veux point régner.

ATRÉE.

Si vous refufez de partager ma couronne , je l'abdique.

THYESTE.

Vous le voulez , je règnerai , mais mon pouvoir fera toujours fubordonné au vôtre.

A T R É E.

Ceignez donc votre tête vénérable du diadème royal. Moi, je vais immoler aux Dieux les victimes que je leur ai destinées.

S C È N E I I I.

L e C h œ u r.

Qui l'aurait cru ? le féroce, l'impétueux, le barbare Atrée s'est calmé à l'aspect de son frère ! Il n'est point de puissance qui résiste à la force du sang : les inimitiés étrangères sont durables, mais le véritable amour est plus durable encore.

Naguère une haîne formidable, animée par de grands intérêts, avait rompu l'union de la nature, la guerre était déchaînée, la terre tremblait sous les coursiers, le fer étincelait de toute part, & la piété vient d'arêter ce fer homicide dont Mars épouvantait nos regards.

Quel Dieu a fait naître la paix du milieu de cette horrible guerre ! Les citoyens s'entr'égorgeaient à Mycènes, les mères désolées prenaient leurs enfans sur leur sein, les femmes tremblaient pour leurs maris, les glaives rouillés par une longue paix, semblaient se refuser à nos mains dénaturées ; ici, on relevait les murs dégradés par le tems, là, on rétablissait les tours chancelantes ; on s'affurait de ces portes par d'énormes chaînes de fer, les gardes nocturnes veillaient en friffonnant, appuyés fur ces créneaux.

La crainte de la guerre eft pire que la guerre même. Nous ne redoutons plus les menaces du fer ennemi, ni le bruit alarmant des clairons, ni l'éclat déchirant des trompettes. La paix eft rendue à l'heureufe Argos : ainfi du fond des aby‑ mes, les flots s'élancent en groffiffant, lorfque le vent d'oueft vient battre les côtes de l'Abruzze, Scylla retentit de toute la profondeur de fon gou‑ fre , les Nautoniers dans les Ports redoutent en‑ core la mer que l'infatiable Charybde engloutit, le farouche Cyclope affis fur une roche de l'Ethna fumant, appréhende que fon père (*Neptune.*) ne vienne éteindre avec fes eaux vagabondes les feux éternels qui pétillent dans fes foupiraux, le pau‑ vre Laërte qui voit trembler Ithaque, s'imagine que fon royaume peut être fubmergé. Mais fi la violence des vents expire, foudain la mer s'affaiffe comme l'onde d'un étang paifible, le timide na‑ vire qui n'ofait plus fe confier à la plaine liquide, étend fes voiles fpacieufes, les barques les plus frêles folâtrent fur la furface, on a le tems de compter les poiffons dans ces mêmes eaux où les vagues furieufes infpiraient l'alarme aux Cyclades ébranlées.

Nul état de la vie n'eft durable, le plaifir & la

douleur se succèdent; mais le plaisir est bien court, & dans un instant on passe aux extrêmes. Ce dominateur du monde, qui embellit les fronts de diadêmes, qui voit à ses genoux les nations humiliées, qui, d'un signe de tête, désarme le Mède belliqueux; l'Indien brûlé par l'astre du jour; les Dahes si redoutés de la cavalerie des Parthes; ce dominateur lui-même est inquiet du sceptre qu'il porte : il présage ces grandes révolutions qui agitent l'univers mobile, il redoute le tems toujours si prêt à changer. (*Ce trait fait allusion aux Empereurs Romains qui nommaient les Rois, mais particulièrement à Néron qui fit alliance avec des Souverains des extrémités de la terre, & qui donna une couronne à Tiridate.*)

O Rois à qui le Dispensateur suprême a conféré le droit si redoutable de la vie & de la mort! ôtez à vos visages leur superbe arrogance : si les moindres de vos sujets vous craignent, craignez bien davantage un maître plus grand que vous. Tous les Empires de la terre relèvent d'un Empire qui leur est supérieur : tel Monarque s'est vu le même jour sur le trône & dans la poussière. Ne vous énorgueillissez point dans le bonheur, ne vous désespérez point dans l'adversité : Cloto mêle les deux fortunes & ne permet de consistance ni à l'une ni à l'autre; la roue du destin entraîne tout. Jamais mortel ne fut assez favorisé des Dieux pour être sûr du lendemain. Le maître du monde roule dans un tourbillon rapide tout ce qui est à nous.

ACTE IV.

SCÈNE PREMIÈRE.

UN COURIER, LE CHŒUR.

LE COURIER.

QUELLE Déité daignerait m'emporter dans les espaces de l'air, & m'enveloper du nuage le plus épais, pour épargner à mes yeux un si horrible spectacle ! Race infâme ! tu ferais rougir Pélops & Tantale lui-même.

LE CHŒUR.

Que nous apportez-vous de nouveau ?

LE COURIER.

Quel est ce pays ? Suis-je dans Argos ou à Sparte qui se glorifie d'avoir donné le jour à des frères si tendres ? (*Castor & Pollux.*) Suis-je à Corinthe, qui presse les deux mers, ou sur les bords du Danube qui facilite les incursions des cruels Alains, sur les neiges éternelles de l'Hircanie, chez les Scythes vagabonds ? Quel lieu du monde enfin a vu commettre un si exécrable attentat ?

Y 4

Le Chœur.

O ciel ! expliquez-vous , & révélez enfin cette nouvelle calamité.

Le Courier.

Quand mon ame fera raſſiſe , quand mon corps glacé par l’effroi aura relâché mes membres inter-dits : j’ai encore-là l’image de l’horreur. Tourbil-lons infenſés de l’air , enlevez-moi dans l’autre hé-miſphère , tranſportez-moi dans les climats où vient de paſſer le jour en abandonnant cette af-freuſe contrée.

Le Chœur.

C’eſt retenir trop long-tems nos cœurs dans l’alarme de l’incertitude : dites ce qui vous fait friſſonner , & nommez le coupable : il n’en eſt que deux. Lequel de ces frères impies ?..... Parlez.

Le Courier.

Sur la forvereſſe du palais de Pélops eſt une aile expoſée au midi , aile dont l’extrémité égale la hauteur de la montagne & domine ſur la ville , afin que le peuple en ſe révoltant ſoit ſoudain ſous les coups des rois. (*telle était auſſi la ſitua-tion du palais de Néron.*) Là eſt un immenſe ſallon , capable de contenir une cité entière : de magnifiques colonnes, ornées de différentes pein-tures, y ſoutiennent des poutres d’or. Derrière ce fallon que fréquente le peuple, le palais fe divife en une infinité d'appartemens. Au bout de celui du Roi eft fon afyle facré, dans un vallon entouré d'un bois antique : c'eft le fanctuaire de la royauté. (*Les Anciens avaient dans leurs appartemens un lieu refpecté , & qui n'était que pour eux : on l'appellait pénétrale.*) Les arbres qui l'environnent ne charment point la vue par leurs rians feuillages, ni par la beauté de leurs fruits : on n'y plante que des ifs & des cyprès , la noire yeufe rembrunit encore cette forêt, & le chêne y élève fa tête altière. C'eft dans cet afyle que la race de Tantale va prendre les aufpices pour s'initier dans la royauté, & confulter les Dieux dans fes malheurs. Les murs font chargés d'offrandes , de trompettes, de chars brifés , de dépouilles arrachées fur la mer *Mirtoëne ,* de roues dont les effieux trompeurs causèrent des défaites, enfin de tous les trophées d'Argos. Là, eft encore la *thiare* du Phrygien Pélops & les *chlamydes* des Barbares , peintes de milles couleurs.

(*Pélops , originaire de Phrygie , vint régner dans l'Elide : on y confervait par honneur la thiare , ornement que portaient les Princes Phrygiens en place du diadême ufité chez les Grecs.*) A l'ombre de ce bois, eft une trifte fontaine à l'eau dormante & marécageufe, femblable à celle du Styx qui affure la fidélité des Dieux. On dit que dans ce lieu , comme au Tartare , on entend les Divinités funèbres gémir pendant la nuit , le bruit des chaînes retentir , les mânes heurler. On y voit tout ce que l'on craindrait seulement d'entendre. Les morts antiques sortent de leurs bûchers , & s'y promènent; on y rencontre une foule de monstres bien plus effrayans que ceux que nous connaissons. Quelquefois la forêt est toute en feu , & les arbres y brûlent sans se consumer. Souvent les oreilles y sont effrayées des tristes aboyemens , on y distingue des spectres plus grands que nature. Le jour même n'y calme point l'épouvante , il n'y pénètre jamais.

Les oracles qui s'y rendent sont infaillibles , alors que le Destin s'en ouvre l'entrée avec un bruit horrible , & que le vallon mugit sous la voix du Dieu qui le remplit.

Atrée écumant de fureur entre dans ce lieu , traînant les enfans de son frère. On pare les Autels, on charge de fers les mains des Princes ; leurs têtes affligées sont ornées de guirlandes de pourpre , l'encens brûle , la liqueur sacrée de Bachus coule en libations , le couteau purifié dans le gâteau salé touche les victimes, toutes les cérémonies particulières sont observées , & le plus détestable des attentats s'exécute dans l'ordre le plus religieux.

Le Chœur.

Quel était le Sacrificateur ?

Le Courier.

Atrée lui-même : fa bouche violente s'ouvre & prononce les prières funèbres ; il chante l'hymne de la mort, il s'appuie fur l'autel, touche les victimes qu'il a dévouées, difpofe leurs têtes pour les frapper, approche le fer, examine les geftes des malheureux. Aucun rit effentiel n'eft négligé : le bois tremble, le palais eft ébranlé jufques dans fes fondemens, chancelle & femble chercher de quel côté il tombera : de la partie gauche du ciel, une étoile s'élance & fillonne après elle un fentier noir. Le vin verfé dans le feu facré, fe convertit en fang : trois fois le diadême tombe de la tête du Pontife : l'ivoire pleure dans les Temples. (*Les ftatues faites de cette matière : Tibulle, Ovide, & Lucain ont employé la même image.*) Tous font effrayés de ce prodige. Atrée feul eft intrépide & conftant ; il épouvante à fon tour les Dieux qui le menacent. Soudain il s'élance à l'autel, il jette des regards obliques & farouches comme une tigreffe que la faim dévore & qui fe trouve dans la forêt du Gange entre deux jeunes taureaux ; également avide de l'un & de l'autre, elle eft indécife & ne fait lequel elle déchirera d'abord : déployant toutes fes dents meurtrières,

elle tourne & retourne fa tête affreufe, elle tient
fa voracité en fufpends : tel Atrée, tel ce monftre
balance quelque tems fur la première victime de
fa haîne, il veut leur affigner leur place, il les
abhorre également, il héfite pourtant, & c'eft
pour mieux régler fa fureur.

Le Chœur.

Eh ! lequel eft tombé le premier ?

Le Courier.

Pour ne pas manquer à la piété, Atrée commence par infoler Tantale, parce qu'il portait le
nom de fon ayeul.

Le Chœur.

Avec quel maintien a-t-il vu la mort ?

Le Courier.

En s'oubliant, & aucune vaine prière n'eft fortie
de fa bouche. Le Roi a caché fon épée toute entière dans fa bleffure ; il l'a tirée, & Tantale n'eft
plus qu'un cadavre qui encore debout, & incertain
de quel côté il tombera, finit par tomber fur
fon oncle. . . . Mais foudain le barbare traîne
Pliftène à l'autel, & le réunit à fon frère : fa tête
abattue fait entendre un murmure plaintif.

Le Chœur.

Qu'a fait le tyran après ces deux maffacres ?

a-t-il du moins épargné le troisième ? a-t-il, par sa mort, mis le comble à toutes ses horreurs ?

LE COURIER.

Comme dans l'Arménie, un lion à la crinière flottante, se précipite sur tout un troupeau, & quoique tout son corps soit trempé de sang, quoique sa faim soit assouvie, il conserve encore sa colère : il a étranglé les taureaux, & ses dents fatiguées de carnage, menacent les veaux timides. Ainsi Atrée renouvelle sa furie, & toujours armé de ce glaive qui avait immolé les deux frères, il envisage sa troisième victime, il plonge sa main parricide dans le corps d'un faible enfant, & fait voler sur l'autel son sang qui sort à gros bouillons par une double blessure.

LE CHŒUR.

O l'horrible forfait ?

LE COURIER.

Retenez votre horreur : ce n'est pas là le crime ; Atrée est encore vertueux.

LE CHŒUR.

La nature admet-elle une plus grande atrocité ?

LE COURIER.

Ce qui vous révolte n'est pas la fin, mais le premier degré du crime.

Le Chœur.

Qu'a-t-il pu faire de plus ? aurait-il exposé aux vautours les corps de ces infortunés ? les aurait-il privés de l'honneur du bûcher ?

Le Courier.

Que ne s'en est-il contenté ! pourquoi Thyeste ne peut-il goûter le bonheur de voir ses enfans sans sépulture !... O abomination qui ne trouvera de créance dans aucun siècle, & que la postérité traitera de fable !

Atrée arrache les entrailles de ses neveux, déchire leurs cœurs palpitans, touche leurs fibres, examine les veines fumantes de leurs viscères, & y cherche des présages. Satisfait des augures qu'il en tire, il divise les corps en plusieurs parties; les épaules, les bras, les autres membres, les os, tout est séparé ; en un mot, il ne réserve que les têtes & les mains pour lui servir de témoignagnes : le reste distile lentement son suc, soit à des broches que le tyran a dressées devant un brasier ardent, soit dans des vases d'airain remplis d'une onde brûlante. Le feu recule d'effroi, & refuse d'apprêter ces effroyables mets. Trois fois on le rejette dans le foyer tremblant, & c'est malgré lui qu'il brûle, malgré lui qu'il prête son ministère au coupable Atrée. Les membres gémissent, & je ne sais si la flame ne gémissait

pas encore davantage : elle était noire , & s'é-
chapait en fumée ; cette fumée elle-même était
trifte , pefante , & ne s'élevait pas en ligne di-
recte ; elle envelopait les Pénates d'un brouillard
livide.

O foleil, qui dans ton cours vois fi patiemment
tant d'autres horreurs , quoique ce crime t'ait fait
reculer , & que tu nous aies amené la nuit en
fuiant au milieu de ta carrière , ta fuite a été encore trop tardive !

A table , le malheureux Thiefte mutile fes enfans , fa bouche funefte les dévore , & femble
cependant fe refufer involontairement cette nour-
fiture criminelle; fa tête parée refpire le parfum
le plus doux, le vin appéfantit fes efprits !..... O
Thyefte ! tu n'as qu'un bien dans ton malheur ,
c'eft de l'ignorer , & ce bien va t'échaper.
Oui , quoique le Dieu du jour ait arraché
fon char en arrière , & qu'il ait pris une route contraire à la fienne , quoique cette nuit extraordinaire décèle maintenant cet abominable
crime , tu le verras, malheureux Prince , & tu con-
noîtras toute ta misère.

SCÈNE II

LE CHŒUR.

(Ce Chœur est composé de sept personnes différentes de celles qui étaient dans la Scène précédente.)

ORNEMENT du Ciel & de la Terre, toi dont le brillant lever dissipe les astres qui embellissent la nuit, Soleil ! où diriges-tu ton char ? Peux-tu nous priver de ton flambeau radieux ? Le vesper qui te précède à la fin de ta carrière, n'appelle pas encore les lumières nocturnes, & les roues ne penchent pas si-tôt vers l'Hespérie pour avertir les Heures de dételer tes coursiers hors d'haleine. La trompette n'a pas annoncé la troisième partie du jour qui expire. (*Les Grecs, ainsi que les Hébreux, divisaient les jours en trois parties dont chacune était annoncée au son de la trompette.*) Le Laboureur dont les bœufs ne sont point fatigués, s'étonne de voir arriver si subitement l'instant de son souper.

Quelle puissance arête ta course dans le firmament, & détourne tes chevaux de la route ordinaire ? Les Titans échapés de l'infernale prison recommencent-ils leurs guerres impies ? Tityres excédé de voir éternellement ses entrailles renaissantes en proie au vautour, Tityres a-t-il repris

ses

ſes anciennes inimitiés contre les Dieux ? Typhée a-t-il repouſſé la montagne qui oppreſſe ſa poitrine ? Le valon de Phlégra (*ſitué dans la Theſſalie, & fameux par le combat des Dieux contre les Géans.*) Le valon de Phlégra devient-il encore le théâtre d'une guerre entre la Terre & le Ciel ? Veut-on de nouveau entaſſer l'Oſſa ſur le Pélion ?

L'harmonie du monde eſt détruite, nous n'avons plus de coucher, plus de lever du ſoleil : la brillante Déeſſe du matin voit avec étonnement l'ordre de la lumière interverti. Les doigts délicats de l'avant-courière du jour ont bien l'habitude d'attacher dans les Plages orientales les freins des céleſtes courſiers ; mais alors qu'ils ſont épuiſés de leur courſe, elle ne ſaurait les faire entrer dans la mer de l'Heſpérie, ni rafraîchir dans l'onde leurs crins fumans de ſueur. Le ſoleil eſt ſurpris lui-même de voir l'aurore à ſon coucher, de ſe trouver dans un hoſpice ſi nouveau, de faire lever les ténèbres lorſque la nuit n'eſt pas encore prête. Les étoiles ne paraiſſent point, les pôles ne brûlent d'aucun feu, la lune n'éclaire point cette affreuſe obſcurité.

Ah ! que ce prodige, quel qu'il ſoit, n'ait pour nous que l'horreur de la nuit ! Mais nos timides cœurs tremblent qu'il ne nous annonce la ruine fatale du monde, & que l'ancien cahos ne revienne confondre encore la terre, la mer, les feux, tous les élémens, tous les hommes & tous les Dieux. Hélas ! le Roi des astres, qui conduisait les siècles par le cours de son éternel flambeau, ne nous donnera plus les marques distinctives des étés & des hivers. Sa sœur qui le remplaçait pendant la moitié de l'espace, & qui le devançait de vîtesse en décrivant un moindre cercle, la lune n'ôtera plus à la nuit tout ce qu'elle a d'effrayant. La troupe des Dieux ne sera plus qu'un Dieu. (*La lune décrit son orbite en* 29 *jours,* 12 *heures &* 44 *minutes.*)

Le Zodiaque qui partage obliquement les zones en variant les années si longues, verra les astres sacrés auxquels il tient lieu d'asyle, se détacher & lui échaper. Ce Bélier qui au retour du nouveau printems, abandonne les voiles au souffle de zéphir, ira se précipiter dans l'onde immortalisée par Hellé. (*l'Hellespont dans lequel il fit naufrage.*) Le Taureau, aux cornes brillantes, voisin des Hyades, & traînant à sa suite les Gémeaux & le Cancer qui se recourbe, le Taureau subira le même sort. Le Lion, l'un des plus nobles travaux d'Hercule, & lançant tous les feux de l'été, le Lion tombera une seconde fois du Ciel. La Vierge, la Balance, le Scorpion se précipiteront de même sur la terre. Le vieux Chiron, (*le Sagittaire*) dont la main est armée d'un arc d'Emonie, le vieux Chiron perdra tous fe traits. L'Aftre de Dan (*le Capricorne.*) qui nous ramène les frimâts, écrafera ton urne en tombant, ô Déité inconnue qui la portes ! (*le Verfeau. On ne fait fi c'eft Deucalion, Cecrops, Hylas ou Ga-nimède.*) Les poiffons difparaîtront avec toi. La mer engloutira des aftres qui ne l'ont jamais vue. (*Cérès ou Califto.*) Ce monftrueux ferpent qui partage les deux ourfes comme un grand fleuve, cette glaciale cynofure, (*la petite ourfe.*) qui touche au dragon, ce gardien fi lent du char Boréal (*le Bouvier.*) tous les aftres vont nous écrafer. Malheureux peuple ! c'eft nous qu'on a choifis pour être anéantis fous les ruines du monde, nous fommes réfervés pour la fin des fiècles.

Soit que nous ayons perdu le foleil fans avoir mérité ce malheur, foit que nos crimes nous l'aient attiré, ah ! que notre fort eft cruel ! mais ceffons nos plaintes, banniffons notre effroi, c'eft trop aimer la vie que de refufer de mourir quand l'Univers périt.

ACTE V.

SCÈNE PREMIÈRE.

ATRÉE *seul.*

JE suis l'égal des Dieux, supérieur à tous les hommes ; ma tête altière touche l'Olympe. Je règne enfin, je possède le trône de mon père, j'affranchis le Ciel, je n'ai plus besoin de lui, mes vœux sont remplis. Je suis satisfait, heureux, content de moi, même à mes yeux...... Mais pourquoi content ? Non, il me faut encore remplir de deuil un père que j'abhorre. Je ne dois plus avoir de pudeur, le jour a disparu. Continuons, puisque le ciel est sans lumière...... Que n'ai-je pu retenir les pas de tous ces Dieux qui ont fui devant moi, ou les forcer de voir le repas qu'apprêtait ma haîne ! Mais que Thyeste en soit instruit tout seul, & c'est assez...... Tu le sauras en dépit du jour qui refuse de nous éclairer : je dissiperai les ténèbres qui voilent toute ta misère ; assez & trop long-tems mon convive a déployé sa joie à ma table, c'est trop sacrifier à Cérès & à Bachus, Thyeste ne serait plus sensible, s'il était ivre.

Gardes, ouvrez comme dans les jours de

fêtes, ouvrez les portes de ce Temple & de ce Palais. Je brûle de voir la couleur de fon vifage, d'entendre fes premiers mots à l'afpect des têtes de fes enfans ; de jouir à mon aife de fa douleur & de fon abattement. Le but de mon ouvrage n'eft pas de le confidérer dans le cours, mais dans le premier inftant de fa fouffrance.

Tous les appartemens font éclairés ; Thyefte brillant de l'éclat de la pourpre , refte couché à table, foutenant de la main gauche, fa tête appéfantie par le vin...... Oui , je fuis le plus grand des Dieux, le plus puiffant des Rois ; tous mes défirs font comblés. Thyefte raffafié boit encore à longs traits dans la coupe d'or, il me refte beaucoup de fang de mes victimes, ce vieux vin en altérera la couleur, terminez fon repas par ce Scyphon. Pourquoi ne boirait-il pas le fang de fes fils ? Il aurait bu le mien......, Il chante, la fête l'égaie, fa tête s'embaraffe,

(*Atréc fe cache tandis que Thyefte chante l'Himne fuivante.*)

SCÈNE II.

THYESTE *seul.*

HIMNE.

Emoussée par des calamités si longues , oublie tes peines , ô mon ame ! elles sont évanouies. Bannissons le deuil , chassons la frayeur , ne pensons plus à la misère , triste compagne de mon exil ; étouffons la honte si pénible dans les revers. S'il faut que je retombe , examinons plutôt le point où je suis , que celui où je peux me briser encore. Quand on perd un rang si haut , il est beau d'affermir ses pas en tombant ; il est grand , lorsque les malheurs précipitent notre chûte , de contempler d'un œil intrépide la ruine de notre Empire , de ne jamais dégénérer , de se montrer invincible à tous les fléaux , & de soutenir debout notre puissance , alors qu'elle s'écroule.

Eclaircissons donc les nuages de ma cruelle destinée , effaçons jusqu'à la trace de mes malheurs , prenons un visage conforme à mon état prospère , bannissons l'ancien Thyeste de ma mémoire.

Une fatalité propre aux infortunés , c'est de ne jamais croire au bonheur. En vain la fortune leur accorde le retour de ses faveurs, ils sont fâchés de se livrer à la joie.

O douleur aveugle & sans cause, pourquoi me ramener à toi, m'empêcher de célébrer ce jour de fête, me forcer de pleurer, me défendre d'orner ma tête de ces guirlandes nouvelles !.... Elle l'emporte cette douleur cruelle ! les roses du printems sont tombées de mon front, le voluptueux parfum qui pare mes cheveux, ne peut les contenir, ils se dressent encore d'horreur ; des pleurs involontaires inondent mon visage ; je veux parler, & je gémis ; mon incompréhensible chagrin ne cherche qu'à se repaître de larmes, c'est la passion des malheureux.

Je me sens un besoin impérieux de pousser des cris plaintifs, de déchirer ces ornemens de pourpre. Mon ame qui me donne des avant-coureurs certains de l'avenir, mon ame présage quelque grande calamité. Quand la mer est agitée, sans aucun vent qui gronde, les Nautonniers sont menacés d'une tempête horrible.

Insensé ! quel deuil & quelle douleur mon imagination se figure ! Thyeste ! montre à ton frère un cœur sans défiance. Quelle que soit ta crainte, elle n'est point fondée, ou..... Il est trop tard...... Je voudrais bien ne pas frémir, mais une terreur vagabonde se promène là..... Voilà encore mes yeux en eau, & sans sujet. Est-ce douleur ou

preffentiment ?.... Mes larmes ne viendraient-elles
que du bonheur que je goûte en ce jour?

SCÈNE III.

ATRÉE, THYESTE.

ATRÉE.

CÉLÉBRONS, ô mon frère ! célébrons cette
fête avec un plaifir égal. Ce moment doit affermir le fceptre dans ma main & me réunir à
vous par des nœuds éternels.

THYESTE.

Le feftin a été affez prolongé , vous pouvez combler ma joie , faites-moi jouir de la vue de mes
enfans.

ATRÉE.

Ah ! croyez que leur père les embraffe déjà ; ils
font ici , ils y feront : rien ne peut plus vous priver d'eux. J'en remplirai leur père , vous ferez
raffafié , ne craignez rien. Cependant prenez cette
coupe de nos ancêtres, & goûtez la liqueur qu'elle
contient.

THYESTE.

Pourrais-je la refufer des mains de mon frère ?
Offrons-en d'abord cette libation aux Dieux de
nos ayeux, puis nous en boirons le refte..... Que

veut dire ce prodige ? Ma main refuſe d'approcher ce vin de mes lèvres...... Le poids de la coupe augmente..... La liqueur s'écoule de ma bouche qui la rejette..... Voyez-vous cette table treſſaillir ſous la terre qui s'écroule ! Le feu du foyer s'é-teint...... Le Ciel, entre le jour & la nuit, le Ciel ſurchargé de vapeurs, s'étonne de ſe voir ſans lu-miere...... Le tremblement des pôles du monde redouble........ L'obſcurité s'épaiſſit, & la nuit ſe cache dans une autre nuit plus ténébreuſe en-core..... Tous les aſtres s'enfuient.... O Puiſſances ſuprêmes ! épargnez mon frère & mes enfans ! ne faites tomber votre vengeance que ſur ma tête coupable. (*à Atrée.*) Mon frère ! voulez-vous me donner mes fils ?

A T R É E.

Volontiers : je ne puis plus vous les refuſer.

T H Y E S T E.

Ciel ! quel tumulte affreux agite & remue mes entrailles ! qu'eſt-ce que je ſens palpiter là ? je ſuis oppreſſé par un poids auquel je ne réſiſte plus........ Quels gémiſſemens intérieurs répondent à mes gémiſſemens !...... Venez donc enfin, mes malheu-reux enfans ! c'eſt votre père qui vous en prie, venez : en vous voyant, ma douleur s'évanouira.... N'eſt-ce point leur voix que j'entends?

A T R É E.

Sans doute. Ils font arrivés, donne-leur le baifer paternel. Tu ne les reconnais plus ?

T H Y E S T E.

Je reconnais mon frère..... O terre ! tu peux fupporter cette horreur ! tu ne t'abîmes point dans le Styx, en nous y plongeant avec toi ! tu ne t'es pas ouvert encore la route du vieux cahos, pour y engloutir ce Royaume & ce Roi ! Mycènes n'eſt pas détruite juſques dans ſes fondemens ! les deux petits-fils de Tantale ne ſont pas dans le Tartare à côté de leur père ! ah ! s'il eſt encore des goufres au-delà de ce lieu de larmes, pourquoi n'y ſommes-nous pas déja précipités, enfoncés ſous l'Achéron qui nous y couvre à jamais, & qui ne laiſſe au-deſſus de nos têtes criminelles, que les ames vagabondes des ſcélérats, que les ſables brûlans, les flames rapides que roule le Phlégéton pour notre éternel ſupplice.

O terre ! maſſe informe & ſans ame, tu reſtes en place après cette exécration, & les Dieux ſe ſont enfuis !

A T R É E.

Tu traites bien mal tes enfans, après les avoir ſi vivement deſirés. Ton frère ne t'en prive plus, tu les as tous trois : jouis, embraſſe-les donc & partage-leur également tes careſſes.

'T H Y E S T E.

Voilà donc ce traité, cette amitié, cette foi
jurée à un frère? c'est ainsi que tu abjures ta haîne!
mes fils infortunés ne sont plus! ton crime est consommé, & ta vengeance est satisfaite. Rends du
moins leurs corps à un père, qu'il me soit permis
de leur donner la sépulture. C'est ton frère qui
t'en prie. Hélas! tu les verras brûler : c'est pour les
perdre à jamais que je te les demande : tu ne me
feras pas un don.

A T R É E.

Tout ce qui reste de tes enfans, tu l'auras. Tu
possèdes ce qui n'en reste plus.

T H Y E S T E.

Tu en aurais fait la pâture des oiseaux cruels ou
des bêtes féroces?

A T R É E.

J'en ai fait la tienne......... Impie! tu les as
dévorés.

T H Y E S T E.

Les Dieux se sont enfuis d'horreur. (*A la manière des Stoïciens, Sénèque emploie souvent le
terme de Dieux pour signifier les Astres.*) Le Soleil
est retourné sur sa carrière... J'en connais la cause...
Qui me donnera des expressions, des cris, des
gémissemens qui répondent à toutes mes misères!..
Je vois leurs têtes, leurs mains coupées, les dé-

plorables débris de leurs membres..... Leur trop
crédule père était loin de foupçonner ce malheur..... Je les fens dans mes entrailles...... Dieux!
que cette affreufe nourriture me pèfe !..... Mon
frère, donnez-moi votre épée, elle a déja verfé la
plus pure partie de mon fang... Vous me refufez...
Ma poitrine du moins retentira de mes coups........
Malheureux Thyefte ! arête ta main, épargne les
mânes de tes fils..... Sur le Caucafe, le plus mortel ennemi de l'hofpitalité ; dans l'Attique, le farouche Procrufte exercèrent - ils jamais un pareil
fupplice ?.... J'opprefle mes enfans, & j'en fuis
opprefſé à mon tour..... N'y a-t-il donc point de
mefures dans les crimes ? (*Procrufte était un fameux brigand qui faifait coucher fes hôtes fur des lits
trop longs ou trop courts, & qui leur donnait la
mort, foit en tirant leurs membres avec violence,
foit en les leur coupant.*)

A T R É E.

Le criminel doit être en mefure avec lui-même,
non avec celui qu'il accable. Je voulais te punir
davantage, je voulais couvrir ton vifage de leur
fang, au moment où il fortirait de leurs veines,
& te le faire boire lorfqu'ils feraient encore vivans :
Mais ma vengeance était impatiente, je me fuis
hâté, & les blefſures fe font trouvées trop profondes. Je les ai égorgés fur l'Autel, j'ai appaifé

mes Dieux *Lares* de ce fang que je leur avais voué, j'ai coupé leurs membres palpitans, je les ai divifés par parties; l'airain brûlant en a reçu la moitié, un feu lent t'a préparé l'autre. Ils vivaient encore quand j'ai mutilé leur bras & coupé leurs ligamens; leurs fibres mugiffaient encore fous la broche qui les perçait, & cette main que tu vois, cette main nouriffait la flame à laquelle ils étaient expofés. J'aurais eu plus de plaifir à te voir faire cet ouvrage, & ma haîne a été fruftrée de ce bien fuprême. Tes dents impies ont broyé tes enfans, mais tu n'en favais rien, ils n'en favaient rien eux-mêmes.

Thyeste.

O mers profondes! ô Dieux dont ce forfait a précipité les pas, enfers! terre! entendez tous cette action déteftable!

O nuit du Tartare! viens m'enveloper de toutes tes ténèbres, je dois être ta proie. Seule, tu ne refufes pas de voir un miférable, & tu n'as point d'étoiles à qui je puiffe faire horreur. Je ne formerai point les vœux d'un méchant, je n'invoquerai aucune Puiffance pour moi..... Eh! qui voudrait déformais m'exaucer! Dieux! tous mes vœux feront pour vous.

Dominations du Ciel! couvrez le monde des plus affreux nuages, déchaînez tous les vents, lancez la foudre de toutes parts, faites gronder votre main, non de ce faible tonnerre dont vous écrafez les toîts innocens, mais de celui dont vous avez pulvérifé les trois montagnes & terraffé les Titans auffi grands qu'elles. Apprêtez ces mêmes armes, faites voler les mêmes feux. Vengez la perte du jour, déployez toutes vos flames. Rempliffez de la foudre le pôle que la lumière a laiffé vuide. Ne balancez pas entre les deux coupables. Je le fuis & me voici : enfoncez dans mon cœur les trois pointes de votre trait. Pour donner à mes enfans la fépulture & le trifte honneur du bûcher, c'eft moi qu'il faut brûler.

Si le ciel eft inexorable à ma prière, fi les impies ne méritent pas un coup de foudre, que cette nuit du moins foit éternelle, & que les ténèbres cachent à jamais un pareil attentat. O foleil ! je fuis loin de défirer ton retour.

A T R É E.

Je m'applaudis de l'exploit de mes mains, elles ont cueilli la plus belle des palmes : mon crime ferait perdu fans ta douleur. Je ne ferais pas plus heureux fi cette race fortie de mon infidèle époufe, avait été la mienne. Erope eft juftifiée à mes yeux. (*Elle avait eu de Thyefte les trois enfans qu'Atrée venait d'immoler.*)

T H Y E S T E.

Quel mal avaient commis ces infortunés ?

A T R É E.

Ils étaient fortis de toi.

T H Y E S T E.

Mes enfans !… les fervir à leur père !

A T R É E.

Oui, à leur père, & ce qui me ravit, à leur véritable père.

T H Y E S T E.

O Dieux ! qui préfidez à l'amour paternel ! c'eft vous que j'invoque.

A T R É E.

Que n'invoques-tu encore ceux qui préfident à l'Hymen !

T H Y E S T E.

Hélas ! qui donc venge les crimes ?

A T R É E.

Je vois l'unique caufe de ta douleur : tu es fâché que je t'aye volé ce forfait : ce qui t'afflige ce n'eft pas d'avoir goûté ces mets déteftables, c'eft de ne pas m'avoir fervi mes véritables fils. (*Agamemnon & Ménélas.*) Tu avais eu l'idée de préparer un pareil repas à ton frère, & la perfide Erope t'aurait aidé : tu l'aurais fait, mais tu ne favais encore s'ils étaient à toi.

T H Y E S T E.

Le ciel vous punira : je vous livre à votre vengeance.

Et moi, à celle de tes enfans. (*qui ne font
plus.*)

Nous doutons qu'il ait jamais exifté un caractère pareil à celui d'Atrée ; mais Sénèque connaif-
fait Néron, & Sénèque a peint un monftre. Il
avait la perfidie du Prince Grec, la même fcélérateffe, la même paffion pour la vengeance, qu'il
appellait un *plat des Dieux*. Quelle barbarie ne
peut-on pas fuppofer au Héros de cette Pièce,
quand on fait que Néron a empoifonné de fang-
froid Britannicus fon frère, tué lui-même Poppée
fa femme, lorfqu'elle était groffe, affaffiné fa
mère, & cherché dans fes entrailles le lieu où
il avait été conçu ?

Malgré ces faits confirmés par les Hiftoriens,
on ne peut voir fans indignation le tableau de
l'horrible repas qu'Atrée prépare à fon frère, &
le feul moyen d'en fauver l'atrocité, c'eft de fe
perfuader qu'il n'a jamais exifté que dans l'imagination du Poète ; c'eft de comparer ce trait à
celui du *Cyclope* d'Euripide, & de les mettre tous
les deux au rang de ces contes ridicules dont on
a rempli la *Bibliothèque bleue*.

Cependant il faut convenir qu'il y a de très-
belles idées dans cette Tragédie, & nous croyons
fur-tout devoir y admirer l'évocation de l'ombre

de

de Tantale, qui frémit d'apprendre que fes defcendans vont commettre des forfaits plus grands
que les fiens, qui préfère tous fes tourmens à
l'affreux miniftère que Mégère veut lui impofer,
& dont le fouffle impur fait naître dans le cœur
d'Atrée, le défir du crime & la foif du fang. Cette
Scène répand l'émotion dans l'ame du fpectateur,
& le fait trembler, malgré lui, fur les évènemens
qu'on va lui préfenter. Mais le fond de ceux-ci eft
révoltant, de l'aveu même de Crébillon qui, en
prouvant que le fait eft vraiment tragique, convient, en même-tems, qu'il a fait tous fes efforts
pour le rendre moins odieux.

„ Il n'y a prefque perfonne, dit-il dans fa Préface,
„ qui ne fe foit foulevé contre ce fujet; je n'ai rien à ré-
„ pondre, fi ce n'eft que je n'en fuis pas l'inventeur.
„ Je vois bien que j'ai eu tort de concevoir trop for-
„ tement la Tragédie comme une action funefte
„ qui devait être préfentée aux yeux des fpectateurs
„ fous des images intéreffantes, qui doit les con-
„ duire à la pitié par la terreur ; mais avec des
„ mouvemens & des traits qui ne bleffent ni leur
„ délicateffe, ni les bienféances : il ne refte plus
„ qu'à favoir fi je les ai obfervées ces bienféances
„ fi néceffaires : j'ai cru pouvoir m'en flatter. Je
„ n'ai rien oublié pour adoucir mon fujet, & pour
„ l'acommoder à nos mœurs. Pour ne point offrir
„ Atrée fous une figure défagréable, je fais enlever

» Erope aux autels même , & je mets ce Prince ,
» (s'il m'eſt permis d'en faire ici la comparaiſon.)
» juſtement dans le cas de la *Coupe enchantée* de
» la Fontaine :

L'était-il , ne l'était-il point !

» J'ai altéré par-tout la fable pour rendre ſa ven-
» geance moins affreuſe , & il s'en faut bien que
» mon Atrée ſoit auſſi cruel que celui de Sénèque.
» Il m'a ſuffi de faire craindre pour Thyeſte toutes
» les horreurs de la coupe que ſon frère lui prépare,&
» il n'y porte pas ſeulement les lèvres. J'avouerai ce-
» pendant que cette ſcène me parut terrible à moi-
» même ; elle me fit frémir , mais ne m'en ſem-
» bla pas moins digne de la Tragédie. Je ne vois
» pas qu'on doive plutôt l'en exclure que celle où
» Cléopâtre , après avoir égorgé un de ſes fils ,
» vient empoiſonner l'autre aux yeux des Spec-
» tateurs. De quelque indignation qu'on ſoit armé
» contre la cruauté d'Atrée , je ne crois pas qu'on
» puiſſe mettre ſur la ſcène tragique un tableau
» plus parfait que celui de la ſituation où ſe trouve
» le malheureux Thyeſte livré ſans ſecours à la
» fureur du plus barbare de tous les hommes.
» Quoiqu'on ſe tût laiſſé atttendrir aux regrets
» & aux larmes de ce Prince infortuné , on ne
» s'en éleva pas moins contre moi. On eut la bonté
» de me laiſſer tout l'honneur de l'invention , on
» me chargea de toutes les iniquités d'Atrée , &

» l'on me regarde encore dans quelques endroits
» comme un homme noir , avec qui il ne fait pas
» sûr de vivre , comme si tout ce que l'esprit ima-
» gine devait avoir sa source dans le cœur. Belle
» leçon pour les Auteurs , qui ne peut trop leur
» apprendre avec quelles circonspections il faut
» paraître devant le Public. Une jolie femme
» obligée de se trouver parmi des prudes , ne doit
» pas s'obferver avec plus de soin. Enfin je n'au-
» rais jamais cru que dans un pays où il y a tant
» de maris maltraités, Atrée eût si peu de parti-
» fans. Pour ce qui regarde la double réconcilia-
» tion qu'on me reproche , je déclare par avance
» que je ne me rendrai jamais fur cet article. Atrée
» élève Pliftène pour faire périr un jour Thyefte
» par les mains de fon propre fils. (*On le croyait*
» *& il fe croyait lui-même enfant d'Atrée.*) Il
» furprend un ferment à ce jeune Prince qui dé-
» fobéit cependant à la vue de Thyefte : Atrée
» n'a donc plus de reffources que dans la diffimu-
» lation, il feint une piété qu'il ne peut fentir. Il
» fe fert enfuite des moyens les plus violens pour
» obliger Pliftène à remplir fon ferment , ce qu'il
» refufe de faire. Atrée qui veut fe venger de
» Thyefte d'une manière digne de lui , ne peut
» donc avoir recours qu'à une feconde réconcilia-
» tion : j'ofe dire que tout ce qu'un fourbe peut
» employer d'adreffe , eft mis en œuvre par ce

» Prince cruel ; il eſt impoſſible que Thyeſte lui-
» même , fût-il auſſi fourbe que ſon frère, ne
» donne dans le piège qui lui eſt tendu. On n'a
» qu'à lire la pièce ſans prévention, l'on verra
» que je n'ai point tort ; & ſi cela eſt , plus Atrée
» eſt fourbe , & mieux j'ai rempli ſon caractère,
» puiſque la trahiſon & la diſſimulation ſont preſ-
» que toujours inſéparables de la cruauté «.

Ce fragment de la Préface de Crébillon fait
voir combien il s'eſt éloigné de ſon original , &
donne une idée de l'action de ſa Pièce qui de
ce côté · là l'emporte de beaucoup ſur celle de
Sénèque. Mais quelque peu de cas qu'il ait paru
faire des Anciens, il n'en a pas moins imité
l'Auteur Latin dans pluſieurs endroits , & en particulier dans la *Scène II* du *premier Acte ,* dans la
première & ſeptième du troiſième , dans la *quatrième ,*
cinquième & ſixième du dernier.

On préſume auſſi que dans ſon tems , Sénèque
avait profité des idées de Varius & de Gracchus
qui avant lui avaient fait un *Thyeſte ,* mais cette
Tragédie n'eſt point parvenue juſqu'à nous.

COSTUME D'ATRÉE.

La *tunique* intérieure de laine blanche, avec une petite bordure en pourpre.

La *tunique* de deſſus, de laine blanche très-fine, avec une large bordure de pourpre, brochée d'or. Cette *tunique* eſt relevée, ſur l'eſtomach, par une ceinture de laine blanche mêlée de couleur de ſafran.

La *chlamyde* de couleur pourpre, eſt d'un drap léger ſans doublure, broché d'or ſur les bords extérieurs, & attaché ſur l'épaule droite, par une boucle d'or.

Les jambes ſont nues, & le cothurne qui les couvre en partie, eſt formé par des bandes de laine de couleur pourpre, qui ſont frangées dans le haut de la chauſſure.

Derrière Atrée, eſt ſon ſceptre dépoſé ſur un ſiége antique.

Fin de la ſeconde Partie du ſixième Volume.

ERRATA de la première Partie du sixième Volume.

PAGE 29, ligne 4, vendu, *lisez* vendue.
P. 40, ligne 12, Agaraftocle, *lisez* Agoraftocle. *Idem*, p. 42, l. 9
& 15. P. 44, ligne 21. P. 45, l. 2.
P. 78, ligne 6, au-devant lui, *lisez* au-devant de lui.
P. 152, ligne 18, jorte, lisez forte.
P. 157, ligne 7, difcours de, *lisez* difcours des.

Seconde Partie.

P. 237, ligne 10, œuvre philofophiques, *lisez* œuvres.
P. 141, ligne 18, des ce moment, *lisez* de ce moment.
P. 266, ligne 8, éloignes, *lisez* éloigne. *Id.* l. 9.
P. 257, ligne 18, laiffes-moi, *lisez* laiffe-moi.
P. 261, ligne 7, mott, *lisez* mort.
P. 264, ligne 4, ce qui eft toi, *lisez* ce qui eft à toi.

De l'Imprimerie de CLOUSIER, rue
Saint-Jacques. 1779.